Inspiriert durch die Schlechten.
Gewidmet den Guten.

Über den Autor:

Nils Seydel schreibt seit Kindertagen Kurzgeschichten und lustig anmutende Gedichte. Die Liebe zum Schreiben entfaltete sich schließlich zusehends, als er wegen seines Studiums nach Köln zog und sich von der Domstadt nachhaltig inspirieren ließ. Heute wohnt er noch immer in Köln und lässt sich jeden Tag aufs Neue inspirieren.

facebook.com/Frauenfussball.Der.Roman

Verlag: Nils Seydel
Vondelstraße 42-44
50677 Köln
Nils.Seydel@gmx.de

Druck: epubli ein Service der neopubli GmbH, Berlin

Nils Seydel

Frauenfußball

Inhaltsverzeichnis

SC Fortuna Köln - SV Eilendorf

»Prost, ihr Säcke!«

Johannes gibt mal wieder einen Trinkspruch aus der Klientel ländlicher Schützenbrüderschaften sowie männlicher Mallorca-Pauschal-Touristen von sich. Und erneut stoßen braune Kölsch-Flaschen zusammen. Das »Prost, ihr Säcke!« und das Klirren der Bierflaschen gehören für mich inzwischen genauso wie die femininen Schlachtrufe in hohen Oktaven zu den akustischen Merkmalen eines typischen Sonntags, wenn die Damenmannschaft vom SC Fortuna Köln ein Heimspiel bestreitet. Warum ich mir freiwillig Damenfußball in der Regionalliga anschaue, hat dabei mehr rituelle als sportliche Gründe. Als Sek2-Lehramtsstudent mit den Fächern Deutsch und Philosophie und neu zugezogener Städter einer Klüngel-Metropole, wie sie Köln in unnachahmbarer Manier präsentiert, muss man sich gerade zu Beginn seines Studiums gewissen gesellschaftlichen Zwängen unterstellen, um nicht gleich schon am Anfang des neuen Lebensabschnittes den sozialen Anschluss zu verlieren. Melanie, die damalige Freundin von Malte, den ich als meinen Kommilitonen auf einer ausschweifenden Erstsemester-Party kennenlernte, spielte für kurze Zeit bei der Fortuna. Malte lud mich einfach mal ein, auf ein Spielchen und ein Bierchen an einem sonnigen Sonntag mitzukommen. Die Fortuna verlor 1:3 im Derby gegen den 1. FC Köln II und Maltes Freundin saß 90 Minuten auf der Ersatzbank, was uns aber alles nicht weiter störte, weil wir uns während des Spiels auf der Tribüne der Sportanlage Süd so dermaßen betrunken haben, dass es trotzdem ein toller Nachmittag wurde. Außerdem waren durchaus attraktive Fußballerinnen mit von der Partie, die den Fokus des Zuschauers nicht selten vom eigentlichen Spielgerät abwendeten. Bei dem darauf folgenden Heimspiel waren wir sodann schon zu viert, das Heimspiel danach zu fünft. Dann wieder nur zu viert, weil Melanie Schluss machte und es Malte deswegen nicht so gut ging. Mit der Zeit entwickelte sich der sonntägliche Ausflug zu den Fußball-Damen zu einem regelmäßigen Ritual, die roten Tribünenplätze der Sportanlage Süd zu einem Treffpunkt von Freunden, Studenten und Hobby-Trinkern. Zu Spitzenzeiten saßen wir allen Ernstes mit 10 Mann auf den teils spärlich besetzten Sitzplätzen. Nach wenigen Monaten Abstinenz stieg schließlich auch Malte wieder mit ein. Mitunter, weil sich Melanie von einem 31-Jährigen Kfz-Mechaniker schwängern ließ und ihre Fußballschuhe in der Folge an den Nagel hängen musste.

»Ja. Prost, du Sack!«, erwidert Ben die Aufforderung von Johannes.
Er komplettiert den hirnlosen Trinkspruch als Einziger mit entschlossener Miene. Er studiert Jura und ist schon seit Kindertagen einer meiner besten Freunde. Ben ist ein Genie des organisierten Selbstbetrugs und angewandten Minimalismus. Er ist hoch intelligent und stinkfaul, neigt zu schlechter Ernährung und erhöhtem Alkoholkonsum. Ich erinnere mich noch, wie er von unserer Klassenlehrerin in der 10. Klasse vor versammelter Mannschaft einen Einlauf bekam, weil er mal wieder seine Mathe-Hausaufgaben nicht machte. »Benjamin Stimmler! Was soll mit dieser Arbeitsmoral denn nur aus dir werden? Wenn du so weiter machst, sehe ich für deine Zukunft ziemlich schwarz! Rabenschwarz!« Ben zuckte mit den Achseln und machte auch fortwährend keine Hausaufgaben, blieb aversiven Konsequenzen gegenüber resistent und schrieb in der nächsten Klausur mit größter Gemütlichkeit eine glatte Eins. Und nun studiert er Jura in Köln. Stress macht er sich noch immer nicht. Gott allein weiß, was aus ihm hätte werden können, wenn er so etwas wie Ehrgeiz und Lerndisziplin gehabt hätte. Wobei seine Entwicklung ja noch nicht abgeschlossen ist. Hopfen und Malz sind demnach noch nicht in aller Gänze bei ihm verloren. Es sei denn natürlich, man bietet ihm Hopfen und Malz zum Trinken an.

»Schön. Schöner Pass! Das ist meine Kleine. LAUF!«
Johannes ist seit letzter Saison Fan einer brünetten Mittelstürmerin mit der Nummer Neun. Für meine Begriffe hat sie für einen adäquaten Fanatismus einen zu dicken Hintern, der sie aber nicht an schnellen Sprints zu hindern scheint. Fußballerisch ist sie bei der Fortuna zweifelsfrei eine der Besten. Ob ihre Stammposition wirklich im Zentrum des Angriffspiels liegt, können wir nur vermuten. Ich finde, dass das beim Frauenfußball immer schwierig zu entscheiden ist. Die Ordnung auf dem Platz erinnert mich manche Male an den Fußball der F-Jugend. Oder noch besser: an den Fußball der Bambinis, wo der wirklich allerjüngste Nachwuchs mit 22 Mann - beziehungsweise Männchen - über den Platz zerstreut, wie ein Schwarm orientierungsloser Ameisen, dem Ball hinterherläuft, wenn nicht gerade im Sitzen staubige Türmchen aus roter Asche gebaut werden. Sicherlich auch einer der Gründe, weswegen inzwischen in jedem Dorfverein Kunstrasen aus dem Boden sprießt. Eine rein reizreduktive Maßnahme der DFB-Jugendförderung. Aschеplätze gibt es kaum noch. Aber nein, so dramatisch sehe ich die qualitativen Unterschiede zwischen Frauen- und Männerfußball dann natürlich doch nicht. Obgleich es sich hierbei selbstredend um unterschiedliche Niveaus handelt, da gibt es nichts wegzudiskutieren. So wie bei Kreisliga und Championsleague, RTL und ARD... oder Düsseldorfer Alt-Bier und Kölsch.

»Haha, Mikka, hast du das gesehen? Alter! Ein Träumchen.«
Johannes schaut mich stolz an, als wäre er für die gute Leistung seiner potentiellen Torjägerin persönlich verantwortlich. Ich verziehe nur emotionslos die Mundwinkel und nicke abwesend.
»Ja oder? Ein Zuckerpass! Oder nicht? Mann, das war echt gut.«
»Ja doch, war gut. Also... für Frauenfußball.«
Ich grinse Johannes hämisch an und nehme einen tiefen Schluck

meines Bieres. Johannes schüttelt enttäuscht und verständnislos den Kopf. Das war gar nicht böse gemeint. Vielleicht bin ich nur neidisch. In meiner aktiven Zeit als Fußballer habe ich in meinem Provinzverein ähnliche und sicherlich auch bessere Pässe gespielt. Nur mit dem Unterschied, dass mir keine sekttrinkenden Frauen als Pendant unserer Erscheinung zugejubelt haben.
»Pass doch auf! Nein! Tor… Neiiiiiin.«
Malte hält sich die Hände vor das Gesicht. Tor für den SV Eilendorf. Ein böser Schnitzer der Nummer Vier mit den schlaksigen X-Beinen. Die Torhüterin war chancenlos. Übrigens meine Favoritin. Und das tatsächlich aus rein sportlichen Gründen. Sie ist durch und durch eine Fußballerin. Kurze Haare und stämmige Figur mit Haaren auf den Zähnen. Wenn sie anfängt ihre Vorderleute zu maßregeln, weht immer ein kalter Wind über den Fußballplatz. Ich nenne sie liebevoll *Olivia Kahn*. Ein stämmiger Eiszapfen zwischen den Pfosten, eine aggressiv wortgewandte Torhüterin, die auch gleich wieder loslegt:
»Jenny! Jeeeenny! Verdammte Axt! Lass die doch nicht vorbeiziehen. Elif! Ey Mann, musste mit nach hinten kommen! Scheiße Mann! Fuck! Scheiße! Scheiße!«
Herrlich.
Jenny mit den X-Beinen und Elif tun uns Leid, wir müssen aber dennoch alle lachen und machen uns fast synchron das nächste Bier auf. Flaschen klirren, Gerstensaft fließt. Es bleibt beim 0:1 bis zur Halbzeit als Michael mit Rucksack und neuem Bier dazustößt.
»Hey Jungs, hat was länger gedauert. Was hab ich verpasst? Gab`s ein Törchen?«
»1:0 für Eilendorf. Blöder Abwehrfehler, aber die Fortuna ist eigentlich besser im Spiel.«

Michael ist mein Mitbewohner und sekundär wegen seines Studiums und primär wegen seiner Freundin Anja unter permanenten Zeit- und Termindruck. Er studiert Medizin. Aufgrund zahlreicher beruflicher Irrwege ist er allerdings erst im 3. Semester. Michael ist 27 Jahre alt und damit zwei Jahre älter als ich. Ein 27-jähriges Kücken also unter den Kölner Medizinstudenten. Seit er mit Anja zusammen ist, ist nicht mehr allzu viel mit ihm los. Für gemeinsame Partys hat er praktisch keine Zeit mehr. Oder keine Lust. Oder keine Erlaubnis. Vermutlich empfinde ich auch deswegen insgeheim eine tiefe Abneigung gegenüber Anja. Er ist mit ihr nun knapp zwei Jahre liiert, was genau ein Jahr und elf Monate zu viel sind. Den einen Monat hätte ich ihm wegen einer langen sexuellen Durststrecke noch gegönnt. Anja hat ihn weich gekocht und vollständig im Griff. Hosen hat er da schon lange keine mehr an. Manchmal verwundert es, dass er ohne Halsband und Leine nach draußen darf. Zum gemeinsamen Fußballschauen schafft er es auch nur noch sporadisch. Meist kommt er dann wie heute zu spät oder ist viel zu früh wieder weg. Trotzdem ist es angenehm ihn als Mitbewohner zu haben, denn er ist im Durchschnitt fünf Tage die Woche bei Anja und zahlt dennoch den vollen Anteil an Miet- und Nebenkosten. Zugegeben: eine richtige Wohngemeinschaft sieht anders aus. Wir wohnen seit drei Jahren zusammen. In einer 60 qm großen Wohnung in Köln-Deutz. Eine jenseits rechts des Rheins inzwischen ziemlich angesagte Lage. Und wenn man vom Balkon um ein paar Ecken und durch einige Häuser hindurchschaut, hat man sogar einen romantischen Blick auf den Rhein und seine Deutzer Brücke. Und um ein paar weitere Ecken kann man auch einen Blick auf den Kölner Dom erheischen. Wahrzeichen und Stolz eines jeden Kölners.

Als die zweite Halbzeit anläuft, hat Michael seine erste Flasche Bier angenippt. Die x-beinige Verteidigerin, die mit großem Einsatz das 0:1 verschuldete, durfte in der Kabine bleiben. Auch beim Frauenfußball wird konsequent durchgegriffen. War heute halt keiner von Jennys Tagen. Oder aber auch

genau das, je nachdem wie man es sieht. Nach 75 Minuten schießt die Fortuna endlich den hoch verdienten und längst überfälligen Ausgleich. Getroffen hat die große Südländerin mit der Nummer Elf, nach einem erneut tollen Pass von Johannes geliebter Flitzerin. Jetzt freut er sich genauso wie die Mädels auf dem Rasen, jubelt und klatscht anerkennend. Wir anderen freuen uns auch. Wenn auch nicht ganz so augelassen wie Johannes. Es war letztlich nur ein verdienter Ausgleich beim Frauenfußball in der Regionalliga West.
»So, weiter meine Damen! Fortuna vor, noch ein Tor!«
Malte packt Sprechchöre aus längst vergangenen Zeiten aus. Aus unerklärlichen Gründen scheint er Talent zu haben, fußballerische Schlachtgesänge anzustimmen und seine Nachbarn damit anzustecken, denn nach kurzer Zeit feuern wir alle laut und hemmungslos die Spielerinnen unserer Fortuna an. Die Gesänge haben ihre motivierende Wirkung, denn nun ist das Angriffsspiel der Fortuna entfesselt. Schließlich ist es die Nummer Neun, die nach einem durchaus sehenswerten Doppelpass zu der 2:1 Führung einschiebt.

»Tooooor!«

Nicht nur Johannes ist außer sich. Der Bierkonsum hat derweil aus uns allen emotional eskalierende Fans gemacht. Ein ekstatischer Höhepunkt. Am Ende bleibt es beim 2:1. Drei Punkte für die Fortuna und ein neues Bier für seine Fans. Prost, ihr Säcke!

Vorberichterstattung

Michael ist heute Abend völlig überraschend außer Haus. Mal wieder. Am heutigen Nachmittag war ich mit ihm noch gemeinsam joggen, weil er dafür nach Absprache mit Anja die Erlaubnis erteilt bekommen hat. Ich muss unbedingt wieder in Form kommen, denn von meinem einst existenten Waschbrettbauch sind nur noch geringfügige Umrisse zu erkennen, die lediglich eine durchtrainierte Vergangenheit vermuten lassen. Als Laufpartner bietet sich mein Teilzeit-Mitbewohner in optimaler Weise an, denn er nimmt seit Jahren regelmäßig am Köln-Marathon teil und ist damit meinen konditionellen Fähigkeiten gegenüber weitaus überlegen, was für mich wiederum bedeutet, mir nicht annähernd meine deutliche Unterlegenheit anmerken zu lassen und bis zum letzen Meter zu kämpfen. Und das kann ich in aller Regel ganz gut. Ich halte sowohl Tempo als auch Distanz. Wenn ich mein Training konsequent fortsetzte, könnte ich sicherlich des Öfteren mit ihm laufen gehen, aber mein enger Zeitplan als Lehramtsstudent lässt da nicht viele Freiräume zu. Zu oft stehen nämlich irgendwelche Partys an, auf denen ich einfach nicht fehlen darf. Ich bin ein Opfer meiner permanenten Angst, irgendetwas verpassen zu können. Ein weiterer Grund das Lauftraining hinten an zu stellen, ist dieser, dass es eben schneller geht, den auf Partys eingefangenen Alkoholkater auszukurieren, den man in aller Regel bis zum Abend des Folgetages besiegt haben sollte, als den vom Laufen zermürbenden Muskelkater, von dem man mitunter bis zu einer Woche lang etwas haben kann. Heute ist endlich wieder Freitag und nach einem langweiligen Uni-Tag ohne wirklich lehrreiche Seminare und Vorlesungen, möchte ich es mir nicht nehmen lassen, am Abend um die Häuser zu ziehen.

»*Drrrrrrr*«, tönt es von der Türe im Flur. Ben scheint da zu sein und klingelt Sturm.

»Drrrrr, drrrrrrr«
Ich selber stehe noch im Badezimmer vor dem Spiegel und versuche meine Haare ausgehgerecht zu gestalten. Ben sagt, ich habe eine Brit-Pop-Frisur, was aber gar nicht stimmt. Heute sehen meine Haare nach skandinavischem Indie-Rock aus. Sie liegen fast perfekt, aber eben auch nur fast. Irgendetwas fehlt und deswegen lasse ich Ben noch einige Minuten weiter Sturm klingeln. Ich kämme meine Haare noch mehr zur Seite und unterstütze den Halt mit einer kräftigen Brise Haarspray. Das Geheimnis in dieser Phase des Stylings liegt darin, die richtige Dosierung an Haarspray zu finden. Nehme ich zu wenig, zerzausen die Haare beim ersten Windstoß wieder und die ganze Arbeit war umsonst. Die Nacht über werde ich dann wie ein blonder Pumuckel aussehen. Sprühe ich mir hingegen zuviel der klebrigen Mixtour auf den Kopf, entsteht der Eindruck, meine Haare seien fettig und ungepflegt. Es ist immer ein sehr schmaler Grad, auf dem ich mich täglich ein- bis zweimal bewegen muss. Der Indie-Rock-Szene mach ich damit keine Ehre. Um ungeschadet und gutaussehend aus dieser Sache wieder hinauszugehen, benötige ich viel Ruhe und Zeit, und deswegen wird Ben noch ein wenig warten müssen. Erst als es in meiner linken Hosentasche anfängt zu vibrieren und ich bemerke, dass er mich bereits versucht, telefonisch auf dem Handy zu erreichen, erbarme ich mich, zwinkere meinem Spiegelbild noch schnell lächelnd zu, renne durch die Küche und rutsche auf meinen Socken zur Tür, um den Türöffner zu betätigen. Ich dürfte nun gut aussehen, öffne die Türe und höre Ben mit großen Schritten die zahlreichen Treppenstufen hinaufstapfen, dabei böse Flüche in die Welt ausstoßend. Wir wohnen im vierten Stock und Ben ist nach neun Semestern Jurastudium, nächtlichen Eskapaden und schlechter Ernährung nicht mehr der Sportlichste unter seinen Zeitgenossen. Er ist überzeugter Junggeselle. Die letzte ernstzunehmende Beziehung, die er führte, endete ohne jede Vorwarnung vor gut dreieinhalb Jahren. Die Bierflaschen

in seinem Gepäck klirren und erwecken in mir eine gewisse Vorfreude auf den heutigen Abend. In der Biologie spräche man hierbei vom Schlüsselreiz. Wie einem Pawlow'schen Hund läuft mir das Wasser im Munde zusammen.

Eines der schönsten Mädchen in meinem Semester feiert heute ihren Geburtstag. Sie heißt Lena, und Ben und ich sind eingeladen. Bei ihr zu Hause auf einer WG-Party. Früher gab es ja nichts Schöneres als Partys bei Freunden zu Hause. Die besten Partys feierte ich in meiner Jugend immer bei irgendwelchen Leuten daheim, wenn die Eltern *außer* Haus und Hinz und Kunz *im* Haus waren. Bei keiner anderen Gelegenheit kann man sich so angenehm und unbedrängt betrinken, so leicht mit anderen Menschen in Kontakt geraten, Mädchen kennenlernen und in aller Rücksichtslosigkeit so tun als gäbe es keinen Morgen. Eingebettet in die Unbeschwertheit der Jugend. Mir ist klar, dass Lena nicht mehr zu Hause wohnt, sondern in einer Dreier-Mädchen-WG in Köln-Sülz. Also eigentlich ja nur umso besser. Außerdem vermute ich, dass Lena auf mich steht und das allein verweist schon auf einen tollen Abend. Vielleicht sogar auf eine tolle Nacht. Lena ist heute 23 Jahre alt geworden, hat schulterlanges, blondes und stufig geschnittenes Haar. Sie ist ungemein schlank, ist sportlich gebaut und entspricht damit genau meinem Frauengeschmack. Lena studiert Deutsch und Biologie. Ich hingegen Deutsch und Philosophie. Warum ich das tue, weiß ich nicht. Wahrscheinlich, weil dies meine Leistungskurse während des Abiturjahrgangs waren. Ich lernte Lena als Erstsemestler in der Universität kennen. Wir saßen im völlig überfüllten Hörsaal hinter der letzten Reihe auf dem Boden. *Einführung in die Literaturwissenschaft.* Versteckt hinter unseren Kommilitonen konnten wir ausgiebig schwatzen und uns über bevorstehende Erstsemester-Partys und unsere beruflichen Ziele unterhalten. Als gewissenhafte Sek2-Lehramtsstudenten hatten wir dieselben Vorlesungen, die uns in die Materie der deutschen Sprache einführen sollten. Lena wurde direkt im ersten Semester eingeführt. Ich hingegen erst im Folgesemester, weil ich mein Debütantendasein an der Uni nicht ernst genug genommen habe und es für wichtiger hielt, möglichst viele Partys mitzunehmen, was mich dazu veranlasste, nicht zu lernen und die Klausuren folglich nicht zu bestehen. Außerdem verlor ich in der Folge zunehmend die Motivation überhaupt noch anwesend zu sein. Es gab keine Anwesenheitspflicht, warum sollte man dann anwesend sein? Und Lena habe ich nur einige wenige Male wieder gesehen, so dass auch dieser motivationale Faktor letzten Endes wegfiel. Lena und ich haben uns niemals außerhalb der Universität gesehen, was mitunter daran lag, dass wir beide liiert und damit vergeben waren. Vergeben ist sie nun augenscheinlich nicht mehr. In studentischen Kreisen wird viel gemunkelt. Ich hingegen schon, aber das verschwieg ich ihr bei unserem letzten Aufeinandertreffen. Lena fragte mich auch nicht. Wir trafen uns vor zwei Wochen zufällig in der Warteschlange vor einem universitären Kaffeeautomaten, an dem man aufgewärmtes schwarzes Wasser käuflich erwerben kann. Neben dem obligatorischen Smalltalk, in dem ich auch davon in Kenntnis gesetzt wurde, welche Professorinnen und Professoren im Augenblick überhaupt nicht angesagt seien, wurde ich ganz nebenbei zu ihrer heutigen Party eingeladen. Ich könne auch gerne einen Freund mitbringen, meinte sie. Wie süß. Ich sagte sofort zu. Dem eigenen Beziehungsstatus zum Trotz. Party ist Party.

Meine Freundin Sophie ist blutjunge 20 Jahre alt, ein eigentlich tolles Mädchen und hoffnungslos in mich verliebt. Ich mag sie *auch* und genieße es, mit ihr zusammen zu sein. Es ist weniger intensiv als praktisch, aber mit der Liebe ist das halt immer so eine Sache. Ich habe schon oft darüber nachgedacht, Schluss zu machen, aber das ist ein Handwerk, in dem ich einfach minderbemittelt bin und noch nie gut war. Wenn ich in der Vergangenheit merkte, dass ich eine Beziehung zu beenden habe, blieb mir nichts anderes übrig als wochen- oder teils monatelang darauf hinzuarbeiten, so dass das Mädchen wiederum Gründe findet, mit *mir* Schluss zu machen. Ich bin mir bei allem Wohlwollen nicht sicher, ob ich Sophie liebe. In der Beziehung mit ihr schätze ich aber, dass ich den Freiraum bekomme, den ich nötig habe. Ginge es nach Ben, bin ich Sophie zweimal fremdgegangen, was ich ihr bis heute nicht beichten konnte. Es ist auch alles schon lange her und ich weiß auch gar nicht, ob es als Fremdgehen gezählt werden darf, deswegen mach ich mir vermutlich überflüssige Gedanken. Das ist alles Auslegungssache. Und des Weiteren ohnehin nur Schall und Rauch. Das erste Mal war ich wie so häufig mit Ben in unserem charmanten Köln unterwegs. Es war sehr spät in der Nacht, das Mädchen war hässlich und wir haben uns nur geküsst. Noch am Abend zuvor küssten Sophie und ich uns das erste Mal. Nach Sophies Definition sind wir seit genau diesem Abend ein Paar. Aber mal ehrlich: Wie viele Beziehungen hat man denn dann unter diesen Voraussetzungen schon geführt? Deutlich zu viele. Hätte ich die gleiche Definition des offiziellen Zusammenseins gehabt, wäre es sicherlich nicht zu dem Kuss gekommen. Das zweite Mal war ein halbes Jahr später in Bonn. In einem eigentlich ziemlich uncoolen Club, in dem Mainstream-Musik lief und verwöhnte Teenies tanzten, trafen wir zufällig eine alte Schulfreundin, weswegen wir im Kollektiv kurzerhand beschlossen haben, miteinander durch weitere, noch uncoolere Clubs zu ziehen. Und dann wohnte sie auf einmal direkt nebenan und ich hätte eine gute Weile auf meine Bahn warten müssen. Also bin ich mit zu ihr gegangen, was keinesfalls geplant und eigentlich auch gar nicht gewollt war, sondern mehr so eine Laune des Augenblicks. Wir haben uns nicht geküsst. Stattdessen massierte ich wankend ihren Rücken und sie kam dann auf die plötzliche Idee mich oral zu befriedigen. Die Rechnung machte sie aber ohne meine Libido. Ich trank am Abend so viel Bier, dass mir keine Erektion gelingen wollte. Muss demütigend für denjenigen sein, der bläst. Und peinlich für den, der blasen lässt. Folglich

- je nach Auslegung - kann dieses Intermezzo auch nicht als Fremdgehen gezählt werden. Denn unterm Strich passierte ja nichts.
Sophie wohnt nach ihrem erfolgreich abgeschlossenen Abitur seit kurzem auch in Köln. Sie macht eine Ausbildung zur Industriekauffrau im Kölner Norden und kennt noch nicht viele Leute in der neuen und für sie durchaus großen Stadt. Daher nervt es mich auch, wenn ich abends alleine unterwegs bin und ständig Kurzmitteilungen von ihr empfange, in denen sie teils ihre Eifersucht, teils ihre Vorfreude auf ein Wiedersehen zum Ausdruck bringt. Es gab schon Nächte, da habe ich bis zu fünf Nachrichten von ihr empfangen, ohne dass ich darauf nur einmal geantwortet hätte. Wie sieht das auch aus, wenn alle Leute um mich herum tanzen, trinken, lachen, und meine Wenigkeit permanent auf dem Handy herumtippt? Dann sähe ich ja aus, wie Michael, wenn er es trotz seines weiblichen Vormunds mal geschafft haben sollte, temporären Ausgang genehmigt zu bekommen. Anja ist Herrin und Freundin zugleich. Sophie ist da anders, was mir wirklich gut gefällt. Sie ist nur Freundin. Und zwar eine Gute. Klar sollte ich auch als guter Freund, Sophie in dieser Phase ihres Lebens ein wenig mehr an die Hand nehmen, aber ich befürchte, dass sie dann noch mehr von mir wollen würde und mich zusehends vereinnahmt, womit sich mein gegenwärtig vorhandener Freiraum mehr und mehr reduzieren würde. Und ehe ich mich versehe, mutiert auch meine Freundin zur Herrin meiner selbst. Da ist Obacht geboten. Heute habe ich Sophie bereits im Vorhinein darauf hingewiesen, dass ich ihr maximal zweimal zurückschreiben werde. Damit sie nicht wartet. Damit sie nicht böse und eifersüchtig wird. Damit sie erst gar nicht glaubt, sie habe mich im Griff und könnte mich lenken.

»Alter, bist du taub oder was?«
Ben steht vor der Tür. Zwei Sixpacks Kölsch unterm Arm,

schnaufend und außer Atem. Der Schweiß steht ihm in kleinen Perlen auf der Stirn und er guckt mich erwartungsvoll mit großen Augen und dicken roten Wangen an.
»Ja, ich hab dich nicht gehört Mann, sorry! Aber komm erst mal rein!«
Ich muss dabei lächeln und Ben wird bemerkt haben, dass ich ihn sehr wohl gehört habe, aber im Augenblick des Klingelns etwas Wichtigeres zu tun hatte. Er weiß, dass meine Haare Priorität haben. Wir kennen uns, wir verstehen uns. Und daher verkneift er es sich, eine große Szene aus seiner Geduldsprobe zu machen, schüttelt stattdessen nur widerspenstig den Kopf und tritt schlurfend in die Wohnung ein.
»Du siehst scheiße aus«, sagt er trocken, rempelt mich kurz an, als er an mir vorbeigeht, um direkt in der Küche angekommen, das Bier in den Kühlschrank zu verfrachten.
Ich erwidere seine körperliche Retourkutsche lediglich mit einem Lächeln, gehe ihm hinterher und klopfe ihm, als dieser vor dem Kühlschrank hockt und mir Einsicht auf seine Poritze verschafft, auf die Schulter.
»Bock auf Party?«
»Bock auf Party«, antwortet Ben.
Das erste Sixpack ist innerhalb einer Stunde getrunken. Und nach einigen weiteren Flaschen feinster Kölschkultur sitzen wir etwas stramm in der Bahn auf dem Weg zu Lena.

Anstoß

Auf dem Weg von der Bahnhaltestelle zu Lenas Wohnung macht sich mein Handy in der Hosentasche vibrierend bemerkbar. Ich empfange eine Nachricht:

»Hey Süßer, schon gut dabei? Pass auf dich auf, ja? Einen schönen Abend, freu mich auf morgen, dicken Kuss ☺«

Sophie hat mir geschrieben. Jetzt schon. Ich hatte ihr versichert, zweimal bestimmt zurückzuschreiben. Aber so früh schon? Eine Antwort sollte zum jetzigen Zeitpunkt noch warten können. Der Fußweg von der Bahnhaltestelle bis zu Lenas Wohnung sollte nach ihrer Aussage höchstens fünf Minuten andauern. Ben und ich machen 35 Minuten daraus. Zuerst müssen wir noch mal zwecks Bier und Flasche Sekt, die als Geburtstagsgeschenk dienen soll, in einen nahe liegenden Kiosk, in dem uns ein zahnloser Türke freundlich begrüßt. Er ist ganz sympathisch und ich finde es schade, dass er an offensichtlicher Dentalphobie leidet. Gute Zähne sind so wichtig. Ich könnte niemals ein Mädchen küssen, welches schlechte Zähne hat. Ich frage mich, wer unseren Bierverkäufer küsst. Ob er jemals schon mal geküsst wurde. Armer Kerl.

Im Anschluss an den Kölsch-Erwerb muss Ben noch auf Toilette. Auf der Suche nach einer geeigneten Erleichterungsstätte, wird er schließlich in einem Sülzer Vorgarten fündig. Die Fenster des Reihenhauses sind dunkel, so dass auch ich die Gunst der Stunde ergreife und mich dazugeselle. Die Eigentümer des Vorgartens werden sich bald über eine verdorrte Grünfläche wundern. Bevor wir unser eigentliches Ziel dann endlich erreichen, müssen wir noch zweimal falsch abbiegen und einen ebenfalls angetrunkenen Passanten nach dem Weg fragen. Als wir endlich vor Lenas Haustüre stehen, rauchen wir noch eine letzte Zigarette.

Begleitet wird das Ritual des Rauchens der letzten Zigarette ehe man klingelt, mit fachmännischen Fußballunterhaltungen. Ben hat nie selber Fußball gespielt, hält sich aber für den größten lebenden Fachmann, der König Fußball unterstellt ist. So wie *Ralf Rangnick*. Ich hingegen habe jahrelang selber Fußball in der Bezirksliga gespielt, hörte erst mit 15 Jahren auf, als Marihuana, Alkohol und Frauen interessanter wurden, und bin noch immer topaktuell über alle Geschehnisse von der Kreisliga an aufwärts bis hin zur Championsleague informiert. Beim Damenfußball sind wir selbstredend beide Fans der Fortuna. Beim Bundesliga-Fußball der Männer sieht es aber ein klein wenig anders aus. Ben ist Lokalpatriot und bekennender Fan des 1. FC Kölns. Ich des FC Bayerns. Prägung geht über Lokalpatriotismus. Ein Frauenschwarm und einstiger Fußball-Gott machte mich schon als kleiner Schuljunge zum Bayern-Fan: *Mehmet Scholl*.

»Glaub mir, Mikka! Die Zukunft gehört dem Ersten Fußballclub Köln. Karnevalsverein hin oder her. Das Image der Fahrstuhlmannschaft gehört doch längst der Vergangenheit an! Eine Mannschaft wie der FC gehört zum Standardinventar der höchsten deutschen Spielklasse. Und: Da kommt noch mehr. Allein schon wegen seiner Fans, *muss* Köln einfach international spielen. Pass mal auf: Ein paar Jahre noch im sicheren Mittelfeld, dann Europa-League und letztlich Championsleague! Das ist so sicher, wie das Amen in der Kirche. Ein ganz normaler Prozess.«
Ich höre mir Bens Prophezeiungen - durch den Alkohol geduldet - eine Weile an, ehe ich ihn bei der Ausführung seines Zukunftsplanes für den 1. FC Köln unterbreche und ihn darauf hinweise, dass es bei aller Ruhe und Raffinesse des Trainer- und Managerstabes schwierig werden könnte, sich schlussendlich dauerhaft gegen finanzstärkere Konkurrenten, wie Schalke, Dortmund, Leverkusen oder eben Bayern zu behaupten. Als Ben erneut anfängt und versucht seine Theorie

mit schwammigen Argumenten zu unterstreichen, flitsche ich desinteressiert meine Zigarette weg und klingle an der Tür. Er schaut etwas enttäuscht aus der Wäsche, hat die Botschaft aber richtig interpretiert.
»Bayern wird eines Tages noch froh sein, sich Köln-Jäger schimpfen zu dürfen«, spricht's und trinkt den letzten Schluck seiner Flasche Kölsch.

Der Türsummer ertönt und ich drücke die Tür zum Treppenhaus auf. Von einer Party ist nichts zu hören, aber das muss ja nicht gleich was zu bedeuten haben. Nach zwei Etagen Treppensteigen, dass Ben schon wieder den Schweiß auf die Stirn treibt, macht man uns die Wohnungstüre auf und eine leicht angesäuselte und lachende Lena begrüßt uns. Im Hintergrund läuft ruhige Chillout-Musik, die von diversem Gesprächsgemurmel begleitet wird.
»Heeey! Schön, dass ihr da seid! Sorry, wir sind schon ganz schön angetrunken.«
»Heeey!«, erwidere ich. »Alles Gute zum Geburtstag. Macht doch nichts, wir haben auch schon ein wenig was getrunken.«
Wow! Lena sieht heute wieder echt heiß aus. Sie trägt ihre Haare offen, was verwegen und rockig aussieht. Dann trägt sie ein schwarzes Top von Fred Perry mit verhältnismäßig weitem Ausschnitt und eine dunkelblaue, verwaschene Jeans mit Löchern in den Knien. Ich wundere mich, wie man sowohl schick und elegant als auch ungemein sportlich und sexy zugleich aussehen kann. Ich umarme sie anlässlich ihres Geburtstages, wobei mir auch noch auffällt, dass sie verdammt gut riecht. Ich glaube ich habe mich gerade verliebt. Nachdem sich Lena aus meiner leicht übertriebenen Umarmung befreit hat, stelle ich ihr Ben vor und dann übergeben wir ihr, noch immer in der Türe stehend, feierlich die Flasche Sekt als außergewöhnlichstes Geburtstagsgeschenk des Tages.
»Ne Kleinigkeit«, tiefstaple ich gekonnt gespielt, während sich Lena bemüht, ein überraschtes und glückliches Gesicht zu

machen.
»Ooooh, danke. Das ist ja lieb von euch. Kommt doch erst mal rein und geht durch! Ich stell euch dann den anderen vor.«
Lena nimmt uns unsere Jacken ab und schmeißt sie in einen verdunkelten Nebenraum neben dem Eingangsbereich. Die Flasche Sekt stellt sie lieblos zu dem zahllosen anderen Alkoholika in die Küche. Ist aber auch ein blödes Geschenk. Ben und ich gehen den langen Flur entlang durch ins Wohnzimmer.
»Genau, geht schon mal rein!«, ruft uns Lena hinterher. »Ich hol euch noch was zu trinken! Ähm, wollt ihr Bier?«
»Klar, Bier ist gut«, rufe ich halbherzig zurückschauend.
Es wird gleich lauter und alles sieht schon ein wenig mehr nach Party aus. Viel los ist aber noch nicht. Im Wohnzimmer angekommen, schauen alle Geburtstagsgäste gespannt in den Eingang, um die neuen Gäste beäugen und begrüßen zu können. Wir werden lediglich beäugt. Die hoffentlich später noch feiernde Gesellschaft sitzt gegenwärtig im Kreis, um einen gläsernen Wohnzimmertisch herum, teils auf dem Sofa, teils auf einem Stuhl oder auch auf dem Boden. Einige Leute stehen auch im Hintergrund, vor der Balkontür oder aber auf dem Balkon selbst. Zum Rauchen. Oder auch nur so. Bei einer ersten Analyse fällt mir auf, dass hier ein ganz deutlicher Männerüberschuss vorhanden ist. Da durften wohl noch andere Freunde einen Freund mitbringen. Einige Leute habe ich schon mal in der Universität gesehen. Keine coolen Leute. Meine Lust schwindet zusehends. Von hinten kommt Lena angespurtet, mit zwei Bieren in der Hand, um sie uns gastfreundlich zu überreichen.
»Hier, lasst es euch schmecken! Übrigens, alle mal aufgepasst: Das hier sind Mikka und äh, Ben. Richtig?«
»Richtig«, schmunzelt Ben, bemüht um Coolness und Gleichgültigkeit.

Nachdem wir nun wirklich ausgiebig von allen Gästen begutachtet und nur zum Teil begrüßt werden, stehen Ben und ich noch einige Zeit im Abseits des Raumes. Lena springt unterdessen von Smalltalk zu Smalltalk, schenkt ihren Gästen nach, holt neues Bier und verschwindet hin und wieder draußen auf dem Balkon. Partys können ja noch so gut sein, als Gastgeber hast du in den seltensten Fällen was davon. Oje, diese Hausparty habe ich mir irgendwie anders vorgestellt. Nur gut, dass wir Bier haben. Okay, es ist noch früh und mittlerweile auch etwas voller geworden. Aber es ist räumlich einfach zu eng, die Leute sind größtenteils männlich oder hässlich, die Musik ist langweilig und irgendwie war die Stimmung bei der Fachsimpelei über Fußball vor der Türe noch mitreißender. Zu allem Überfluss behandelt mich Lena mit einer leichten Prise Ignoranz und das, obwohl ich heute ja wirklich gut aussehe. Oder gerade deswegen? Vielleicht ist das ja ihre Art mir zu zeigen, wie toll sie mich findet. Klingt total plausibel. Ben und ich beginnen wieder zu fachsimpeln. Ich mehr, Ben weniger. Wir beschließen einfach weiter zu trinken. Das mit dem Spaß kommt dann noch. Nach einer gefühlten Ewigkeit und einigen Zigaretten auf dem Balkon, ist es nicht nur aufgrund der räumlichen Kapazitäten ansehnlich voll geworden. Die Stimmung ist in Ordnung, auch wenn noch immer keine stimmungsfördernde Musik läuft. Und Ben und ich fühlen uns immer noch ein wenig ausgestoßen, wie blinde Passagiere auf einer Luxus-Kreuzfahrt in der Südsee. Oder so ähnlich. Niemand nimmt wirklich Notiz von uns. Ich könnte darüber hinwegsehen, wenn sich wenigstens Lena um uns kümmerte. Irgendwie gehören wir bis dato nicht zu den coolen Kids. Oder sind wir etwa zu cool für diese Party? Als ein ganz offensichtlich homosexueller Partygast in hautengen grauen Jeans, schwarzem Shirt mit V-Ausschnitt und violetten Hosenträgern die Musikanlage bedient und *Smack my bitch up* von *The Prodigy* laufen lässt, springt die Stimmung endlich um. Manche Leute versuchen nun sogar in der Enge des Raumes zu tanzen. Die Musik ist außerdem echt laut. Wenn ich

Nachbar wäre, würde ich mich nun sicherlich bei Lena und ihrem Mitbewohnerinnen beschweren oder zumindest anonym die Polizei benachrichtigen. Letzteres wäre wahrscheinlicher.
»Heeeey«, grölt Ben mit erhobenen Daumen dem vermeintlich schwulen Hobby-DJ entgegen, um ihm seine musikalische Sympathie zu bekunden.
Dieser lächelt verlegen, eingekleidet in seiner das Klischee bedienenden Mode, und nickt Ben zu.
»Ich glaub der mag dich«, schreie ich Ben ins Ohr, klopfe ihm auf die Schulter als wollte ich ihm Mut machen, meinen Blick dabei auf den Schwulen gerichtet, bemüht um Augenkontakt. Als dieser zustande kommt, habe ich mein Ziel erreicht. Der Schwule hat angebissen. Ich mache augenzwinkernd eine zeigende Kopfbewegung in Bens' Richtung und verlasse unter dem Vorwand, dass ich dringend auf Toilette müsse, unverzüglich den Raum. Ben schaut mir fragend hinterher. Mensch, ist das lustig. Die Nacht ist noch zu jung, um Trübsal zu blasen. Ich muss zu Lena.

Ich finde sie nach nur wenigen Schritten in der Küche. Lena sieht noch immer umwerfend aus und unterhält sich gerade mit einem Pärchen. *Er* ist sicherlich nicht älter als 22, ist schlank, trägt hellblaue Baggy-Jeans und ein weißes T-Shirt von *Karl Kany*. Auch die schwarze und schrägsitzende Netzkappe mit *NY*-Schriftzug darf an diesem Abend nicht fehlen. Das Mädchen in seinem Arm ist die Wortführerin der Unterredung. Sie sieht älter aus als er, ist echt fett und komplett in schwarz gekleidet, weil schwarz ja schließlich schlank macht. Um die Illusion perfekt zu machen, sind ihre Klamotten nicht nur schwarz, sondern auch einen Hauch zu körperbetont, was in der Folge das ein oder andere Bauch- und Pospeckröllchen offenbart. Ich denke, dieses Pärchen könnte optische Vorteile voneinander ziehen, wenn sie ihre Outfits einfach tauschen würden. Alle drei haben kein Getränk mehr in der Hand. Ich schnappe mir also spontan aus einem in der Ecke stehenden

Bierkasten vier Kölsch und eine noch unangebrochene Tüte Paprika-Chips und stelle mich, nachdem ich die Flaschen per Feuerzeug allesamt geöffnet habe, lächelnd und bemüht nicht allzu betrunken zu wirken, in die Runde dazu.
»Hallooo«, platze ich in die Unterhaltung hinein. »Was zu trinken? Haut rein!«
»Hey Mikka«, anwortet mir Lena. »Danke dir. Das sind Sarah und Torsten. Die kenn ich schon seit der Grundschule in Viersen, müssen jetzt aber auch wieder los, weil die Bahn ja fährt.«
Das ist natürlich schade, dass die Bahn ja fährt. Trotzdem nehmen beide dankend die Flasche Bier entgegen und stoßen mit Lena und mir an. Beide sind wirklich nett, was ich nicht erwartete. Ich darf mich nicht immer von meinen oberflächlichen optischen Eindrücken leiten lassen. Und auch Lena wirkt nun gar nicht mehr so ignorant und scheint tatsächlich erfreut zu sein, dass ich zu ihr gekommen bin. Vielleicht liegt es aber auch lediglich an der berauschenden Wirkung der konsumierten alkoholischen Substanzen. Sarah redet sehr viel und auch sehr schnell und ich ertappe mich dabei, dass ich ihr gar nicht zuhöre, ihr bei Augenkontakt aber zunicke, um ihr mein Interesse und Verständnis zu bekunden. Zu oft schweift mein Blick hinüber zu Lena. Verdammt, sie ist so schön. Die Tüte Chips hat Sarah nun auch aufgemacht. Jeder von uns greift ein paar Mal hinein, Sarah ein paar Mal mehr, und dann sagt sie einen der häufigsten und dümmsten Sätze, die früher oder später immer beim Chips essen fallen müssen:
»Boa, wenn man einmal angefangen hat, ne? Dann kann man nicht mehr aufhören.«
Ich kann Sarah ja gut verstehen. Ich könnte auch schon wieder in die Tüte hineingreifen, aber wenn man sich die figürlichen Attribute von ihr anschaut, könnte man meinen, sie habe schon als Kleinkind einmal angefangen, nur niemals wieder aufgehört. Lena, Thorsten und ich sind verbal sehr zurückhaltend und nehmen unterm Strich gar nicht an der Unterredung

teil. Irgendwann während Sarahs Monologs, der nun ihrem vermeintlichen Abschiedszenario angehört, bemerke ich, dass sich Lena an mich anlehnt. Vermutlich nur um sich abzustützen, was mich aber so sehr überrascht, dass mir fast meine Flasche Bier aus der Hand fällt. Ich überspiele meinen Fauxpas und setze zum Konter an, indem ich meinen Arm um ihre Taille lege. Sehr gewagt, aber sie lässt es geschehen. Krass. Ich muss mich ja auch irgendwie abstützen. In diesem Augenblick schaut es so aus, als würden sich zwei Pärchen gegenüberstehen. Sarah und Thorsten, Lena und Mikka. Arm in Arm. Für ungefähr fünf Sekunden. Danach müssen Sarah und Torsten wirklich gehen, weil die Bahn ja jetzt hoffentlich tatsächlich fährt. Lena begeleitet sie zur Tür. Ich warte derweil angelehnt im Türrahmen der Küche, meinen gläsernen Blick in den Flur gerichtet. Ich winke Sarah und Torsten noch zu und bin froh, dass sie nun weg sind, denn wenn ich jetzt schnell genug handle und die Situation nicht fehlinterpretiere, habe ich Lena für mich allein. Sie schließt die Haustüre, dreht sich um und kommt leicht torkelnd auf mich zu. Yes. Lena gibt mir einen freundschaftlichen Fausthieb auf die Schulter.
»Sag mal, wie läuft's eigentlich bei dir in der Uni? Ich find das voll schade, dass wir uns so selten sehen.«
»Ja, läuft ganz gut. Da kann ich mich nicht beklagen. Also... ich bin selten da. Im Grunde sehen wir uns ja *gar* nicht mehr, weil du immer andere Veranstaltungen belegen musst, die ich noch gar nicht belegen *darf*. Du bist da als Mädchen, glaub ich, etwas engagierter und ziehst das mit deinem Studium echt konsequent durch.«
»Ach Quatsch, ich hab in einigen Klausuren einfach tierisch Schwein gehabt.«
»Nee, das glaub ich dir nicht. Aber komm, trinken wir einen auf deinen Geburtstag.«
Lena ist mir überhaupt nicht mehr abgeneigt, ganz im Gegenteil: Das scheint genau in ihren Plan zu passen. Sie will sich abschießen. Und zwar gemeinsam mit mir! Die Folgezeit

des Abends gehört sie nun mir allein. Wir verscheuchen ein paar Gäste und nehmen am Küchentisch Platz, trinken *Jägermeister*, Sekt und Bier im Wechsel und synchron und lachen viel. Mittlerweile darf auch in der Wohnung geraucht werden, von daher zünde ich mir vereinzelt eine Zigarette an, ohne zu vergessen auch Lena regelmäßig eine anzubieten. Eigentlich raucht sie nicht. Ähnlich wie ich. Nur auf Partys und anderen Gelegenheiten lässt man sich auf gesundheitlicher Ebene ein wenig gehen. Nach und nach verabschieden sich Gäste bei Lena und irgendwann ist es zumindest in der Küche auffällig leer geworden. Wir sitzen uns derweil nicht mehr gegenüber, sondern haben die Platzkonstellationen nach diversen Toilettengängen immer wieder gewechselt. Wir sitzen nun nebeneinander.

»Komm Mikka! Lass uns Brüderschaft trinken!«

Brüderschaft trinken. Das ist so eine Erfindung pubertierender Teenager. Auf diese Weise hat man die moralische Erlaubnis jeden Jungen und jedes Mädchen unabhängig von ihren oder des eigenen Beziehungsstatus zu küssen. Selten bleibt es dabei beim »brüderlichen« Küsschen. Ein Geniestreich der dauergeilen Jugend. Lena füllt unsere klebrigen Pinnchen mit tiefgekühltem *Jägermeister* wieder auf, nimmt beide Gläser in die Hand und guckt mich erwartungsvoll an.

»Du, Lena. Ich weiß nicht, ob das so ne gute…«

»A, a, a«, unterbricht sie mich. »Ich habe Geburtstag und werd ja noch mit einem guten Freund Brüderschaft trinken dürfen. Jetzt sei mal nicht so!«

Ich zweifle einen kleinen Moment, ob ich das wirklich möchte. Ich wollte ja nichts anderes, aber nun bekomme ich Lampenfieber. Aber solang sie nur mit »einem guten Freund« Brüderschaft trinkt, muss alles in Ordnung sein. Dann passiert nicht mehr.

Wir stoßen an und überkreuzen unsere Arme, um im Anschluss daran in eingehakter Position und brüderlicher Verbundenheit den süßlich bitteren Alkohol hinunterzuspü-

len. Lena schüttelt sich. Ich nicht. Dafür bin ich viel zu aufgeregt und in viel zu großer Erwartung auf das, was nun folgen soll. Wir stellen beide unser Schnapsglas auf den Tisch und schauen uns in die Augen. Mein Gott, sie ist so wunderschön. Ihre Haut ist absolut rein. Keine Pore, kein Makel, kein gar nichts. Fast wie eine Puppe. Ihre Haut scheint immun gegen Alkohol, Nikotin und schlechtes Essen zu sein. Ich starre sie bewundernd an, dann schließt Lena ihre Augen und nähert sich meinem Gesicht. Meine Augen bleiben geöffnet und ich starre Lena in die wunderschöne Gesichtspartie, auf ihren wunderschönen Mund, der mir langsam näher und näher kommt. Dann schließe ich auch meine Augen. Mein Herz fängt an schneller zu schlagen und unsere Lippen berühren sich. Ihre Lippen sind weich wie Butter. Wie solche Butter, die bei einem sommerlichen Frühstück in der Natur von der morgendlichen Kraft der Sonne angewärmt wird. Die Illusion wird nur durch die fiese *Jägermeister*-Note auf unseren Lippen gestört. Als ich gerade beginne, ähnlich wie die Butter in der Morgensonne, dahinzuschmelzen, zieht Lena ihren Mund überraschend schnell wieder zurück und fragt mich, ob wir nicht noch was rüber zu den anderen gehen wollen. Ein bisschen tanzen oder so. Ein bisschen tanzen also.
Das war alles? Ein kleines unbedeutendes Küsschen im Zeichen der Brüderschaft. Echt jetzt? So sagt es die gängige Kuss-Regel des Rituals. Ich lag ihr auf dem Präsentierteller und sie nimmt die Möglichkeit trotz der Unmengen an konsumiertem Alkohol nicht wahr? Oder gerade deswegen? Scheiß Alkohol. Es ist mir fast ein wenig peinlich, da wirklich mehr erwartet zu haben. Insgeheim zumindest. Die Möglichkeit hätte ja bestanden. Also hey, das Anlehnen, das Abschießen, das Brüderschaftstrinken. Der jugendliche Freischein zum Knutschen versagte. Die Mission schlug fehl.
»Klaro, lass mal rüber gehen«, versuche ich zustimmend zu wirken.
In diesem Moment fällt mir ein, dass ich gar nicht mehr nach

Ben gesehen habe. Fast schon fühle ich mich wie Michael, der durch seine blöde Freundin seine Freunde vernachlässigt. Ich habe Ben vor Stunden mit dem Schwulen alleine gelassen. Er hätte ja auch mal rüberkommen können. Lena torkelt vor mir her, auf dem Weg durch den langen Flur in Richtung des Wohnzimmers, aus dem gerade hörbar das neue Album von *Franz Ferdinand* läuft. Endlich gute Musik. Sie dreht sich kurz um und lächelt mich verführerisch an. Sie weiß, wie sie mich verrückt machen kann. Wie soll ich *das* denn jetzt wieder deuten? Mann, hör auf zu lächeln! In der Türe zum Wohnzimmer bleibt sie stehen, schaut kurz hinein und dreht sich dann wieder zu mir.

»Ist dein Freund eigentlich schon weg?«

»Äh, ich weiß nicht. Ich denke nicht, warum?«

»Hab den gar nicht mehr gesehen. Naja, egal.«

Sie lächelt mich schon *wieder* an. Ganz klar und unverkennbar. Wenn ich von ihr so angelächelt werde, ist es natürlich egal, wo sich gerade Ben herumtreibt, da hat sie Recht. In diesem Falle ist eigentlich alles egal. Als ich auch etwas schwankend auf ihrer Höhe angekommen bin, nimmt sie meine Hand und weist mich in ein Nebenzimmer. Es stellt sich als ihr Zimmer heraus. In einer Ecke brennt ein kleines Standlicht. Sie schubst mich auf ihr Bett, beugt sich zu mir über und küsst mich ohne jede Vorwarnung in einer derartigen Intensität, wie ich sie lange nicht mehr erlebt habe. Das alles passiert in Zeitlupe und doch so schnell, dass ich gar keine Möglichkeit eingeräumt bekomme, über die moralische Lage dieser Situation nachdenken zu können. Erst als sie aufhört mich zu küssen und damit beginnt ihr Top auszuziehen, schaffe ich es, über meinen eigentlich festen Beziehungsstatus nachzudenken. Ist das das Richtige, was ich hier gerade tue oder vielmehr mit mir tun lasse? Wohl kaum. Meine Sinne entfalten sich. Mir fällt auf, dass es in ihrem Zimmer angenehm kühl ist und es sehr wohlriechend duftet. Brannten hier etwa Räucherstäbchen? Hat das Lena etwa geplant, dass wir hier zur späteren Uhrzeit landen würden? Ihr Zimmer ist aufgeräumt und an der Wand hängen Werbeplakate von *H&M* mit metrosexuellen Männern und sehr dünnen und lasziv dreinschauenden Frauen. Ihr Bett ist weich und die weiße Bettwäsche ist farblich zum Rest der Einrichtung ihres Zimmers abgestimmt. Lena hat sich von ihrem Oberteil erleichtert. Sie sitzt mit weißem BH auf mir drauf. Ich richte mich umständlich auf und muss dabei unsicher wirken, weil ich gerade nicht weiß, ob ich sie umarmen, weiter küssen oder doch lieber das Gespräch suchen sollte. Lena erkennt mein Zögern und nimmt mir die Entscheidung entschlossen ab. Sie drückt mich fest an sich, küsst mich erneut, aber die leidenschaftliche Explosion ist zu einseitig. Ihre Hand landet in meinem Schritt, aber da regt sich gerade gar nichts. Nach gefühlten zehn Minuten Rumgeknutsche drücke ich Lena sanft von mir und schaue sie um Verständnis ringend an.

»Lena, stopp mal! Ich kann das glaub ich nicht.«

»Warum nicht?«, haucht sie mir ins rechte Ohr.

Sie will mich schon wieder küssen und öffnet dazu ihren zuckersüßen Mund zur Hälfte.

»Weil… ich muss nach Ben schauen.«

Oh Mann, bin ich betrunken. Ich versuche gerade tatsächlich Lena eine Abfuhr zu erteilen, weil ich nach Ben schauen muss? Sie guckt mich irritiert an.

»*Was* musst du?«

»Nein«, sage ich. »Ben ist… egal! Ich… ich kann das nicht, weil… Lena, ich hab ne Freundin.«

Das war ehrlich, aber irgendwie auch blöd jetzt. Obwohl mich gerade ein wenig Stolz erfüllt.

»Das ist nicht dein Ernst!«

»Ähm…«

»Na super.«

»Ja…also«, versuche ich mich zu erklären, »aber ich find dich echt super… schon immer und keine Ahnung.«

Lena wirkt enttäuscht und auch etwas sauer, lässt aber kei-

neswegs locker. Etwas trotzig will sie da wohl was zu Ende bringen und überrascht mich aufs Neue.
»Und ich finde dich auch echt super!«
So ein supergeiles Miststück. Wieder versucht sie mich zu küssen. Diesmal schafft sie es, ehe ich dann aber doch wieder unterbreche und erneut ansetze. Gott, ist das eine absurde Situation.
»Nee, ehrlich. Ich kann… ähm, meiner Freundin nicht fremdgehen.«
»Du bist deiner Freundin schon längst fremdgegangen.«
Hammer. Lena spielt mit gezinkten Karten. Dieses Luder. Je nach Interpretation kann sie da Recht haben, aber das muss ich erst in Ruhe und klarem Kopf in neutraler Umgebung prüfen. Wieder will sie mich küssen. Sie macht gerade vor nichts Halt. Erst lasse ich es zu, aber dann stoppe ich sie ein weiteres Mal. Hilfe, ist das doof.
»Lena, ich kann das echt nicht. Es tut mir Leid.«
Es sollte der letzte Abwehrversuch gewesen sein. Um Lenas dritten Angriff abzuwehren, fehlt mir schließlich die Kraft. Und letztlich vielleicht auch die Überzeugung. Lena ist der Hammer. Ich fühle mich wie die Abwehr einer Mannschaft in einem Spiel auf *ein* Tor. Ich konnte dem gegnerischem Sturm 88 Minuten lang Paroli bieten, aber nun ist der Knoten geplatzt und die Kraftreserven der tapfer kämpfenden Außenseiter-Abwehr aufgebraucht. Ich gehe gesenkten Hauptes unter anerkennenden Applaus treuer Fans als Verlierer vom Platz. Mit dem Unterschied, dass es sich hierbei ganz gut anfühlt. Verdammt! Wir ziehen uns gegenseitig aus und schon bald küsst mich Lena am Hals, auf der Brust und überall. Dass das mit Lena nach dem verwirrenden Beginn des Abends derart endet, hätte ich niemals gedacht. Wobei ich es mir ja irgendwie auch gewünscht habe. Nun ärgere ich mich. Zumindest ein klein wenig. Lenas sexuelle Entschlossenheit sorgt dafür, dass ich bald alles um mich herum vergesse. Sie hat wirklich überall eine makellos reine und weiche Haut. Nicht nur in ih-

rem Gesicht. Ihre Brüste sind fest, ihr Intimbereich minutiös rasiert und mittig auf kleinste Stoppeln gestutzt. Sie stöhnt leise vor Erregung, als ich sie mit meinen Fingern berühre. Ich spüre ihren Atem an meinem Ohr. Ehe ich mich versehe, streift sie mir ein Kondom über und setzt sich auf mich. Wo hat sie bitte so schnell das Kondom her? Und wie hat sie es geschafft, dass ich nun doch eine Erektion bekommen habe? Wir schlafen ein ganzes Weilchen miteinander, soweit ich das in diesem Zustand alkoholischer und sexueller Ekstase überhaupt noch abschätzen kann. Lena stöhnt mal lauter, mal leiser und bewegt sich meisterlich im ruhigen Rhythmus. Dann kommt sie, etwas zeitverzögert auch ich. In Anbetracht der Sauferei war das eine megagute Leistung von mir. Lena sieht zufrieden aus. Ihre blonden Haare sind leicht zersaust, ihre Wangen rot. Ich liege auf ihr und wir sind beide außer Atem. Ich schwitze und höre wie mein Herz zum Hals schlägt. Kopfschmerzen machen sich breit.

»Wenn du magst, kannst du hier schlafen. Ich würde mich jedenfalls echt freuen.«

Sie umarmt mich und küsst mich schon wieder. Nicht, dass sie denkt, wir wären jetzt ein Paar. Für manche Mädchen ist man nämlich schon zusammen, wenn man miteinander schläft. Bitte nicht. Dann hätte ich Stand Jetzt zwei Freundinnen. Lena umklammert meinen Oberkörper und lässt mich gar nicht mehr los. Ich versuche mich dennoch vorsichtig aus ihrem Griff zu lösen.

»Lena, das geht zu schnell. Ich würde gerne bei dir übernachten, aber ich muss echt… nach Ben schauen.«

Ben erscheint mir in diesem Moment als der einzige Joker, den mir das Schicksal zur Auswahl gestellt hat. Ich muss hier nur noch glimpflich aus dem Zimmer raus kommen. Alles Weitere kann ich morgen in Ruhe und im nüchternden Kopf klären.

»Ich kann den nicht alleine lassen«, ergänze ich. »Der ist ja nur wegen mir mitgekommen. Ich ruf dich morgen an, okay?«

Lena zeigt endlich Verständnis, indem sie mir nicht antwortet und schlagartig einschläft. Ich steige aus dem Bett, entsorge das Kondom im Taschentuch eingewickelt im Mülleimer, ziehe mich wieder an und versuche meine Haare, vor dem Spiegel stehend, weitestgehend wieder in Form zu bringen. Sie sehen total scheiße aus. Dem Schäferstündchen mit Lena waren sie trotz guter Vorbereitung nicht gewappnet. Ich gebe ihr zum Abschied noch einen väterlich anmutenden Kuss auf die Stirn und decke sie zu. Wenn ich ein Arschloch bin, bin ich zumindest ein gut Erzogenes.

Als ich aus ihrem Zimmer rauskomme, fühle ich mich frei und viel wohler als noch zuvor. Die Party scheint inzwischen endgültig zu Ende zu sein. Es gibt kein Bier mehr, also schnappe ich mir eine halbvolle Flasche Sekt, die auf einer Kommode steht und schlendere damit ins Wohnzimmer. Es läuft keine Musik mehr, stattdessen der Fernseher mit einer vermeintlichen Wiederholung des Freitagabendfilms auf RTL 2 mit Jean Claude van Damme. Davor auf dem Sessel lümmelt sich ein colatrinkender Junge, den ich wissentlich ignoriere, weil er nicht Ben ist. An der *Ikea*-Wanduhr erkenne ich, dass wir 4.20 Uhr haben. Auf dem Balkon sehe ich noch zwei Jungen, die sich gerade scheinbar eine Tüte rauchen. Sie kichern wie junge Hühner. Und am Esstisch schläft ein alternatives und komatös wirkendes Mädchen mit Dreadlocks. Ihr Kopf liegt mit der rechten Wange platt auf der Tischplatte, ihre Arme ausgestreckt daneben. Wie witzig. Die hab ich vorher noch gar nicht gesehen. Sie hält noch eine selbst gedrehte und noch unangezündete Zigarette in der linken Hand, die ich ihr bald entwendet habe und sie zu meinem Eigen ernenne. Ich schaue mich erneut im Raum um. Ja, die Party ist zu Ende, die Party ist tot. Ich verlasse das Wohnzimmer und gehe in die Küche. Auch die ist leer.

»Beeeeen«, rufe ich. »Beeeeen! Du wirst doch nicht mit der Tucke abgehauen sein?«

Ich bekomme keine Antwort. Ben ist nicht mehr hier. Ich ent-

scheide mich kurzerhand zu gehen. Ist er selber Schuld, hätte ja auch mal nach mir schauen oder eine Nachricht schreiben können. Dann wäre vielleicht auch alles anders gekommen. Eigentlich ist das alles Bens Schuld. Blöder Penner!
Ich öffne die Türe jenes Zimmers, in das Lena zu Beginn des Abends unsere Jacken geworfen hat. Im Halbdunkel finde ich meine dunkelbraune Lederjacke auf dem Boden liegend. Na toll. »Sehr fürsorglich, Frau Lena«, lalle ich zu mir selbst.
»Mikka?«, höre ich aus einer dunklen Ecke in einer männlichen Klangfarbe.
Ich schrecke zurück und betätige reflexartig den Lichtschalter neben der Tür. Ich traue meinen Augen nicht. Was ich sehe, kann doch echt nicht wahr sein. Ben liegt nackt im Bett. Zumindest ist er oben herum nackt. Der Rest ist glücklicherweise zugedeckt. Das wird wohl das Zimmer einer von Lenas Mitbewohnerinnen sein. Denn die potentielle Mitbewohnerin liegt ebenso nackt und tief schlafend neben ihm, und ist *nicht* zugedeckt. Hast du brav gemacht, Ben. Präsentier mir ruhig deine nächtliche Eroberung. Vermutlich erwartet er jetzt noch Applaus. Doch den bekommt er nicht. Seine spontane Sexualpartnerin liegt auf dem Bauch, hat eine ansehnliche Figur und ein kleines Herzchen-Tattoo auf dem linken Schulterblatt. Der eine Arm hängt aus dem Bett. Sie atmet laut.
»Alter, ich wusste nicht, dass die Tucke von vorhin nackt so gut aussieht.«
Mein spontaner Witz, der mich selbst zum Schmunzeln bringt, wird von Ben nicht verstanden, denn er lacht nicht. Er richtet sich schwerfällig auf und sitzt nun gerade im Bett. Ein lächerlicher Knutschfleck schmückt seinen speckigen Hals. Und auch seinen haarigen, dicken Bauch. Das sieht komisch aus. Ich kriege das Grinsen nicht mehr aus meinem Gesicht. Der Alkohol, das Intermezzo mit Lena, Bens Anblick. Ich bin gerade emotional total überfordert.
»Ey komm, mach das Licht wieder aus. Die *Tucke*, mit der du

mich verkuppeln wolltest, war übrigens der Cousin von deiner Lena und - by the way - überhaupt nicht schwul. Und er ist außerdem ein guter Freund von Tessa.«
»Wer.. ist Tessa?«, frage ich und wanke ein wenig, weswegen ich mich an der Türe festhalten muss. Dabei nehme ich noch einen tiefen Schluck aus der Sektflasche und schlabbere mir die Brust voll. Ich muss gerade echt fertig und kaputt aussehen. Ben nickt mit dem Kopf hinter sich:
»*Das* ist Tessa.«
Die Botschaft ist angekommen, heute geht's allein nach Hause. Ich zwinkere Ben zu, mache das Licht wieder aus, verlasse das Zimmer und schließe die Tür. Ich stehe allein im Flur und rühre mich für eine kurze Zeit nicht, um nachzudenken und um die räumliche Atmosphäre in mir aufzusaugen. Die Luft ist nebelig von der Qualmerei. Die weißen Flurwände sind im unteren Drittel dreckig. Vermutlich von jenen Partygästen, die an die Wand angelehnt ihre Hosen rieben und ihre Füße abstützten. Leises Gegacker der kiffenden Jungs drängt vom Balkon aus herein. War doch irgendwie eine fette Party. Da kann ich später meinen Enkeln noch von erzählen. Schwankend zünde ich mir die vorhin erworbene Zigarette an. Sie schmeckt nach Gras. Ich schaue auf mein Handy, das den ganzen Abend in meiner Hosentasche lautlos vor sich hin lebte. Drei neue Nachrichten und zwei Anrufe in Abwesenheit. Von Sophie.
»Ups«, rutscht es mir laut heraus und packe mein Handy samt ungelesener Nachrichten von Sophie wieder ein.

Ich bin ja so ein Idiot. Ich bestelle über Lenas Festnetz-Anschluss ein Taxi, da lass ich mich nicht lumpen. Die halbe Flasche Sekt kann ich aber nicht mehr trinken, dafür haut die selbst gedrehte Zigarette gerade zu sehr rein. 35 Minuten später liege ich mit mehrfach entleertem Magen, dafür aber noch immer bekifft und total betrunken, allein im Bett.

Spielaufbau

Ich wache nur auf, weil das Telefon nicht mehr aufhört zu klingeln. Ich liege mit allen vier Gliedmaßen von mir gestreckt auf dem Rücken im Bett und schaue an die früher mal bestimmt weiße Decke. Ich habe einen widerlichen Geschmack im Mund und der verrauchte Geruch meiner Klamotten liegt wie eine Dunstwolke in meinem verdunkelten Zimmer. Ich drehe mit schmerzverzerrtem Gesicht meinen Kopf zur Seite, um auf die Digitaluhr auf meinem Nachttisch zu stielen. Es ist 13.34 Uhr. Okay, das ist eine gute Zeit, weil der Tag noch nicht vorbei ist. Die Sonne scheint in einem schmalen Strahl durch die Jalousien geradewegs in mein Gesicht. Ich brauche etwas Zeit, um meine Gedanken zu sammeln. Das Telefon ist derweil verstummt. Dann lasse ich, noch immer in gleicher Position liegend, den Abend Revue passieren und bin überrascht darüber, dass ich gar kein sonderlich schlechtes Gewissen verspüre. Da habe ich mich gestern noch weitaus schlechter gefühlt. Ich raffe mich auf. Mir ist schwindelig. Ich schlendere nur in Boxershorts ins Wohnzimmer zum Telefon und erkenne an der Nummer auf dem Display, dass mich Sophie versuchte zu erreichen. Mit dem Telefon in der Hand geht's dann in die Küche. Dort setze ich mir einen Kaffee auf. Als ich nach einer noch sauberen Tasse suche und nicht fündig werde, entdecke ich einen gelben *Post it* auf dem Küchentisch:

»Hey du Partygurke! Wir waren kurz hier, um noch ein paar Sachen abzuholen. Sind schwimmen und danach zu Anjas Eltern! Wissen nicht, wann wir wieder kommen. Lieben Gruß, Michael und Anja«

Partygurke? Es ist Anjas Handschrift. War ja klar, sie schreibt aus Michaels Perspektive, in Michaels Namen. Und so unnötig. Als müsse ich über jeden Punkt ihrer Tagesplanung informiert werden. Ich bin doch nicht mit Michael verheiratet. Wobei ihm das sicherlich gut täte. Vielleicht will mich

Anja ja eifersüchtig machen. Anja ist so scheiße. Neben dem Zettel liegt eine Tüte mit zwei normalen Brötchen und einem Croissant. Okay, das ist wiederum nett. Michael und Anja sind schon niedlich. Eigentlich sollte ich heute auch mit Sophie schwimmen gehen. Sie hat das alles nicht verdient. Ich setze mich auf einen der harten, hölzernen Küchenstühle, die wir damals nur aus rein optischen Gründen in einem Kölner Billig-Möbelhaus kauften. Den einen Stuhl mussten wir schon mehrmals wieder instand setzen. Ich halte mir das Telefon vor meine Nase und wähle Sophies Nummer. Ich hätte ihr doch wenigstens schreiben können als ich wieder zu Hause war. Das Freizeichen ertönt.
»Hallo?«
»Ja hey, Kleine! Ich bin's.«
»Oha. Der Herr bequemt sich, sich zu melden.«
Sophie ist sauer. Das erkenne ich schnell an ihrer Tonlage. Wenn sie sauer ist, hört sie sich immer wie ein bockiges Grundschulkind an. Sie hat ja auch allen Grund sauer zu sein. Ich schaffe es jedoch schnell, sie wieder zu besänftigten, indem ich ihr erkläre, dass Ben und ich ein wenig über die Stränge geschlagen haben und dass ich mein Handy zu Hause vergessen hätte. Und selbst wenn ich es dabei gehabt hätte, wäre ich vermutlich nicht mehr in der Lage gewesen, es zu bedienen. Fette Party, Männerabend, große Sause halt. Das ist nicht einmal gelogen. Und was verschwiegen wird, kann nicht als Lüge gelten. Sophie kauft mir glücklicher Weise alles ab. Ich verspreche ihr, dass ich das am Abend alles wieder gut mache. Ich hätte eine Überraschung für sie. Nach knapp 20 Minuten beenden wir das Telefonat versöhnlich und freuen uns auf den Abend, den wir gemeinsam verbringen werden. Ich lege auf und werfe das Telefon rücksichtslos auf den Küchentisch.
»Scheiße«, sage ich dann zu mir selbst.
Die ganze Kacke in der letzten Nacht und dann muss ich mir noch irgendeine Überraschung für Sophie einfallen lassen. Ich

versuche optimistisch zu bleiben. Mit Lena, das war sicherlich nur ein Ausrutscher, der sich im beidseitigen Einverständnis vergessen lassen wird und für heute Abend wird mir bestimmt auch noch was einfallen. Das mache ich wieder gut, und zwar ohne, dass Sophie von der kompletten nächtlichen Eskapade erfährt. Schwamm drüber. Abhaken. In die Ablage.

Ich öffne die Spülmaschine, um mir eine Tasse herauszuholen. Ein drückender Geruch steigt mir entgegen, weil die Maschine lange nicht mehr lief. Das ist mal wieder Michaels Schuld. Wäre er häufiger zu Hause, würde es sich auch wieder lohnen, die Maschine anzumachen. Ich spüle die Tasse flüchtig mit kaltem Wasser durch und schenke mir den fertig aufgebrühten Kaffee ein. Die Brötchen ignoriere ich. Vorerst. Nach Essen ist mir im Augenblick noch nicht zumute. Danach schlendere ich mit der Tasse zurück in mein Bett und schalte den Fernseher ein. Cool. RTL beglückt mich mit einer Real-Life-Doku. Eine leichte Kost unterstem Niveaus, die mir zum Kater-Frühstück gerade gelegen kommt. Beim Zapping durch das trostlose Mittagsprogramm des deutschen Fernsehens, lande ich im Niemandslands der hinteren Programmplätze. In einer US-amerikanischen Talkshow sind gerade zwei dicke schwitzende Hausfrauen sozialer Unterschicht zu sehen, die scheinbar um die Gunst eines eher schmächtigeren Mannes mit schlechten Zähnen und grünen Wollpullunder kämpfen. »Kämpfen« ist hierbei tatsächlich wörtlich zu nehmen. Sie keifen sich an und watschen sich gegenseitig ab. Athletische Security-Bedienstete haben alle Mühe sie zu bändigen. Was ein Scheiß! Ich glaube, dass es gar nicht ihre Aufgabe ist, die Situation zu deeskalieren. Wenn diese zwei glatzköpfigen Kanten wirklich Ruhe wollten, bekämen sie diese von den dicken Hausfrauen sofort. Akustisch kommt da außer dem berühmten Piepton nicht viel bei mir an. Der Mann sieht glücklich aus. Die Sendung ist purer Zucker für sein Ego. Da sind tatsächlich zwei Frauen, die um ihn kämpfen. Wahnsinn.

Welch ein schöner Tag.

Ich trinke meinen Kaffee aus und schnappe mir mein Handy. Ich lösche die zwei Anrufe in Abwesenheit aus der Anrufliste. Die kamen ja von Sophie und das ist geklärt. habe vier neue Nachrichten empfangen. Drei sind von Sophie und eine Vierte von Lena. Die muss ich erst heute Vormittag bekommen haben. Diese lese ich zuerst:

»Hey Mikka. Tut mir alles Leid mit gestern. Wenn du drüber reden willst… kannst ja mal anrufen?! Glg, Lena«

Ich beschließe ihr vorerst nicht zu antworten. Bevor ich diesen Entschluss fasse, lese ich mir ihre Nachricht aber mehrmals durch. Sie hat gute Worte gewählt. Durchdacht und taktisch erstklassig. Ich könnte alles oder auch gar nichts hineininterpretieren. Lena ist schon toll. Trotzdem kann das nichts zwischen uns geben. Das wäre nicht richtig. War eine unsagbar blöde Idee. Schließlich lese ich mir Sophies Nachrichten durch. Die ersten Beiden hinterfragen lediglich den Unterhaltungsgrad der Party. In der Dritten wird sie dann etwas ungehaltener:

»Schön, dass du Spaß hast.
Bist bestimmt megavoll... tolle Mädchen da??«

Hm, eigentlich schon… Ich habe nun inklusive Sophies unbeantworteten Nachrichten eigentlich wirklich genug gute Gründe, um ein echt schlechtes Gewissen zu haben. Ich weiß, dass ich Scheiße gebaut habe, aber das schlechte Gewissen bleibt einfach aus. Nun, immerhin will ich es ja auch ohne schlechtes Gewissen wieder gut machen. Irgendwas scheint da nicht mit mir zu stimmen. Ich verabschiede mich vom Unterschichten-TV und schalte den Fernseher aus, gehe daraufhin ins Bad, dusche und putz mir die Zähne. Jetzt fühle ich mich wieder frisch. Der Schwindel ist auch fast verflogen. Vorsichtshalber werfe ich mir dennoch eine Kopfschmerztablette ein. Meine auf der Party getragenen Klamotten stecke ich umgehend in die Waschmaschine und öffne sämtliche Fenster der Wohnung, um dem Partymuff endgültig den Garaus zu machen. Dann ziehe ich mir frische und wieder wohlriechende Sachen an. Nachdem ich auch das von Michael und Anja herzlich gesponserte Frühstück zu mir genommen habe, weiß ich durch einen Anflug kreativer Energie, was ich mit Sophie am Abend unternehmen werde: Ich gehe mit ihr essen. Der Klassiker, was auch sonst. Sie geht gerne auswärts essen und wenn ich sie dazu einlade, habe ich auch das Gefühl, wieder etwas gut gemacht zu haben. Alles nichts besonderes, aber für heute Abend absolut ausreichend. Und hinterher kann ich sie noch im Bett mit einer ausgiebigen Ganzkörpermassage verwöhnen. Genau. So werde ich es machen.

Den Tag verbringe ich mit Rumgammelei. Ich schalte immer wieder den Fernseher an und schalte ihn auch immer wieder aus, weil einfach nichts Gescheites läuft. Ich spiele ein wenig *Playstation*, höre aber auch bald wieder auf, weil die schnellen Bilderabfolgen aktionsgeladener Zombiekämpfe in meinem noch angeschlagenen Zustand nicht gut für mich sind, den Zustand zudem zu verschlechtern drohen. Ich stöbere dann und wann ein wenig in Fachliteratur für die Uni herum, um zumindest mein schlechtes Gewissen auf dieser Ebene zu beruhigen. Ich mache nach wie vor zu wenig für mein Studium. Halbherzig. Organisierter Selbstbetrug. So wie Ben. Stichwort! Er ruft mich an. Er fand den gestrigen Abend supergeil und Tessa ist ein heißes Kätzchen. Bens Vokabular ist lustig, wenn er über Frauen redet. Er kombiniert dann gerne hart klingende Adjektive mit harmlosen Tieren, die er zusätzlich in der Verniedlichung ausspricht. Da ist es mal das geile Mäuschen oder das rattenscharfe Spätzchen oder auch wie heute das heiße Kätzchen. Er ist morgens wohl ein paar Stunden nach mir abgehauen ohne sich zu verabschieden, ohne eine Nachricht oder Nummer hinterlassen zu haben. Ben macht es richtig. Er entschuldigt sich dafür, *mich* alleine nach Hause gefahren lassen zu haben und ist leicht erbost, dass ich mich von Lena hab verführen lassen. Er habe mich wohl die ganze Zeit in Schutz genommen und meine Treue und Loyalität Sophie gegenüber betont, als Tessa ihm lallend erzählte, dass da zu 100% was laufen werde. Mindestens. Wir einigen uns darauf, die Tage voneinander zu hören. Ich solle keinen weiteren Scheiß machen, denn dreimal Fremdgehen würde nun bis ans Ende meines Lebens reichen. Ich sehe das ja noch immer etwas anders. Einmal Fremdgehen. Maximal. Dann beginnt die Sportschau. Alles keine Bombenspiele. Bayern gewinnt auswärts 2:1 gegen den Tabellen-Dreizehnten Hoffenheim. Und Bremen gewinnt 2:0 auf Schalke. Ein auswärtssiegreicher Spieltag. Und das war es auch schon. Der FC spielt erst morgen. Dortmund und Wolfsburg auch.

Um kurz nach Acht stehe ich fast pünktlich vor Sophies Tür. Im schönen Köln-Nippes. Wir hatten 20 Uhr abgemacht. Ich ärgere mich, weil ich eigentlich etwas früher eintreffen wollte. In der dritten Etage angekommen, öffnet Sophie mir die Tür und lächelt verstohlen. Ihr Lächeln ist immer schon das Beste an ihr gewesen. Es hat mich seit unserer ersten Begegnung in seinen Bann gezogen. Sie fiel mir in einer ziemlich feucht-fröhlichen Karnevalsnacht auf. Sie war als Engel verkleidet und tanzte mit zwei Freundinnen. Wie in Zeitlupe schwebte sie über den klebrig versifften Boden des kleinstädtischen Festzeltes. Sonnenstrahlen durchbrachen die von Kondenswasser triefende Zeltdecke, um ihre himmlische Erscheinung auszuleuchten. Eine ihrer tanzenden Freundinnen im Erdbeer-Kostüm kannte ich vom Sehen. Als ein zufälliger Augenkontakt zustande kam, lächelte mich Sophie an und ich war sofort hin und weg. Ich habe sie nicht an Ort und Stelle angesprochen, weil ich zu betrunken war und keinen schlechten ersten Eindruck hinterlassen wollte. Nein, ich ging taktisch vor und organisierte mir erst Tage später um ein paar Ecken ihre Telefonnummer. Naja, und nach dem einen oder anderen Date, wurden wir auch schon ein Paar. Der ganz klassische und irgendwie auch langweilige Ablauf. Hätte sie mich an jenem Abend nicht angelächelt, wäre es vermutlich nie zu dieser Entscheidung gekommen, mir ihre Telefonnummer zu besorgen. Dann hätte ich einen kichernden Marienkäfer mit großen Brüsten abgeschleppt. Tja, das ist jetzt drei Jahre her. Inzwischen spüre ich zwar keinerlei Schmetterlinge mehr im Bauch, aber Sophies Lächeln wirkt noch immer in einer geheimnisvollen Art anziehend auf mich. Sie hat sich für heute schick gemacht. Sportlich schick. Sie trägt schwarze Ballerinas, eine dunkelblaue Jeans und ein schwarzes Poloshirt von *Lacoste*. Ihre langen, hellblonden Haare trägt sie zusammengebunden zum Zopf. Das tut sie immer, seit ich ihr sagte, sie sähe mit offenen Haaren aus wie ein 15-jähriges Schulmädchen.

»Hatten wir nicht acht gesagt, Mikka?«

Ich bin etwas irritiert. Da ist sie aber jetzt kleinlich.

»Ja, ich weiß… ich bin doch fast pünktlich.«

»Und trotzdem bist du mal wieder zu spät. Das find ich jetzt echt nicht in Ordnung.«

Sie schaut mich konzentriert und grimmig an. Ich schaue ihr fragend entgegen. Die verarscht mich doch. Dann verziehen sich ihre Mundwinkel und sie beginnt zu lachen. Das erleichtert mich und auch ich beginne zu lachen. Wir küssen uns und ich hebe sie im Anschluss bei der Umarmung hoch. Sophie ist einen guten Kopf kleiner als ich, daher liebe ich es, sie hochzuheben und sie ein wenig hin und her zu schaukeln, so dass ihre Beine wie der Pendel einer Standuhr nach links und rechts schwingen. Ich imitiere währenddessen die Geräusche des Pendels. Sie fängt wieder an zu lachen. Als ich sie absetze, sagt sie:

»Hör mal, wir müssen aber noch mal über gestern Abend reden, ja?«
»Klaro, aber jetzt gehen wir Beide erst mal schön was essen, ja?«
Schade. Ich dachte das Thema sei vom Tisch.
»Ehrlich?« Sophie ist zu meinem Vorhaben erwartungsgemäß positiv überrascht.
»Ehrlich. Heute lassen wir es uns so richtig schmecken.«

Ich führe sie in ein Steakhaus in der Kölner Altstadt aus. Auch nicht wirklich was besonderes, aber ich hab halt große Lust auf Fleisch. Sophie findet das, glaub ich, auch ganz gut. Zu reservieren versäumte ich leider, deswegen müssen wir noch 15 Minuten im Eingangsbereich warten, ehe wir an einem freigewordenen Zweier-Tisch Platz nehmen können. Sophie nimmt es gelassen entgegen. Wir bestellen uns einen großen Grillteller für zwei Personen. Sie bekommt ein kleines Kölsch, ich hingegen ein Malzbier, da meine Alkohollaune noch im Keller ist.
»Du, mit gestern Abend… und überhaupt, ist ja nicht das erste Mal. Ich frag mich oft… liebst du mich eigentlich, Mikka?«
Wir haben noch nicht einmal angestoßen. Ich stutze und fühle mich überrempelt. Ich habe ihr tatsächlich noch nie gesagt, dass ich sie liebe. In den gesamten drei Jahren nicht *einmal*. Es gab einen Augenblick, da hätte ich es fast über die Lippen bekommen, weil ich mir irgendwie sicher war. Und auch, weil ich das romantische Ambiente auf der Bank vor dem Erdmännchen-Gehege des Kölner Zoos überwältigend fand. Irgendwas hat mich dann doch davon abgehalten. Insgesamt bin ich ohnehin ein wenig emotional abgestumpft. Ich bin mir nicht sicher, ob ich jemals schon mal einen anderen Menschen, außer mir natürlich, geliebt habe. Gut, meine Eltern sicherlich. Und meine Großeltern und Geschwister wohl auch. Und gut, *Mehmet Scholl* zu Kindertagen abgöttisch. Aber nur *eine* meiner Freundinnen? Ehe ich mir eine verlegende Antwort aus den Fingern saugen kann, setzt Sophie nach:

»Mikka, du hast mir noch nie gesagt, dass du mich liebst.«
Mein Blick wandert nachdenklich durch das Lokal. Das hab ich gerade auch selbst herausgefunden. Ehe ich mich irgendwie erklären kann, fragt sie mich noch, warum wir überhaupt zusammen seien. Weitere ganz blöde Frage.
»Na, weil wir zusammen gehören! Du bist ein tolles Mädchen und ich will nur dich und keine Andere.«
Ich muss kurz an Lena denken und bin mir nicht ganz sicher, ob das gerade die Wahrheit war.
»Du weißt doch, dass ich da meine Probleme habe. Ich wäre ja sonst nicht mit dir zusammen, oder? Mach dir nicht so viele Gedanken, Kleine!«
Ich erhebe mein Glas und ergänze:
»Auf dich, Sophie.«
»Auf *uns*«, erwidert sie.
»Natürlich… auf uns.«
Ich verlogenes Arschloch. Sophie frisst mir aus der Hand. Ich gelobe Besserung und dann ist das Thema endlich abgehakt. Wir reden wieder über die alltäglichen Dinge, wie ihren Job, mein Studium, unsere Eltern und so weiter und sofort. Das Essen schmeckt hervorragend und ich vergesse für den Augenblick jegliches Beziehungstheater. Nachdem ich die Rechnung bezahlt habe, beschließen wir zu mir nach Hause zu gehen.

Als wir ankommen, machen wir uns ohne Umwege direkt bettfertig. Wir sind beide müde vom Essen. Ich außerdem noch zusätzlich vom fehlenden beziehungsweise ungesunden Schlaf aus der Nacht zuvor. Sophie hat sich schon in meine Bettdecke eingelümmelt, als ich aus dem Badezimmer komme. Sie sieht aus, wie eine kleine Haselmaus, die sich für den bevorstehenden Winterschlaf bereit macht. Sehr niedlich. Sehr toll.
»Hey Kleine, du kannst jetzt aber noch nicht schlafen, ich hab da noch eine Überraschung für dich.«

Ich nehme stolz eine Flasche Lavendel-Massageöl hinter meinem Rücken hervor und bemerke, dass die kleine Überraschung auf Begeisterung stößt.
»Oooh, das ist echt süß von dir.«
Sophie macht sich ohne Aufforderung oben herum frei. Dann auf Aufforderung auch unten, weil es sich ja um eine Ganzkörpermassage handelt. Nachdem ich die Musikanlage einschalte und *Tomte – Buchstaben über der Stadt* auf »Repeat all« stelle, schwinge ich mich aufs Bett und beginne die ölige Lavendelsoße auf ihrem jungen geschmeidigen Körper zu verteilen. Ich kann ganz gut massieren. Angenehme Laute des Genusses diverser Frauen stützen da meine These. Auch Sophie gibt sich mir hin und genießt meine Art der Wiedergutmachung in vollen Zügen. Ich massiere sie eine dreiviertel Stunde. Wir reden kaum miteinander, sondern lauschen nur den Klängen von *Tomte.* Während ich Sophie sinnlich durchknete, muss ich unvorhergesehen wieder an Lena denken. Na toll. Hat doch bis hier hin alles so gut geklappt. Was sie wohl jetzt gerade macht? Ob sie in diesem Augenblick auch an mich denkt? An die vergangene Nacht. Nur aus Spaß stelle ich mir vor, dass nicht Sophie, sondern Lena unter mir läge und von mir massiert wird. Keine so schlechte Vorstellung. Lena ist doch auf das Äußerste anziehend. Was mache ich nur? Bin ich Sophie jetzt wirklich fremdgegangen? Gut, wir hatten Sex, abgeschlossenen Sex. Aber zum einen war ich betrunken und zum anderen habe ich mich durchaus gegen diesen Akt zur Wehr gesetzt. Im Grunde bin ich vergewaltigt worden, nur eben ohne Gewalt. Zumindest ohne körperliche Gewalt, sehr wohl aber mit einer geheimnisvollen suggestiven Gewalt. Und da haben wir ihn, den Kasus Knacksus: eine Vergewaltigung ist kein Fremdgehen. Stumpfen Blickes auf die glänzende Haut gerichtet, sitze ich kopfschüttelnd auf Sophie und durchknete ihren Rücken mit immer monotoner werdenden Bewegungen. Ich verarsche mich hier doch gerade selbst. Egal, nach welcher Definition, da kann man nichts

mehr dran rütteln oder klein reden, wie bei den zwei Malen zuvor. Ich bin fremdgegangen. Schluss machen ist zum jetzigen Zeitpunkt jedoch undenkbar. Beichten sowieso. Zum Schlussmachen müsste ich den richtigen Zeitpunkt finden. Vielleicht wieder darauf hin arbeiten? Sophie würde in sich zusammenbrechen und sich vielleicht was antun, was weiß ich. Als ich mit der Massage fertig bin, decke ich eine leicht eindösende Sophie sanft zu und gebe ihr gefühlvoll einen Kuss auf die Wange. Sie öffnet schwach ihre Augen und sagt, dass sie es sehr schön gefunden habe. Im Rückblick betrachtet habe ich wohl die Nacht zuvor wunderschön gefunden. Wir sagen uns »gute Nacht« und ich lasse Sophie mit ihrem Kopf auf meiner Brust einschlafen. Ich liege noch lange wach und atme den noch immer in der Luft liegenden Lavendelduft tief ein. Heute Morgen lagen noch drückende Nebelwolken der nächtlichen Ausdünstungen von Alkohol und Nikotin in meinem Zimmer. Nun liegt eine gewisse Frische in der Luft, eine Mixtour aus Lavendelöl und Sophie. Ich streiche sanft über ihr Haar und grüble still vor mich hin. Als sie sich irgendwann zur Seite dreht und ich an ihrem Atmen höre, dass sie tief genug schläft, greife ich zu meinem auf dem Nachttisch liegenden Handy und schreibe eine Nachricht:

»Hey Lena! Musst dich für nichts entschuldigen! Hast du nächste Woche Zeit für'n Kaffee? Lg, Mikka.«

Erster Vorstoß

Ich bin guter Laune und freue mich, trotz eines durchaus gefährlichen Spiels mit dem Feuer, auf Lena. In der Uni läuft - wenn man das überhaupt behaupten kann - derzeit alles wie geschmiert, da ich in diesem Semester mit Ausnahme eines Seminars bei Herrn Dr. Gremberg kaum Veranstaltungen mit Anwesenheitspflicht belegt habe. Bayern gewann am Wochenende wieder und auch Köln hat einen wichtigen Dreier für eine mögliche goldene Zukunft eingefahren. Vielleicht bekommt der FC ja doch endlich mal die Kurve. Ich freue mich für Ben und denke darüber nach, ob seine Prophezeiungen vom internationalen Geschäft bald wahr werden könnten. Als ich das Café *Die Wohngemeinschaft* betrete, sehe ich Lena bereits in der Mitte des Raumes an einem Tisch sitzen. Sie ist überpünktlich, das imponiert mir. Ich gehe strammen Schrittes und zielfokussiert auf sie zu. Sie sieht erwartungsgemäß wieder äußerst gut aus. Sie trägt einen geringelten Pullover in grauen und grünen Farben. Dazu eine hellblaue Jeans und dunkelgrüne, halbhohe Chucks. Ihre Beine sind überkreuzt, ihre Ellbogen sind beide auf den Tisch gestützt und als sie mich entdeckt, schaut sie mir lächelnd entgegen.

»Hi«, sage ich sicher und selbstbewusst, was ich ihr jedoch nur vorspiele.

»Hey!«

Sie steht erfreut auf und wir umarmen uns, ehe wir uns wieder hinsetzen und einen sehr harmonischen Smalltalk starten. Als sei in jener Nacht überhaupt nichts passiert. Unser Techtelmechtel scheint heute ein Tabuthema zu sein. Komisch eigentlich, wenn man überlegt, dass wir uns ja eigentlich nur deswegen treffen. Aber auch wenn ich es ja irgendwie noch mal gerne wiederholen würde, kommt es mir gelegen, nicht darüber reden zu müssen. Ist ja auch blöd, das so offen und direkt anzusprechen. Unangenehmes Thema. Für uns beide, das merkt man intuitiv. Ich trinke vier schwarze Kaffee, Lena zwei Latte Macchiatos. Dann bestelle ich einen fünften Kaffee und ich bekomme Kopfschmerzen und zittrige Hände. Und dann werden uns plötzlich die Gesprächthemen knapp. Wir erleben eine nonverbale Phase von 14 Sekunden. Ich schaue aus dem Fenster und zähle die Sekungen in Gedanken mit. So etwas ist immer unangenehm.

»Was machst du denn heute Abend noch so?«, fragt mich Lena, um die Stille zu unterbrechen, was ihr einige Pluspunkte einbringt.

Sie wirkt nervös und ich bin froh, dass es ihr ähnlich geht, wie mir. Im Gegensatz zu Lena, lasse ich mir das aber nicht anmerken und versuche noch immer unbeeindruckt locker und cool zu wirken. Ich glaube, das gelingt mir ganz gut.

»Och«, sage ich. »Hab noch keine Ahnung. Hab morgen frei und erst übermorgen wieder Uni, daher könnte ich eigentlich noch irgendwas unternehmen. Was machst du denn so?«

Und das war dann wohl das Stichwort. Es ist schon seltsam, dass sich Mann und Frau mit den gleichen Hintergedanken gegenübertreten, sich aber nicht klar artikulieren können, sich den Ball der Initiative so lange gegenseitig zuspielen, bis einem der Beiden das Rumgekicke zu langweilig wird und den spieleröffnenden Pass in die Tiefe schlägt. Der Pass kam von Lena. Ich habe ihn nur dankend angenommen und setze das Spiel fort.

»Also wenn du magst… und echt nur wenn du magst, kannst du ja mit mir und einer Freundin ins Kino gehen.«

Ich überlege, setze meine Tasse Kaffee an den Mund und schaue Lena dabei kritisch an. Kino hat ja schon ordentlichen Date-Charakter. Da ändert auch ihre Freundin nichts dran. Diese dient dabei wohl der Funktion, die Situation zu kontrollieren und im schlimmsten Falle Deeskalationsmaßnahmen durchzuführen. Etwas komisch und etwas kindisch ist das, aber aufgrund der vorliegenden Tatsache, dass ich ja de facto vergeben bin, auch für mich durchaus annehmbar und beruhigend. Wobei, je länger ich über die Sache nachdenke, desto lächerlicher kommt sie mir dann doch vor. Zusammen mit einer dritten Person geht das gar nicht. Zumal ich ihre Freundin weder kenne, noch kennenlernen möchte. Meine Mimik muss Bände sprechen.

»Oder«, setzt sie nach, »wenn du darauf keine Lust hast, können wir auch was anderes machen. Ich kann da meiner Freundin zur Not auch absagen. Wir sehen uns die Tage eh nochmal.«

»Ja nee, das will ich nicht, aber… auf Kino hab ich eigentlich nicht so ne große Lust! Sonst können wir ja auch demnächst mal schauen.«

Wie alt sind wir denn auch? Ich gehe doch nicht mit Lena *und* einer ihrer Freundinnen ins Kino. Das sind Methoden des Kennenlernens, die ich jüngeren Generationen überlassen möchte. Ich habe mich früher, als ich noch in der Schule war - ich muss 14 gewesen sein - auch mal mit einem Mädchen getroffen, das sich zur moralischen Unterstützung eine Freundin mitbrachte. Wir waren kleine Teenager und hatten also ein Date zu Dritt. Das Resultat war, dass ich mir vorkam wie ein fünftes Rad am Wagen. Die beiden Mädchen gackerten und schwatzten in einer Tour, verschwanden sporadisch immer wieder - natürlich gemeinsam - auf Toilette und wunderten sich schließlich, dass ich es nicht schaffte, mich an ihren *Bravo*-Gesprächen zu beteiligen. Ich habe die *Backstreet Boys* und *Caught in the Act* immer gehasst. Meinem Penis sei es gedankt. Außerdem hab ich die *Bravo* auch in Zeiten sexueller Neugierde nie gelesen. Nur die *Bravo Sport,* aber da konnten die Mädels wiederum nicht mitreden. *Mehmet Scholl* war zwar tausend Mal attraktiver als *Nick Carter*, aber schnulzig über die große Liebe singen konnte er nicht. Und wenn, dann tat er es nicht. Aus gutem Grund. Und für schöne Freistöße interessieren sich wiederum pubertierende Mädchen nicht. Das klassische geschlechtsspezifische Problem mit der gemeinsamen Wellenlänge. Ne, da gönn ich mir doch lieber die ein oder andere peinliche Gesprächspause. Das gehört dazu, so schlimm und unangenehm es auch ist. Während des vierten gemeinsamen Toilettengangs meines damaligen Doppel-Rendevouzs wäre ich fast aufgestanden und gegangen. Heute hätte ich das sofort getan. Mit 14 denkt man aber anders. Man ist so lieb und naiv. Also wartete ich brav und zahlte im Anschluss für alle Beide.

»Okay, dann lass uns doch einfach was trinken gehen, ja?«

Lena spricht mir aus der Seele. Ihre Freundin wird wegen eines reuelosen Fremdgängers eiskalt von ihr versetzt.

»Ja, hört sich super an. Aber nur, wenn das echt kein Problem ist mit deiner Freundin.«

Wie schön, dass ich auf die Freundinnen Anderer mehr Rücksicht nehme, als auf meine eigene.

»Nee, passt schon. Die sagt mir auch schon mal spontan ab.«

»Also brauch ich kein schlechtes Gewissen zu haben?«

Wenigstens in diesem Kontext sichere ich mich über ein mögliches schlechtes Gewissen ab.

»Nein, keineswegs. Wirklich, das ist super so. Um wie viel Uhr denn? Und wo? Könnten auch eigentlich gleich schon los, haben's ja schon recht spät.«

Tatsache! Ich schaue auf die Uhr meines Handys. Wir haben bereits 18.30 Uhr, was bedeutet, dass wir schon locker zweieinhalb Stunden hier sitzen und Lena definitiv so richtig auf mich steht. Sie tippt wie wild auf ihrem Handy, um ihrer Freundin abzusagen. Prima! Ich zahle, wir stehen auf und verschwinden beide noch kurz auf Toilette. Sie, um ihre Blase zu entleeren, ich, um Sophie zu schreiben, dass ich mich morgen melden werde. Muss mich noch für so eine Uni-Sache mit einem Kommilitonen zusammensetzen. Langes Referat, Erziehungswissenschaften, strenger Dozent, viel Arbeit. Muss man ja Verständnis für aufbringen.

Ich gehe mit Lena in eine Cocktailbar auf den Kölner Ringen. Wir haben Mittwochabend und für die Ringe ist es noch verhältnismäßig früh, daher ist entsprechend wenig los. Wir haben freie Platzwahl und beschließen auf der ersten Etage nahe eines Fensters Platz zu nehmen. Von hier oben haben wir einen umfangreichen Blick auf die Straße. Wir bestellen beide einen *Mojito*. Als wir anstoßen und uns rituell dabei in die Augen schauen, verlieren sich unsere Blicke eine Weile zu lange ineinander. Man soll sich ja beim Anstoßen immer in die Augen schauen, weil es ansonsten sieben Jahre schlechten Sex geben soll. Auch so eine Erfindung pubertierender Jugendlicher. Der Erfinder hatte sicherlich bis zum heutigen Tage noch keinen Sex gehabt und wollte mit seinem erfundenen Ritus nur Angst und Schrecken unter den jungen Liebenden verbreiten. Ich bin gerade wie versteinert und schaffe es nicht meinen Blick aus Lenas Augen abzuwenden. Ihre Augen ziehen mich bedingungslos in ihren Bann. Ich habe bereits den Strohhalm im Mund und trinke und wir schauen uns noch immer ununterbrochen an. Das ist komisch und macht mir Angst. Dann löst Lena schmunzelnd ihren Blick und schaut runter auf die Straße. Danke. Eine Last hunderter Kilos purzelt von mir und ich fühle mich leicht wie eine Feder.

»Ey, schau mal! Ist das nicht *Hella von Sinnen*?«

Sie ist es tatsächlich. Als hätte sie der Himmel geschickt. Keine Minute zu früh. Zusammen mit ihrer vermeintlichen Lebensgefährtin. Frau von Sinnen sieht nicht anders aus als im Fernsehen. Sie trägt einen weißen Overall, der mit irgendwelchen bunten Zeichen verziert ist. Ihre Haare sind nach hinten gegelt und eine große schwarze Sonnenbrille macht darauf aufmerksam, dass sie am heutigen Abend inkognito unterwegs ist. Die brünette weibliche Begleitung trägt hingegen eine graue Bundfaltenhose und ein relativ enges, weißes T-Shirt von *Ed Hardy*. Die kitschigen Stickereien des Trend-Mode-Labels frühreifer Hauptschüler kann man auch auf die Entfernung deutlich erkennen. Wie schick! Sie hat eine wesentlich bessere Figur als ihre prominente Freundin, scheint sich aber auch jenseits der 70 kg zu bewegen. Sie waren wahrscheinlich schnellen Schrittes unterwegs und müssen nun

Halt machen, weil eine Gruppe von drei jungen Mädchen, um Handyfoto und Autogramm bittet. Danach macht sich das weibliche Pärchen wieder schnell auf den Weg und verschwindet auch bald aus unserem Sichtfeld.
»Ja, die Hella«, versuche ich gleich dort anzuknüpfen, um den peinlichen Moment von vorhin zu überspielen, »die sieht man hier häufiger.«
Ich berichte Lena, dass ich außerdem schon *Guido Cantz* und *Bruce Darnell* in Köln gesehen habe. Letzteren sogar noch vor gut zwei Monaten im Saturn auf der Schildergasse. Dort habe ich mir das Album *With love and squalor* von *We are scientists* zugelegt. Übrigens eines der mittlerweile sehr selten käuflich erworbenen Musikstücke. Nicht mehr ganz frisch, aber zeitlos gut. Als ich so suchend durch die CD-Reihen schlenderte, überholte mich der ehemals feminine Meister des Catwalks. Eine kräftige Prise penetranten Männerparfüms stach mir dabei in die Nase. Zuerst sah ich nur den kleinen runden Popo, wie er in der eleganten grauen Anzughose hin und her wackelte. Dann richtete sich mein Blick weiter aufwärts und der genauso schwingende Oberkörper und der schwarze Hinterkopf stachen mir in die Augen. Am Ende des CD-Regals blieb er stehen, drehte sich um und kam wieder auf mich zu. Ob das ein Livewalk war? Er wird wohl nur etwas gesucht haben müssen, ich habe auch keine Kameras gesehen. Als er an mir erneut vorbeikam, hatten wir kurz Augenkontakt. Ich tat so, als würde ich ihn nicht erkennen und er so, als würde er mir das glauben. Ich ging danach ohne mich noch einmal umzudrehen zur Kasse und bezahlte.
Lena und ich trinken im gleichen Rhythmus. Nach einem weiteren *Mojito* bestellt sie einen *Sex on the beach.* Weil ich mich herausgefordert fühle, einen Cocktail zu bestellen, der namentlich noch mehr auf zwischenmenschliche Interaktionen anspielt, bestelle ich einen *Blowjob.* Lena muss lachen, als ich dem südeuropäischen Kellner zwinkernd die Bestellung aufgebe. Schmecken tut er aber nicht, der *Blowjob.* Er ist alkohol-

haltig, da kann man auch gerne mal ein Auge zudrücken.
»Hat Ben eigentlich ne Freundin?«
»Ähm, wieso?«
Ich bin sichtlich überrascht über diese Frage. Steht sie vielleicht gar nicht auf mich, sondern gar auf Ben?
»Na weil der ja an meinem Geburtstag was mit meiner Mitbewohnerin hatte und einfach ohne was zu sagen wieder abgehauen ist.«
»Oh! Ne, wusste ich nicht. Der hat aber keine Freundin.«
Ich bin erleichtert. Wahrscheinlich steht nur Tessa auf ihn.
»Naja, ich glaube die findet ihn ganz süß.«
Sehr wohl! Tessa steht auf Ben und Lena informiert sich nur stellvertretend über ihn.
»Soll ich dir seine Handynummer geben? Ich hab mit Ben noch gar nicht drüber gesprochen, keine Ahnung, aber sie kann sich ja einfach mal melden.«
Das wird Ben nicht freuen. Hätte er Interesse gehabt, wäre er erstens nicht stillschweigend abgehauen und zweitens hätte er sich doch wohl mittlerweile irgendwie von selbst schon gemeldet. Frauen sind manchmal echt dumm. Ich muss in meiner Situation aber auch an mich denken und glaube, dass es von Vorteil ist, wenn ich den verständnisvollen Vermittler spiele. Darum diktiere ich ihr seine Nummer, wohl wissend, dass es niemals zu einem Wiedersehen zwischen Ben und Tessa beitragen wird. Derweil beobachte ich Lenas filigranen Finger beim Eintippen der Ziffern in ihr Handy. Sie hat wirklich schöne Finger. Ihre Fingernägel sind kurz und gepflegt. Als ich daran denken muss, wo sie damit schon überall war, trinke ich den Rest des *Blowjobs* in einem Zug und schüttle mich erschreckend unmännlich.
»So, Aufbruch?«
»Wie, echt? Ja, okay. Ich trink eben noch aus.«

Nachdem Lena ausgetrunken hat, zahle ich erneut für uns beide und wir beschließen noch ein wenig spazieren zu gehen.

Wir fahren mit der Straßenbahn zum Heumarkt und gehen von dort über die Promenade rheinabwärts. Es ist bewölkt und windig, aber sehr mild. Lena nimmt meine Hand und schaut derweil geradeaus. Ich wehre mich nicht, lasse es stattdessen wie selbstverständlich zu. So gehen wir händchenhaltend am Rhein entlang. Nicht, dass sie denkt, wir seien jetzt ein Paar. Lena weiß im Gegensatz zu mir, was sie will. Sie will mich! Das habe ich mittlerweile endgültig registriert. Der heutige Abend ist ein Rendezvous, wie es im Buche steht. Dabei wollte ich eigentlich nur mit ihr Kaffee trinken, über jene Nacht sprechen und mal sehen, was der weitere Nachmittag so bringt. Das Neue, das Unerforschte, das Verbotene. All das reizt mich. Scheinbar mehr als die zur Gewohnheit gewordenen Interaktionen mit Sophie. Die üblichen Leckereien zu Beginn einer neuen Liebe. Diese habe ich mit ihr nicht mehr. Wahrscheinlich würde auch bald das Feuer bei Lena wieder erlischen. Lena ist heiß, aber ich weiß nicht, ob ich wirklich so weit gehen würde und mit Sophie Schluss mache. Doch, ich weiß es: ich kann nicht Schluss machen. Nicht zum jetzigen Zeitpunkt.

»Lena?«, frage ich ganz ruhig.

»Mikka?«

»Du bist ein tolles Mädchen.«

Lena schweigt.

»Ja, das sage ich jetzt nicht nur so, ne? Das meine ich auch so... und die Umstände sind halt auch so, dass... du weißt doch, dass ich ne Freundin habe?«

»Ja, das hast du mir ja etwas spät gesagt... und nun?«

»Es ist alles nicht so einfach. Ich bin echt lange mit meiner Freundin zusammen und wir haben viel miteinander durchgemacht.«

Was ein Quatsch. Wir haben total viel miteinander durchgemacht. Samstagabende vor dem Fernseher, gemeinsame Abendessen und Nordsee-Urlaube. Und im Kino waren wir auch schon oft. Es ist komisch, denn ich spreche gerade für meine Beziehung, denke aber dagegen. Ich weiß einfach nicht, was ich will und was ich hier tue.

»Das glaube ich dir.«

»Worauf ich hinaus will, Lena, ist…«

Es fängt leicht an zu regnen. Der Wind frischt auf.

»Ja?«, hinterfragt Lena forsch.

Ich muss ihr sagen, dass ich nicht mit ihr zusammenkommen werde. Ich kann das mit Sophie nicht enden lassen. Sie ist zu lieb, zu selbstlos. Und sie liebt mich abgöttisch. Ich würde ihr zu sehr wehtun und außerdem wäre sie dann alleine in Köln. Alleine unter Fremden. Alleine unter noch schlechteren Menschen, als ich einer bin. Sie hat noch keine Freunde in der großen neuen Stadt und würde eingehen, wie eine junge zarte Pflanze, die man vergisst zu gießen.

»Ja… wie gesagt, es ist alles nicht so einfach.«

»Ja, was denn nun? Ich verstehe dich nicht, also sag an!«

»Ich glaube…«

Auf einmal fängt es wolkenbruchartig an zu regnen. Ob das ein Wink des Schicksals ist? Ich liebe dich, Petrus. Wir stehen da ohne Unterschlupf, dem plötzlichen Regensturm völlig ausgeliefert. Ich nehme Lena an der Hand und beginne zu rennen. Ich reiße sie rücksichtslos hinter mir her, um einen Unterstand zu suchen.

»Wuaaaah! Verdammter Scheiß!«, schreie ich in den Abendhimmel.

Ich höre Lena etwas erfreut in meinem Rücken kreischen. Es regnet so stark, dass wir schnell bis auf die Unterwäsche durchnässt sind, meine Haare sind völlig hin und ich kann in der Hektik und im Dunkel der Promenade keinen gescheiten Unterschlupf finden. Alternativ fällt mir eine große Linde ins Auge, dort laufen wir hin und machen Halt. Im Trockenen sind wir auch hier nicht, aber der vollen Wucht des überraschenden Monsuns können wir so ausweichen. Wir sind beide aus der Puste und ich halte sie noch immer an der Hand. Wir stehen uns gegenüber und ich schaue in Lenas nasses Gesicht.

Sie sieht noch immer umwerfend aus. Ihre blonden Haare liegen ihr nass im Gesicht. Ein Regentropfen rollt ihr über Stirn und Nase und landet schließlich auf ihrer Oberlippe. Dort stoppt er, als wollte er genau dort an dieser Stelle von mir weggeküsst werden. Ich muss an *Echt* und ihren Hit aus den 90-ern denken und beginne zu schmunzeln. Der Regentropfen wird kaum salzig schmecken. Das fahle Licht weit entfernter Laternen scheint Lena matt entgegen. Ich löse mich schließlich von ihrer Hand, streiche ihr die nassen Haare aus dem Gesicht, umfasse im Anschluss daran ihre feuchten, kühlen Wangen mit beiden Händen und küsse sie. Warum auch immer, einfach so. Ich habe mich der Romantik des Augenblicks hingegeben. Und es ist ein Wahnsinns-Kuss. Überhaupt gar nicht zu vergleichen mit jener Knutscherei auf ihrer Party. Alkohol und sexuelle Erregung müssen da ihre Art zu küssen unglaublich beeinflusst haben. Ihre Lippen sind genauso weich, wie ich sie in Erinnerung hatte. Mit dem Unterschied, dass nun keine bittersüße *Jägermeister*-Note stört. Sie benutzt nicht zu viel und nicht zu wenig Zunge und findet das genaue Mittelmaß. Ich spüre, wie es mir vom Baum und von meinen Haaren in den Nacken tropft und bekomme eine Gänsehaut. »Unter den Linden«, denke ich mir, »mitten in Köln.«
Als ich den Kuss beende und Lena in die Augen schaue, umfasse ich noch immer ihr Gesicht. Ich schaue sie mit offenem Mund nur an und bin nicht in der Lage irgendetwas zu sagen. Auch sie sagt nichts, ergreift aber die Initiative des Handelns, gibt mir lächelnd einen weiteren Kuss und setzt im Anschluss daran, mit mir im Schlepptau, die Suche nach einem geeigneteren Unterstand fort. Eigentlich benötigen wir ihn nun nicht mehr, denn der Regen hat nachgelassen. Und nass sind wir ohnehin schon bis auf die Socken. Wir finden auch keinen. Zurück an der Bahnhaltestelle schauen uns Passanten mit Regenschirmen argwöhnisch an, weil wird klitschnass sind und aussehen müssen, als seien wir in den Rhein gefallen. Unter den Dächern des Heumarktes wäre man nicht nass ge-

worden. Hier ist es trocken. Wir stehen auf jener Seite des Gleises, auf der es zu Lena nach Hause geht. Ich muss eigentlich in die andere Richtung auf die andere Rheinseite stadtauswärts, könnte aber zur Not auch zu Fuß gehen. Eine ältere Frau, die sich sichtlich aufgetakelt hat und gerade von einer Vernissage zu kommen scheint, begutachtet uns von oben bis unten und fängt schließlich an zu lachen:

»Oje, sinse nass jeworden?« Was soll man da drauf nur erwidern?

»Nein«, antworte ich trotzig.

Etwas überstürzt, denn es fällt mir kein gescheiter Fortgang dieser Antwort ein, lenke also wieder wehmütig ein und sage »Hm…doch.«

»Ja, dann sehnse mal, dasse sich schnell wat Trockenes anziehen, sonns werdense noch krank.«

Ich bedanke mich für ihren mütterlichen Rat, auf den ich womöglich selbst nicht gekommen wäre. Sie hat es gut gemeint und Lenas Bahn nähert sich.

»Es war ein wunderschöner Abend, Mikka.«

»Ja…fand ich irgendwie auch. Hoffentlich wirst du nur nicht krank.«

»Nee, da mach dir mal keine Sorgen, ich bin hart im Nehmen. Hoffentlich wirst *du* nicht krank.«

»Ach Quatsch! Ich werde niemals krank. In Fachkreisen nennt man mich auch Mr. Antikörper.«

Lena legt lächelnd ihre Hände um meine Hüften. Nicht, dass sie denkt wir wären jetzt zusammen. Es gibt Mädchen, die glauben das nach einem solchen Abend in einer solchen Situation.

»Wie sieht's aus? Kommst du noch mit zu mir?«

Die Linie 9 fährt nun ein. Ich würde so gerne mit ihr mitgehen, bin mir aber ziemlich sicher, genau dies heute nicht tun zu können. Ich muss an Sophie denken und kann nicht schon wieder eine Nacht mit einem Mädchen verbringen, von dem sie nichts weiß. So schön der Abend war, ich muss Lena nun mitteilen, dass das nichts mit uns geben wird. Die Bahn steht nun bereit und öffnet ihre Türen. Einige wenige Fahrgäste steigen aus. Ich atme tief ein.

»Lena… es war wirklich ein super Abend! Und… es ist alles so schwierig. Ich… ich wollte es dir eben schon gesagt haben, denn ich glaube…«

»Ja?«

»Ich brauch Zeit, okay?«

Etwas in mir ist gerade gestorben. Sie gibt mir einen Kuss auf die Wange. Dann steigt sie rückwärts in die Bahn, mir dabei in die Augen schauend, und versucht mich an der Hand hinter sich her zuziehen. Ich bleibe aber vor der Türe stehen und unsere Handflächen rutschen übereinander hinweg, bis sie sich langsam verlieren. Es piept und die Türen schließen sich. Ich hebe die Hand und winke traurig. Abschließend lächle ich aber noch kurz auf liebevolle Art und Weise, um ihr noch einmal meine Sympathie zu bekunden. Die Bahn fährt los und Lena und ich verlieren uns schließlich aus den Augen. Ich bleibe an gleicher Stelle noch einige Zeit stehen und denke nach. Was war das heute Abend? In was gerate ich hier hinein? Ich hätte die Sache heute beenden sollen. Wenn schon nicht mit Sophie, dann doch bitte mit Lena. Ich greife in meine nasse Jackentasche, um mir eine Zigarette zu gönnen. Nur, um das Geschehene besser verarbeiten zu können. Ich hatte mir am Mittag vorsichtshalber eine neue Schachtel gekauft. Hätte ja sein können, dass Lena auch rauchen wollte. Die noch ungeöffnete Schachtel rote *Gauluoises* ist jedoch nicht weniger durchnässt als meine Jacke. Ich suche mir eine Zigarette heraus, die in der Schachtel mittig lagert. Sie ist trokken und rauchbar. Ich stecke sie mir in den Mund und will in meinen Hosentaschen nach dem Feuerzeug wühlen. Es ist gar nicht so leicht mit feuchten, kalten Fingern in die nassen Taschen hineinzukommen. Dann nehme ich die Zigarette wieder in die Hand und schmeiße sie entnervt vor mir auf die Bahnschienen, weil ich feststellen muss, gar kein Feuer dabei gehabt zu haben. Rauche ich halt nicht. Ungesunde Scheiße. Ich sehe auf der Anzeige am gegenüberliegenden Gleis, dass meine Bahn wegen eines Defektes an der Oberleitung erst in 16 Minuten kommt. Da kann ich auch den Weg zu Fuß gehen. Typisch KVB. Wäre mir aber ohnehin unangenehm gewesen, wie ein nasser Pudel mit diesen Haaren in die Straßenbahn zu steigen. Es reicht mir, dass mich die wenigen Leute hier auf der dunklen Straße dumm angucken.

Oh, ich habe eine Nachricht bekommen. Mein Handy ist ebenfalls bedrohlich nass geworden, funktioniert aber noch problemlos. Lena hat mir sicherlich noch was Schönes geschrieben. Vielleicht hätte ich doch mit ihr mitgehen sollen. Ach was, von Sophie:

»Na, schön fleißig mein Süßer? Wann sehen wir uns denn? Ich find's toll mit dir! 1000 dicke Küsse ☺«

Ich gehe zu Fuß über die Deutzer Brücke nach Hause. Lichter entgegenkommender Autos blenden mich und milder Wind weht mir einen leichten Sprühregen ins Gesicht. Meine Socken sind durchnässt, so dass meine Schuhe beim Gehen gequält quietschen.

Rudelbildung

Ja ne, ist klar. Die Flasche musste natürlich gerade jetzt explodieren, wo ich nur noch eben auf die Schnelle einen Schluck Wasser zu mir nehmen will. Scheiß Billig-Wasser im Plastik-Sixpack. Eine von sechs Flaschen muss mir immer übersprudeln. Beide Unterarme, Bauch und ein bisschen Schritt sind nass. Super. Meine Haare sehen heute auch furchtbar aus, aber das ist jetzt auch egal, ich muss dringend los. Ich muss nämlich um 14 Uhr in der Uni sein. Ausnahmsweise. Einmal in der Woche ist Disziplin gefragt. Wenn ich heute schon wieder zu spät in das Hauptseminar meines Philosophie-Professors Dr. Gremberg komme, wird er mir das als Fehlstunde auslegen. Es war ein Fehler, dieses Seminar schon in diesem Semester zu belegen. Es ist das Einzige, bei dem körperliche Anwesenheit vorausgesetzt wird. Ich bin schon zu oft zu spät gekommen und nach klaren Worten in der letzten Seminarstunde, hat mir Dr. Gremberg nun die Pistole auf die Brust gesetzt. Fehlstunden müssen bei ihm immer schriftlich entschuldigt werden. Im Optimalfall mittels eines ärztlichen Attestes. Dieses *muss* er nämlich akzeptieren. Laut Studienordnung sogar zweimal pro Semester. In jedem anderen Fall von Abwesenheit eines Studenten, liegt es allein in seinem persönlichen Ermessen, ob er das Fehlen als entschuldigt oder eben als nicht entschuldigt ansieht. Und wenn er es nicht tut, dann wird er auch keine Seminarleistung anerkennen und seine Unterschrift auf diesen dämlichen Laufzetteln verweigern. Den benötige ich wiederum, um meine Leistungspunkte verbuchen zu können. Dieser *worst case* kann unabhängig von zuvor absolvierten Leistungen erfolgen. Dann heißt es Warten bis ins Folgesemester, da obligatorische Hauptseminare in Philosophie eben nur von Dr. Gremberg angeboten werden. Das ist mal so richtig alte Schule. Nix mal eben in die Uni gehen, wenn man Lust hat, bisschen daddeln, bisschen lernen. Dr. Gremberg ist die akademische Eisenfaust des

Philosophischen Seminars der Universität zu Köln. Der unverbesserliche Drill-Sergeant des intellektuell philosophischen Zentrums. Die fleischgewordene Autorität. Außerdem bittet er seine Studenten nicht selten zum persönlichen Rapport in seine Sprechstunde. Es bleibt also nicht nur bei schriftlicher Formalie. Seine Willkür kann man nur mit zufällig großem Glück durch etwa äußere Umstände, wie schönes Wetter oder zufriedenstellenden Bundesligaspieltag, beeinflussen. Der alte Gremberg ist nämlich großer Fußball-Fan von Borussia Dortmund. Warum das so ist, weiß nur der Teufel. Mit diesem ist er außerdem verwandt. Man sollte demnach ausschließlich eine seiner Sprechstunden aufsuchen, die an einem sonnigen Nachmittag liegen, dem ein für Dortmund erfolgreicher Spieltag vorausging. Erst dann ist er gut gelaunt und gütig. An einem dieser Tage durchbricht er als zuvor hasserfüllte Raupe seinen Kokon des Übels und der Härte und ein wunderschöner Schmetterling der Wohltätigkeit und Kulanz kommt zum Vorschein. Das Tollste daran ist, dass es sich dabei nicht etwa um ein Kölner Großstadtmärchen, sondern um eine Tatsache handelt. Zwei mir bekannte Kommilitonen konnten ihren Schein schon auf diese Weise retten und bekamen trotz ihres Fehlens ohne Attest seine Unterschrift. Ist aber alles nicht so einfach und immer höchst riskant. Die Sprechstundentermine kann man sich nicht aussuchen und liegen an festen, vorbestimmten Tagen. Das Wetter ist schon immer unberechenbar gewesen und der Fußball bekanntermaßen sowieso. Ohne einen Arzt seines Vertrauens ist man an der Philosophischen Fakultät also schnell aufgeflogen. Ich hab auch keinen Arzt. Bisher bin ich immer ohne Einen zurechtgekommen.

Die Papier-Haushaltstücher aus dem 1-Euro-Laden sind von minderer Qualität und besitzen maximal soviel Saugkraft wie das Papier meines Collegeblocks, weshalb spontan Klopapier abgerollt wird, das die nassen Stellen meiner Hose zum Glück schnell trocknet. So, jetzt aber nichts wie in die Uni. Als ich die Türe zuschlage und beginne vier Stufen mit einem einzigen Schritt treppabwärts zu nehmen, bemerke ich, dass ich meinen Haustürschlüssel vergessen habe. Ist aber zunächst nicht weiter schlimm, raus komme ich ja und Michael wird heute Abend wieder im Hause sein. Es ist ein regelrechtes Novum zu diesen Zeiten, denn heute Abend verbringt er keine Zeit mit Anja, sondern nur mit mir. Mit seinem Freund und Mitbewohner. Bayern spielt, also werden wir Championsleague im Free-TV schauen.

In der Straßenbahn sitzt mir ein junges Mädchen mit Sommersprossen und fettigen roten Haaren gegenüber. Ich schätze sie auf maximal 13, vielleicht ist sie aber auch erst 12. So genau weiß ich das nicht. Sie isst ein Butterbrot und Leberwurstgeruch steigt mir aufdringlich in die Nase. Auf ihrer hellblauen Butterbrotdose, die sie in der einen Hand auf ihrem Schoß hält, sind lebensfrohe und sich umarmende *Diddlmäuse* abgebildet. Als müsste das jetzt auch noch sein. Ich bin doch wesentlich später dran als ich dachte. Als ich endlich an der Universität aussteige, bleiben mir noch knapp fünf Minuten, um den Seminarraum pünktlich zu erreichen. Beim jetzigen Stand menschlicher Evolution, eine zu Fuß schlichtweg utopische Leistung. Ich überquere eine Straße, obwohl die Ampel den Fußgängern deutlich rot anzeigt und eine junge Mutter mit ihren zwei kleinen Kindern brav auf Grün wartet. Für etwaige Vorbildfunktionen habe ich jetzt keine Zeit. Meine pädagogische Ader wird soeben von einem Schub aus Angst und Adrenalin abgeschnürt. Ich darf heute nicht zu spät sein. Noch vier Minuten. Die frühsommerliche Aprilsonne scheint mir wärmend ins Gesicht, als ich sehe, wie mir Jessica entgegenkommt. Eine nette Kommilitonin, mit der ich schon zwei, drei Seminare und sogar eine gemeinsame Lerngruppe für Deutsch belegt hab. In manch seltenen Phasen meines noch jungen Studentenlebens, ließ ich tatsächlich mal so etwas wie Engagement aufblitzen. Jessica nähert sich. Ich sollte jetzt Augenkontakt vermeiden und einfach weiter laufen.

»Hey Mikka. Hast du es eilig?«

Verdammt, was hat mich verraten? Nein, selbstverständlich nicht. Ich laufe aus sportlicher Leidenschaft zur Uni. Ein bisschen Training vor der Vorlesung hat noch niemandem geschadet. Gerne hätte ich ihr auf die Frage geantwortet, doch ich muss mich leider auf meine Atmung konzentrieren. Ich winke und zeige ihr beim Vorbeilaufen durch ein komisch verzerrtes Gesicht, dass sie Recht zu haben scheint. Sie schaut etwas irritiert und das war es dann auch schon. Noch zwei Minuten, das schaffe ich niemals.

Als ich das Hauptgebäude erreiche und auf die Uhr schaue, zeigt mir diese an, dass ich bereits eine Minute zu spät bin. Toll. In aufkommender Resignation schraube ich mein Lauftempo hinunter bis ich lediglich nur noch schnell gehe. Trotz meiner konzentrierten Atmung bin ich etwas *außer* Atem und beginne leicht zu schwitzen. Nachdem ich die gefühlten hunderten von Stufen in den dritten Stock hinaufächze, stehe ich wehmütig vor der Türe des Seminarraums. Der Gang ist menschenleer und es herrscht eine beängstigende Stille. Ich muss an alte Wild-West-Filme denken und untermale diese Szene musikalisch mit schmerzenden Klängen einer Mundharmonika. Währenddessen weht ein kalter Wind und verdorrtes Gebüsch an mir vorbei. Ganz großes Kopfkino. Meine Handyuhr zeigt mir stolze 14.04 Uhr an, was ein Hineinplatzen in die Sitzung nun als abwegig erscheinen lässt. Ich schaue mich noch einmal links und recht um, ehe ich Hände und Ohr vorsichtig an die hölzerne Türe lege, um zu erhorchen, ob das Seminar tatsächlich schon im Gange ist. Mir läuft es kalt den Rücken hinunter, denn ich höre Herrn Dr. Gremberg klar und deutlich sprechen.

»Scheiße!« rutscht es mir genauso klar und deutlich heraus, begleitend durch einen verzweifelten Schlag mit der flachen

Hand auf die Tür.
Als ich realisiere, was ich da gerade getan habe, bin ich bereits intuitiv sämtliche Stufen des Treppenhauses wieder hinuntergespurtet. Das darf alles nicht wahr sein. Dann werde ich wohl heute krankfeiern müssen. Ich beschließe mir einen Kaffee zu holen, um mich dann *direkt* an einen PC im Rechenzentrum zu setzen, um mich vorab schon mal per E-Mail bei Herrn Dr. Gremberg wegen schlimmer Krankheit zu entschuldigen. Nach seiner Definition ist das nämlich der erste Schritt, wenn man sich krankmeldet. Eine andere Möglichkeit habe ich ja schließlich nicht mehr. Durch den Spurt im Treppenhaus und den damit einhergehenden Adrenalinausstoß, der mir durch meine eigene Unachtsamkeit widerfuhr, bin ich nun noch mehr außer Atem. Meine Haare, die heute ohnehin von Anfang an fürchterlich aussahen, sind inzwischen vollständig zerzaust und in ihren Ansätzen nass geschwitzt. Die Kassiererin in der Cafeteria schaut mich argwöhnisch an, als ich sie mit meinem zerstörten Aussehen und einem Pappbecher heißer, brauner Brühe in der Hand, verkrampft anlächle. Ich bezahle 1,30 Euro und verschwinde eiligen Schrittes im Rechenzentrum.

Dort angekommen sind viele PC-Plätze bereits besetzt, doch ich finde einen der wenig freien Arbeitsplätze neben einen Pulk fünf junger Mädchen, die auf zusammen geschobenen Stühlen vor einem einzigen Monitor sitzen. Optisch machen sie den Eindruck, als seien sie Erstsemesterinnen. Adrett und sehr brav gekleidet, teilweise geflochtene Zöpfe, jung und bebrillt. Bunte Rucksäcke der Marke *Eastpack* und *Jansport* liegen neben ihnen auf dem Boden. Langweilige Erstsemesterinnen. Sie arbeiten hoch engagiert an einer Power-Point-Präsentation und betippen wie wild Folie für Folie, als würden sie gemeinsam einen Aufsatz schreiben. Ich schätze mal, sie bereiten sich auf ein Referat vor. Das gesamte Lehramtsstudium an der Universität zu Köln besteht nämlich aus Referaten. Da fragt man sich gelegentlich, wofür so manch ein Dozent überhaupt bezahlt wird. Für seine Arbeit wohl kaum. Das übernehmen ja nicht selten seine emsigen, aber leider Gottes häufig ahnungslosen Studierenden. Und so was schimpft sich Elite-Uni. Armes Köln. Der Vortrag der kleinen Mädchen wird aller Voraussicht nach aus dem bloßen Ablesen der Powerpoint-Folien bestehen. Das ist viel zu viel Text. Ein ermüdendes Referat wird das. Genau wie seine Referentinnen. Die aktuell beschriebene Folie trägt die Überschrift *Funktionale Äquivalenz*. In großen, roten Lettern. Müssen sie selber wissen. Der gesichtete, freie Arbeitsplatz ist unbestuhlt. Die langweiligen Mädchen haben alle Stühle im unmittelbaren Umkreis in Beschlag genommen, was mich aber augenblicklich nicht stört und es bereitwillig in Kauf nehme, mich für die kurze Zeit des E-Mail-Schreibens vor den Tisch niederzuknien. Als ich meine Umhängetasche auf den Boden stelle und den vor vielen Jahren bestimmt mal modernen PC einschalte, drehen sich alle vier Mädchen zu mir um und schauen mich fragend an. Den Kaffee stelle ich neben die Tastatur und grüße freundlich, indem ich in ihre Richtung nicke. Die Schreiberin der gemeinsamen Arbeit traut sich das Wort für die Gruppe zu ergreifen:

»Du, da ist besetzt. Wir müssen hier für ein Referat arbeiten.«

Das selbstbewusste Auftreten des Erstsemester-Mäuschens überrascht mich mindestens genauso wie ihre Selbstverständlichkeit, universitäre PC-Plätze wie touristische Hotelliegen in Reservierung zu nehmen. Doch mit Frauen in Gruppen ist bekanntlich nicht zu scherzen, daher gilt es meine mögliche Reaktion auf diese Aussage nun ganz genau abzuwägen. Jetzt sind Empathie und Handlungsgeschick die einzigen Komponenten, die über Erfolg oder Misserfolg in meinem Vorhaben, eine E-Mail zu schreiben, entscheiden können. Verbünden sich nämlich weibliche Geschlechter in einer verbalen Auseinandersetzung gegen einen, hat man schnell verloren. Dann verschmelzen auf einmal sämtliche X-Chromosomen zu einem großen, homozygoten Klumpen, vor dem man mit seinen viel kleineren XY-Chromosomenpaaren lebensbejahend nur die Flucht er-

greifen kann. Mittlerweile ist der Anmeldebildschirm erschienen. Ich beginne Nutzername und Passwort einzutippen und erwidere der Rudelführerin parallel in ruhiger und wirklich verständnisvoller Stimme:
»Du, ist sofort wieder frei. Ich muss hier nur eben schnell ne E-Mail schreiben.«
»Es kommen aber gleich noch zwei Leute dazu, dann müssen wir den PC hier auch noch belegen, ne?«
»Ja… ja« antworte ich ihr sehr langsam, vielleicht einen Ticken zu gleichgültig, mit geradem Blick auf den Bildschirm gerichtet.
Zwei der kleinen Mädchen schütteln abschätzig ihren Kopf. Keine Ahnung, was die Tussis für ein Problem haben. Die sollen sich mal nicht so anstellen. Gerade noch Abitur gemacht und nun zu fünft selten freie PC-Arbeitsplätze an der Uni belegen. Der greise Computer vor mir rattert und rattert. Ich nehme einen Schluck Kaffee und klicke das endlich erschienene Icon vom Internet-Browser an. Es dauert eine gefühlte Ewigkeit, bis er sich öffnet und ich mich in meinem E-Mail-Account einloggen kann. Die E-Mail wiederum ist schnell getippt, ich bitte nur kurz um Entschuldigung für mein krankheitsbedingtes Fehlen und weise darauf hin, ein ärztliches Attest in kommender Woche nachzureichen. So! Abschicken, ausloggen, runterfahren, fertig. Im Aufstehen nehme ich einen weiteren tiefen Schluck des fad schmeckenden Kaffees und denke erstmalig darüber nach, welchen Arzt ich in naher Zukunft aufsuchen sollte. Und dann spricht mich erneut die Führerin des Erstsemester-Treffs vorwurfsvoll an.
»Trinken ist hier übrigens verboten. Das ist ein PC-Raum.«
Sie zeigt auf das Schild, das in 90 cm Luftlinie vor mir an der Wand klebt. Auf dem Schild, das lediglich die Gestalt eines laminierten Schwarz-Weiß-Ausdrucks hat, der lieblos mit viel zu viel Tesafilm etwas windschief an die Wand gepappt wurde, sind Messer, Gabel und eine Flasche deutlich durchgestrichen zu erkennen.

»Jetzt stell dich mal nicht so an!«, antworte ich ihr mit einer nunmehr etwas ungehaltenen Stimme. »Ich bin ja schon wieder weg. Eure anderen Leute sind ja auch noch nicht gekommen. Also, ist doch alles in Ordnung, oder? Ciao.«

»Trinken ist hier trotzdem nicht erlaubt. Find ich echt nicht gut von dir. Mega ignorant. Wenn du da dein Getränk verschüttest, ist die Tastatur hin. Das ist ein Arbeitsplatz.«

»Ja, sorry«, sage ich mit vorgespielter Unterwerfung, weil mir die ganze Sache echt zu bunt wird. »Hast Recht. Macht man nicht. Ähm… tschüss!«

»Ja, tschüss!«, entgegnet sie mir konsequent patzig.

Die mutmaßlich bedrohlich untervögelte Erstsemesterin beginnt mich zunehmend zu nerven, aber da der Klügere ja bekanntlich nachgibt, erwidere ich ihr nichts und versuche ruhig zu bleiben, indem ich lediglich tief ein- und ausatme. Im Gegensatz zu mir und ihren Referatspartnerinnen bleibt sie jedoch noch immer nicht ruhig.

»Ich find das echt unglaublich. Wozu hängen hier denn überall die Schilder?«

Ich ziehe mir kommentarlos meine Tasche über die Schulter als sie kopfschüttelt ein »pfff« und ein ganz leises, fast flüsterndes »Spacken« nachlegt, womit mir mein bis hierhin erstaunlich stabiler Geduldsfaden dann letztlich doch noch reißt. Den Rest meines inzwischen nur noch lauwarmen Kaffees exe ich und haue den leeren Pappbecher vor ihr auf den Tisch, als hätte ich gerade einen wirklich harten Schnaps getrunken. Kleine, braune Spritzer landen auf Tisch und Tastatur. Das war jetzt wirklich ignorant.

»Auf dem Schild ist eine Flasche abgebildet, demnach sind hier Flaschen verboten. Siehst du hier irgendwelche Flaschen?«

Sie schaut mich sprachlos und zugleich irritiert an. Damit wird sie mit ihrer lächerlichen Lebenserfahrung von höchstens 19 Jahren nicht gerechnet haben. So eine beschissen doofe Erstsemesterin. Mit großen Augen mache ich ein fragendes Gesicht, das auf eine Antwort wartet. Als keine kommt, gebe ich ihr einen Tipp indem ich auf ihren Pulk zeige und meinen Finger über ihren vier Köpfen kreisen lasse. Und dann bekomme ich ihn doch noch zu Gesicht, den homozygoten Klumpen. Als sich nun auch die anderen Mädchen erbost zu Wort melden und ich Gefahr laufe, ihren nunmehr zelebrierten Teamgeist zu spüren zu bekommen, bin ich bereits auf dem schnellsten Weg nach draußen. Ein recht solider Abgang. Nichts wie weg hier, einfach nur raus.

In der Bahn Richtung Stadtzentrum, sitze ich im hinteren Waggon. Hier allerdings ganz vorne auf den Zweier-Logenplätzen mit unmittelbarem Blick auf die verspiegelten Scheiben hinter dem unbesetzten Führerhäuschen. Wie ich so in spiegelverkehrter Perspektive die städtischen Leute beobachte, die nach und nach hinter mir dazu- und aussteigen und mit meist grimmigem Gesichtsausdruck durch die Gegend blicken, bleibt *mein* Blick immer wieder bei mir und meinen Haaren hängen, die noch immer unmöglich aussehen. Da hilft auch kein Zuzwinkern mehr. Ich schaue genauso grimmig, wie die übrigen Fahrgäste. Nur um mich von diesem unschönen Anblick abzulenken, beginne ich Lena eine Nachricht zu schreiben:

»Guten Tag liebe Lena! Alles gut? Kennst du einen guten Arzt? Brauche nämlich dringend ein Attest fürn Gremberg. Wie sehen deine Pläne fürs Wochenende aus? Würd dich gerne sehen! Grüße, Mikka.«

»Nächster Halt: Neumarkt!«
Mittels dieser blechernen Durchsage teilen mir die Kölner Verkehrsbetriebe in gewohnt monotoner Stimmlage mit, dass für mich hier schon Endstation ist. Da Michael erst zum frühen Abend nach Hause kommen wird - soweit er nicht doch noch spontan bei Anja ist und mir kurzfristig absagt - muss ich ohne Haustürschlüssel irgendwie die Zeit überbrücken. Ich schlendere in der Folge ziellos durch die Schildergasse

und beobachte all die vielen Menschen, die mir entgegenkommen oder mich überholen. Ein Obdachloser in rot kariertem Baumfällerhemd kreuzt meinen Weg. Er ist betrunken, raucht eine selbstgedrehte Zigarette und stammelt leeren Blickes irgendwelche Laute vor sich hin. In genau *dem* Moment, in dem er an mir vorbeischlurft, halte ich die Luft an, weil ich eine grundsätzliche Abneigung verspüre, Gerüche oder Ausdünstungen fremder Menschen in meine Lungen aufzunehmen. Ein gewisser Teil von ihm wäre andernfalls in mir drin. Ganz tief. In Fußgängerzonen oder auf Bürgersteigen, unterscheide ich zudem gerne zwei Sorten von Passanten: Die Weitergeher und die Platzmacher. Die Weitergeher lassen sich dabei genauer unterscheiden. Manche Leute sind tatsächlich so dreist, dass sie in Zweier- oder Dreierreihen nebeneinander laufen und glauben, entgegenkommende Passanten würden ihr Verhalten kompromisslos dulden und bei nahender Kollision von sich aus, ein oder zwei Schritte zur Seite gehen. Zumeist handelt es sich dabei um betrunkene Jungen oder aber junge Mädchen, die in geschlossener Clique von Modegeschäft zu Modegeschäft pilgern. Letztere unterhalten sich dann immer sehr laut, gackern viel und schleppen große Einkaufstüten mit sich. Sie fühlen sich dann autonom, reich und sexy. So wie in *Sex and the City*. Wer da nicht Platz macht, erntet schnell zickige Blicke. Anders gehen da manche unserer Mitmenschen aus sozial benachteiligten Milieus vor. Auch Weitergeher. Hierbei ist die Größe der Gruppe aber völlig egal. Auch als Einzelperson wird ein Ausweichen des Gegenübers als grundnormal angesehen. Bleibt man stur, stößt man zusammen und bekommt Schläge oder fremdländische Flüche an den Kopf geworfen. Besonders lustig kann es aber werden, wenn sich in einem Szenario zwei Platzmacher gegenüberstehen und sich beide mehrmals hintereinander für die gleiche Richtung zum Ausweichen entscheiden. Das passiert oft. Ich bin ein Platzmacher. Heute muss ich aber kaum ausweichen, das erledigen schon die Anderen. Ich vermute wegen meines

Aussehens. Ein attraktives Mädchen kreuzt meinen Weg. Ich atme ausnahmsweise tief ein und rieche teures Parfüm.

Hinter den dicht fluktuierten Einkaufsstraßen erreiche ich den Heumarkt. Dort hole ich mir an einem Kiosk eine Flasche Bier, um mich nachfolgend am Rheinufer auf einer Mauer niederzulassen. Die Sonne scheint mir seitlich ins Gesicht und ein leichter, milder Wind streicht durch meine kaputten Haare. Das Gemurmel der Passanten auf der Rheinpromenade wird von sanften Möwenschreien idyllisch untermalt. Ein bisschen Urlaubsgefühl kommt auf. Hier und da haben sich junge Verliebte mit Decke auf die bereits satten Grünflächen gesetzt. Aus weiterer Entfernung sind seichte Klänge der Streichinstrumente von Straßenmusikanten zu hören. Als ich so gedankenversunken den Schleppern auf dem Rhein hinterher schaue und gelegentlich den gläsernen Flaschenhals zu meinem Mund führe, reißt mich plötzlich eine vibrierende Hosentasche aus meinem frühsommerlichen Tagtraum. Mein Handy! Ich denke sofort an Lena und greife in kindlicher Vorfreude hastig in die Tasche, um dann aber mit einer gewissen Enttäuschung festzustellen, dass nicht Lena, sondern Sophie versucht anzurufen. Mit reichlich Verzögerung drücke ich auf die Taste mit dem grünen Telefonhörer und nehme ihren Anruf entgegen.
»Vogelwarte Helgoland, Strabotzki mein Name, guten Tag?«
»Lustig. Hallo Mikka.«
»Oh, hallo Kleine. Alles klar?«
»Hi. Ja, alles klar soweit. Und selbst?«
»Joa, geht so. Die Trottellummen wollen dieses Jahr einfach nicht brüten.«
»M-i-k-k-a!«
»Okay, ist ja gut. Hier ist nicht die Vogelwarte, ich bin's. Bist voll drauf reingefallen, oder? Es geht mir aber trotzdem nur *geht so*. Hab's nicht rechtzeitig zum Gremberg geschafft, jetzt muss ich mir'n Attest besorgen, um keine unentschul-

digte Fehlstunde zu bekommen, was ja den unweigerlichen Ausschluss aus seinem Seminar bedeuten würde.«

»Oh nein. Wie blöd, das tut mir Leid. Weißt du denn schon, zu welchem Arzt du dafür gehst?«

»Nee, noch nicht. Ich werde mich mal umhören. Hab ja theoretisch noch ne Woche Zeit.«

Seit ich in Köln wohne, bin ich zu keinem Arzt mehr gegangen. Fremde Ärzte mag ich nicht und mein ehemaliger Hausarzt, der mich seit meiner Geburt zu seinen Patienten zählen darf, hat seine Praxis 60 Kilometer außerhalb von Köln. Außerhalb von so ziemlich allem. Streng genommen bin ich also ein Kind des Hinterlandes. Oder auch des Niemandslandes. Was ich lange Zeit noch weniger mochte als fremde Ärzte, waren die temporär zu zahlenden Praxisgebühren, die ich gerne und konsequent einsparte. Im Krankheitsfall kurierte ich, getrieben durch den Geiz, meine Wehwehchen daheim. Jammernd und sozial isoliert. Bei gelungener Regeneration begann ich sodann mit der Resozialisierung, bei der die eingesparten zehn Euro rituell des Nachts auf den Kopf gehauen wurden.

»Ja, schieb das mal nicht auf die lange Bank! Du solltest dich ohnehin mal nach einem neuen Hausarzt umsehen. Soll ich mich auch mal umhören?«

»Ja, mach das mal. Ist lieb von dir.« Das ist wirklich lieb von ihr. Ein kleiner Engel, dem ich nicht würdig bin und doch bedingungslos mein Eigen nennen darf.

»Und was machst du gerade?«

»Ähm… gerade? Bier trinken und Zeit totschlagen.«

»Hä?« Ich erkläre Sophie meinen Fauxpas mit dem Haustürschlüssel und den nun irgendwie unbefriedigenden wie zeittotschlagenden Charakter der gelebten Situation. Ich könnte ja vielleicht bei Sophie vorbeischauen.

»Oh… ja dann komm doch gleich bei mir vorbei. Hab eigentlich erst um halb fünf Feierabend, kann aber heute bestimmt was eher Schluss machen. Wollte dich ohnehin gefragt haben, ob wir heute Abend was zusammen machen wollen. Würde mich voll freuen.«

Ich sage ihr, dass ich dann trotzdem erst gegen halb oder viertel vor fünf bei ihr sein werde, wegen des Fußballspiels jedoch abends mit Michael verplant sei. Dann wünsche ich noch einen schönen Rest-Arbeitstag. Sie freut sich. Ich mich weniger, sehe es aber als willkommene Möglichkeit, die restliche Wartezeit so schneller rumzukriegen. Es steigt in mir eine gewisse Unzufriedenheit auf. Ich will eigentlich heute gar nicht zu Sophie. Im Grunde bräuchte ich noch ein wenig Zeit für mich, um die Situation näher zu ergründen, wie es um meine Gefühle zu ihr und zu Lena steht. Letztere geht mir einfach nicht aus dem Kopf. Viel zu oft muss ich an die gemeinsame Nacht mit ihr auf der WG-Party denken. Und noch öfter an diesen unglaublichen Kuss im abendlichen Regensturm. Lena, Lena, Lena. Nach einem weiteren Bier vom Kiosk, fühle ich mich leicht angetrunken, was im fehlenden Mittagessen zu begründen sein wird. Langsamen Schrittes begebe ich mich auf den Weg zu meiner Freundin, von der ich nicht weiß, ob sie noch länger meine Freundin sein kann. Ob sie noch länger meine Freundin sein sollte.

Steilvorlage

Ich bin keine Minute zu spät, denn als ich in Sophies weitestgehend verkehrsruhige Straße einbiege, sehe ich, wie sie gerade mit ihrem alten *Nissan Micra 1.0 L* rückwärts in eine Parktasche einparkt. Das Getriebe des leicht rostenden Fuhrwerkes wird dabei nicht unwesentlich in Mitleidenschaft gezogen. Ich kann aus noch sicherer Entfernung hören, wie sie im Wechsel grob zwischen Vor- und Rückwärtsgang schaltet, um sich schrittweise dem perfekten Einparkwinkel zu nähern. Als würde jemand Bäume fällen. Sie ging schon immer lieblos mit ihrem dunkelroten *Micra* um, der im September 1999 seine Erstzulassung erfuhr und in Sophie seinen nunmehr vierten Besitzer hat. Es ist ihr erstes Auto. Als ich Sophie kennenlernte, besaß sie es bereits. Damals hatte es noch keine Beulen. Derer sind es nun zwei, weil die Leute, nach ihrer eigenen Aussage, einfach kein Auto fahren können. Gewaschen und ausgesaugt wird es auch nur an besonderen Tagen, an denen zumeist die Langeweile für die Autopflege spricht. Obwohl wir beide gerne lächelnd über ihr Auto von einer Schrottkiste sprechen, kann ich mir für sie kein anderes Auto vorstellen. Nicht, dass sie kein größeres, schnelleres, schöneres Auto verdient hätte. Es ist nur so, dass das Auto enormen Charakter hat und meiner Ansicht nach - genau wie ihr unverwechselbares Lächeln - einfach zu ihr gehört. Denn es ist genauso klein und süß wie sie. Und als ich die verzweifelten Einparkversuche des Bündnisses zwischen süßem kleinen Mädchen und süßem kleinen Auto sehe, werde ich bei dem Gedanken daran, mit Sophie eigentlich Schluss machen zu müssen, auf einmal traurig. Sehr traurig.

»Oha, wie viel Bier hast du denn getrunken?«, fragt sie mich belustigt und lächelt dabei herzzerreißend süß als wir uns zur Begrüßung einen kleinen zärtlichen Kuss geben, der von meiner Seite zuerst widerwillig angenommen wird, um ihn dann doch ein wenig zu genießen. Sophies Lippen sind warm und feucht, ihr Atem riecht weitaus frischer als der meine, der nach den zwei 0,5 Liter Kölsch doch ein wenig nach kühler Dorfkneipe zu duften scheint.

»Eins nur«, lüge ich völlig unnötig und entschuldige mich für die kleine Bierfahne mit aufgezwungenem Lächeln, als ich mich lässig an ihren *Micra* anlehne und mir gleichzeitig einen Kaugummi aus der Hosentasche zu meinem Mund führe.

»Was hast du denn heute mit deinen Haaren gemacht?«, fragt sich mich neckisch, womit sie mich sichtlich ärgern will.

Ich mache ein gleichgültiges Gesicht, winke ab und will nicht weiter auf die Sache eingehen. Unauffällig drehe ich mich zur Seite, um über die Autoscheiben einen Blick auf meine Haare zu werfen. Teufel, sehe ich scheiße aus. Sophie freut sich dennoch mich zu sehen und strahlt über beide Ohren. Sie habe in der Firma heute nämlich etwas früher Schluss machen dürfen, weil sie wegen einer wichtigen Lieferung vorübergehend im Lager beim Etikettieren der Pakete aushalf und dafür auf ihre Mittagspause verzichtete. Die gewonnene halbe Stunde nutzte sie dazu, im benachbarten Supermarkt einkaufen zu gehen, um für ein gemütliches Abendessen zu Zweit zu sorgen.

»Hast du Lust auf Pizza?«, fragt sie mich aufgeregt, noch immer über beide Ohren strahlend. Obwohl ich heute lediglich nur frühstückte, habe ich nur wenig Hunger und im Augenblick ebenso wenig Appetit, aber Sophies Strahlen und gute Laune übermannen mich vollständig. »Pizza? Weißt du…«, ich versuche ihr ein ebenbürtiges Strahlen zu erwidern, reiße dabei die Augen weit auf und beginne meinen Kopf leicht zu nicken, »auf Pizza hätte ich große Lust.«

Den klappbaren Einkaufskorb aus Sophies Kofferraum trage selbstverständlich *ich* in die Wohnung. Als sie dann im Treppenhaus mit ihrem viel zu großen Schlüsselbund vor der Wohnungstüre Halt macht und rasselnd nach dem richtigen Schlüssel sucht, habe ich hinter ihr stehend etwas Zeit, mir die eingekauften Waren im Korb genauer zu betrachten. Fertigen Pizzateig und Soße, gestückelte Tomaten, Paprika, Mais, Zwiebeln, Thunfisch, Marken-Salami, sogar entkernte schwarze Oliven und grüne Peperoni. Sie hat nur mir zuliebe an alles gedacht, denn selbst mag sie überhaupt keine Peperoni. Das sind alles erlesene und größtenteils frische Zutaten. Bei mir hätte es Tiefkühlpizza gegeben. Nicht einmal den Nachtisch hat sie vergessen. So erblicke ich zwischen Paprika und Zwiebelnetz zwei große Becher Schokoladenpudding. Gut, zumindest dieser ist bereits verzehrfertig eingekauft. Nun bekomme ich doch Appetit. Und ebenso Hunger. Und ein schlechtes Gewissen. Vor nur knapp zwei Wochen schlief ich in alkoholisierter Ekstase mit Lena, kurz darauf gab es diesen außerplanmäßigen und vor Leidenschaft explodierenden Kuss, und erst in diesem Moment holt mich mein schlechtes Gewissen so wirklich ein. Ich bin fremdgegangen. Zum ersten Mal. Sophie weiß von nichts, verhält sich noch immer wie die liebenswerte Freundin mit guter Seele und will mir eine Freude machen, indem sie mich mit einem zwar studentischen, aber wirklich tollen Abendessen in trauter Zweisamkeit bei ihr zu Hause überraschen will. Ich versuche mir nichts anmerken zu lassen und trotte Sophie nur leicht gesenkten Hauptes durch die geöffnete Türe hinterher, um den Einkaufskorb mit all seinen schmackhaften Zutaten auf der Anrichte in der Küche unter gespieltem Stöhnen abzusetzen. Sophie bewohnt eine kleine Wohnung, die an die 40 Quadratmeter misst und nur aus Flur, Bad und einem weiteren Raum besteht, in dem sich Küche, Schlaf- und Wohnzimmer den Platz teilen. Die hohen Altbauwände sind komplett weiß gestrichen, zwei große Fenster lassen ihr eigenes Reich hell und harmonisch wirken. Topfpflanzen dekorieren sämtliche Fensterbänke. Der Geruch von verschiedenen Duftkerzen liegt in der Luft. Das ist der unverwechselbare Duft einer Frauen-Wohnung.

Während sich Sophie im Bad zur Erfrischung eine Dusche

gönnt und das beruhigende Rauschen der Duschbrause den Rest der Wohnung erfüllt, rolle ich den klebrigen Fertigteig für die Pizza in Form und will mit dem Belegen des italienischen Nationalgerichtes beginnen. Da ich mir aber nicht sicher bin, in welchem Verhältnis ich die vielen unterschiedlichen Beläge portionieren soll und ich es diesmal auf jeden Fall Sophie Recht machen möchte, belasse ich es vorerst beim reinen Bestreichen des Teigs mit der Pizzasoße und schmeiß mich nachfolgend längs auf die Couch. Bei der Landung schreie ich theatralisch auf, denn ich bin auf Handy und Feuerzeug gefallen. Nachdem ich in wieder aufgerichteter Position meine Hosentaschen entleert habe und den gesamten Wulst auf den Wohnzimmertisch verfrachte, schalte ich den großen Röhrenfernseher des einst erfolgreichen deutschen Herstellers *Loewe* ein, um mich durch das traurige Nachmittagsprogramm des deutschen Fernsehens zu zappen. Ich schalte gelangweilt und wenig motiviert von Kanal zu Kanal und lasse das Gerät gerade nur so lange auf dem jeweiligen Sender geschaltet, um ansatzweise erkennen zu können, was gerade läuft. Und dann geht's weiter. Immer programmaufwärts durch die schlecht sortierte Kanalliste Sophies Fernsehers. Mir unbekannte Politiker schütteln sich in diplomatischer Freundlichkeit für die Kamera die Hände. Im Hintergrund sind Landesfahnen zu erkennen. Sehr bunte. Ich kenne sie nicht. *Zapp!* Ein Straußen-Junges muss eingefangen werden, weil es vom zoointernen Tierarzt untersucht werden muss. Ich glaube, es ist ein Tierarzt, denn er trägt einen Mundschutz im chirurgischen Grün. *Zapp!* Kichernde Moderatoren auf Pro7 kommentieren einen scheinbar bereits abgespielten Beitrag mit viel zu viel Anglizismen und Pseudo-Modewörtern. *Zapp!* Eine krass schlechte Real-Life-Doku auf RTL2. Erschreckend schlechte Schauspieler, die für ihre Arbeit hoffentlich kein Geld verdienen. So schlecht, dass es schon wieder lustig ist. Obwohl... *Zapp!* Süße-Handyspiele-Werbung. *Zapp!* Zahngold-Werbung. Leider habe ich noch keine Goldzähne, die ich zu Barem machen könnte. *Zapp!* Wieder das kleine Straußen-Junge, das quiekend vor den Wärtern davon läuft, weil es nicht den Sack über den Kopf gestülpt bekommen möchte. Es ist süß. Federn fliegen. *Zapp!* Der kleine gelbe *Spongebob Schwammkopf* lacht mit grellem Organ und bekommt dafür von seinem Seestern-Freund eins übergebraten. Der sprechende Zeichentrick-Schwamm ist irgendwann auch bei älterem Publikum zum Kult mutiert. Empfinde ich als äußerst bedenklich. *Zapp!* Eine blondierte Dame, die unecht lächelt und aussieht, als würde sie an Hautkrebs leiden, macht auf eine Porzellanpuppen-Kollektion aufmerksam. *Zapp!* Vitamin D für starke Knochen, Werbung für Kindermilch. Es ist schließlich die Tiersendung, die mich nach endlos hinaufgeschalteten Kanälen und stupidem Programm dazu bewegt, wieder hinunter zu schalten. Anstelle des niedlichen Straußen-Babys ist nun allerdings die Fütterung der Nilpferde aus dem Tiergarten in Berlin angesagt. Egal. Nilpferde sind auch okay. Alte und junge Besucher stehen in Zweier-Reihen hintereinander und gucken sich das spannende Schauspiel an. Als eines der gefangenen dicken Tiere sein Maul aufreißt und seine Zähne zum Vorschein kommen, die aussehen als würden sie aus einer Perl-Weiß-Werbung für rauchende Tiere stammen, kommt Sophie aus dem Badezimmer getappt, nur in weißem Frottee-Handtuch eingewickelt. Ein weiteres gelbes Handtuch hat sie um ihre nassen Haare toupiert.

»Was guckst *du* denn da?«, fragt sie mich neugierig und summt leise ein Lied, dass ich schon tausend Mal im Radio gehört habe, dessen Titel mir aber partout nicht einfallen möchte. Meine Antwort fällt knapp aus:

»Nilpferde.«

Ich werfe einen kurzen Blick seitlich nach hinten und erblikke, wie sich Sophie von ihren Handtüchern entledigt hat und splitternackt vor ihrem Kleiderschrank steht.

»Nilpferde?«, fragt sie zur Sicherheit noch einmal, nachdem sie ihr liebliches Gesumme unterbricht.

Ich glaube, es war irgendwas von *Nelly Furtado*.
»Ja, die werden gerade gefüttert. Da! Hm, lecker.«
Der Wärter wirft zwei wartenden Nilpferden mit sperrangelweit offen stehenden Mäulern irgendwelche kleinen Häppchen in gepresster Brikett-Form zu. Die Zoobesucher freuen sich und klatschen teilweise in die Hände. Ja Applaus, das Nilpferd frisst. Satt werden die wuchtigen Flusspferde von diesen kleinen Häppchen aber sicher nicht. Ich habe mal gelesen, dass ausgewachsene Nilpferde bis zu 40 kg Pflanzenmaterial an nur einem einzigen Tag fressen können. Die Fütterung kann folglich nur der Zuschauerbelustigung gelten. Das sind nicht mal zwei Kilogramm. Jetzt darf auch eine Zoobesucherin in den Eimer des Wärters greifen und den hungrigen Tieren einen Happen ins Maul werfen. Sie wirft daneben. Ein Raunen geht durch die zuschauende Belegschaft. Wie peinlich. Als mich Sophie fragt, wieso ich denn die Pizza nicht zu Ende belegt hätte, drehe ich mich um und stelle fest, dass sie bereits fertig angezogen ist. Da habe ich mir tatsächlich lieber die trägen, dicken Nilpferde angesehen als meine nackte, schlanke Freundin. Ist es nun wirklich schon so weit gekommen?
»Hallo?«
Sophie wirkt amüsiert. Sie schaut mich wieder mit diesem Strahlen an. »Ich dachte, die Pizza sei schon längst im Ofen.«
Ich brauche kurz, um mich zu sammeln. Dann antworte ich ihr unschuldig und rechtfertigend.
»Ja, Moment! Ich wollte die Pizza auch fertig machen, wollte aber auf dich warten, weil ich nicht wusste, in welchem Verhältnis ich den Belag verteilen soll. Du magst ja keine Peperoni… und Thunfisch. Und mit den Oliven war ich mir nicht sicher und…«
Sie grinst gutmütig, als sie mich unterbricht.
»Du bist süß. Ich mag alles außer der Peperoni. Aber dann machen wir das halt zusammen.« Genau so machen wir das dann auch. Finde ich auch schöner so. Ich lege die Fernbedienung neben mich auf die Couch und stehe auf.

Die auserwählte Zoobesucherin hat beim zweiten Wurf direkt in eines der Nilpferdmäuler getroffen. Als ich Sophie einen Kuss gebe und wir gemeinsam in den Armen liegend in Richtung Küche schlendern, höre ich im Hintergrund die Zoobesucher wieder applaudieren. So leicht geht in Deutschland Entertainment. Ich sollte mich demnächst auch mal in der Öffentlichkeit füttern lassen.
Wir beginnen gemeinsam die Pizza zu belegen. Peperoni wird nur auf einem Viertel des Teigs verteilt. Als nur noch Mais, Zwiebeln und etwaige abschließende Würzungen anstehen, biete ich Sophie bereitwillig an, die restliche Arbeit zu übernehmen, so dass sie sich nun ins Wohnzimmer auf die Couch begeben kann. Während der Ausführung der finalen Schritte für die Zubereitung, höre ich im Rücken, wie Sophie sich ebenso durch das Fernsehprogramm zappt, wie ich es noch vorhin getan habe. Die Tiersendung war wohl nichts für sie. Ich höre noch ganz kurz das Gezwitscher unzähliger tropischer Vögel, ehe erneut die furchtbare Stimme von *Spongebob Schwammkopf* in mein Ohr dringt. *Zapp!* Kitschige und schlecht gesungene Titel-Musik, wahrscheinlich von irgendeinem Anime-Manga-Scheiß. *Zapp!* Ein Telefonquiz: *»Welche Automarke mit 4 Buchstaben wurde noch nicht genannt? Welche fehlt noch? Rufen sie nur an, wenn sie sich wirklich si…!« Zapp!* Dann streiten sich zwei Frauen. Ein wirklich schlecht gespielter Disput. Nur gut, dass es Sophie auch so sieht. *Zapp!* Erneut Süße-Handyspiele-Werbung. Ich sauge die gesamte Akustik, die vom Fernseher ausgeht, in mir auf. Und wie ich mich so auditiv konzentriere und die vielen Schallsignale mein Trommelfell zum Schwingen bringen, bemerke ich einen Ton, der mir bei Verarbeitung und Erkennung Probleme bereitet. Er sticht aus den anderen Tönen ganz klar heraus. Ich kenne diesen Ton, dieses Geräusch. Als die Erkennung des Geräuschs mit Verzögerung dann doch erfolgreich vollzogen wird und mein Herz damit beginnt, schneller zu schlagen, nehme ich für einen Bruchteil von Sekunden keine weiteren

Schallwellen mehr auf. Und dann doch wieder. Mein Handy liegt auf dem Wohnzimmertisch und hat geklingelt.
»Mikka! Eine Lena hat dir geschrieben.«
Ich versuche, ganz ruhig zu bleiben. Zu ruhig, denn mein Sprachzentrum ist gerade zu Eis erstarrt. Ich schiebe die Pizza wie in Trance ungewürzt in den Ofen und stelle auf 200 Grad und Umluft, die Eieruhr in Kürbisform auf 20 Minuten. Der nun angeschaltete Ofen muss schon jetzt eine enorme Hitze ausstrahlen, denn mein Sprachzentrum ist soeben wieder aufgetaut.
»Eine Lena?«, frage ich gespielt ratlos. »Ach so, ja das kann nur wegen…«
Ich muss zu meinem Handy. Dringend. Schnell! Ich unterbreche meinen ersten Erklärungsversuch, trabe zum Wohnzimmertisch und strenge mich an, nachdenklich zu wirken. Es fällt mir leicht, denn ich bin es ja tatsächlich. Wie komme ich da jetzt wieder raus? Ich verschaffe mir erst einmal etwas Zeit mit ahnungsloser Stammelei.
»Vielleicht wegen dem… na, Dingens…«
Als ich das Handy endlich in der Hand habe, sehe ich in der Kurzmitteilungs-Vorschau bereits Lenas erste Worte:

»Hey! Na du ☺ Der Gre…«

Die hat Sophie bei ihrem Blick auf das Display dann ja auch schon gesehen. Während ich die Nachricht öffne, rede ich brüchig weiter. Im Augenwinkel bemerke ich, dass mich Sophie skeptisch beobachtet.
»Ja, sicherlich wegen des Referats hier…«
Ich lese Lenas Nachricht laut vor. Wer nicht wagt, der nicht gewinnt.

*»Hey! Na du ☺ Der Gremberg is schon so ne Nr, hihi! Dr. Woiters, Südstadt ☺ Weiß nicht, schlag was vor! LG, *Lena*«*

Jetzt bin ich wieder ganz da, schiebe das Handy zu und entscheide mich gegen die Hosentasche und dafür, es auf den Tisch zu legen, um keinen weiteren Verdacht schöpfen zu lassen. Dann antworte ich, als sei mir gerade ein ziemlich helles Licht aufgegangen.

»Wegen des Referats in Erziehungswissenschaften. Die ist mit bei mir in der Gruppe. Kennst du einen Dr. Woiters? Aus der Südstadt. Ist mir gerade empfohlen worden, weil ich ja ein Attest für den verfickten Gremberg brauche.«

Ich könnte mich für meine geschickt eingefädelte Themenumleitung auf Herrn Dr. Gremberg gerade selbst umarmen und mir stolz auf die Schulter klopfen. Dazu kommt es aber nicht, weil Sophie nicht dumm ist und nachhakt.

»Aha. Und du hast die eben noch getroffen oder warum weiß die das mit dem Gremberg?« Sie schaut ernst und irgendwie gar nicht mehr so schön strahlend wie noch vor wenigen Minuten. Als ich ihr die Frage wie selbstverständlich bejahe, nimmt sie entschlossen und unaufgefordert mein Handy vom Tisch und schiebt es auf. Scheiße, das ging schnell. Flinke, kleine Hände. Die Hosentasche wäre doch besser gewesen. Ich verfluche mich.

»Ja, kannst du ruhig lesen«, behaupte ich mit oberflächlich ruhiger Stimme. »Ich hab die vorhin noch in der Cafeteria in der Uni getroffen. Den Gremberg hatte die im letzten Semester mal.«

Sophie schiebt das Handy wieder zu und schaut still in die Leere. Im TV läuft *Man Eater* von *Nelly Furtado*. Das Lied, das Sophie vorhin noch freudestrahlend vor sich hin summte. Ein echter Klassiker. Ich wusste doch, dass es *Nelly Furtado* war. Und was ein krasser Zufall. Ich erlebe häufig solche Zufälle. Da denke ich ganz nebenbei über irgendwelche Filme nach und - schwups - laufen sie tags darauf im Fernsehen. So war das mit dem Lied jetzt auch. Oder so ähnlich. Sophies Coverversion hat sich jedoch irgendwie cooler angehört. Und süßer.

»Mikka, gehst du mir fremd?«

Das kam unerwartet. So unerwartet, dass mein Sprachzentrum wieder im Schockzustand verweilt. Meine Mimik funktioniert noch, weswegen ich meine Gesichtsmuskulatur zu einem fragenden und völlig stutzenden Gebilde anspanne.

»Brauchst gar nicht so zu gucken, Mikka. Gehst du mir fremd?«

Okay, rüber zu Plan B. Der Gesichtsausdruck bleibt stehen. Zusätzlich schüttle ich mit dem Kopf. Durch die Kopfbewegung legen sich die Schalter in meinem Kopf anscheinend um, denn mein Sprachzentrum ist wieder intakt.

»Hä? Nur, weil die mir den Dr. Woiters vorschlagen hat oder was? Ich bin dir noch nie fremdgegangen. Ich brauch nur dringend ein Attest, das ist alles.«

Und das war gelogen. So was von, aber ich will ihr nicht wehtun. Sie übertreibt aber gerade auch ein bisschen. Nach ihrem jetzigen Wissensstand hat sie keinen Grund, so zu reagieren.

»Du bist echt das Allerletzte.«

Jetzt schüttelt *sie* mit dem Kopf. Zudem hat sich ihre liebliche Stimme zu einem Bündel schriller Klangfarben verwandelt.

»Du hast ihr geschrieben, dass du sie am Wochenende sehen willst. Wegen deines beschissenen Attests oder was?«

Ups. Soviel Raffinesse hätte ich ihr nun gar nicht zugemutet. Da hat sie tatsächlich noch mehr als nur Lenas eingehende Nachricht gelesen. Plan C existiert nicht. Ich könnte jetzt mit ihr Schluss machen. Die ungeplante Situation nutzen, das Thema beenden und den Ball im Kasten versenken. Ein neues Kapitel mit Lena beginnen. Glücklich werden, Kinder kriegen. So leicht werde ich es nicht noch einmal haben. Die perfekte Steilvorlage. Wenn nicht jetzt, wann dann? Ich singe diese Zeilen in Gedanken und hasse *Die Höhner* gerade dafür. Das macht doch so alles keinen Sinn mehr. Sophie hat einen ehrlicheren Freund verdient. Aber ich kann ihr nicht wehtun. Wenn ich jetzt Schluss mache, breche ich ihr das Herz. Sie ist allein in Köln. Vermutlich wird sie ihre Ausbildung abbrechen, die Wohnung aufgeben und wieder nach Hause zu ihren

Eltern ziehen, einem großen Liebeskummer und eklatanter Sinn-Krise zum Opfer fallen. Unter Umständen wird sie sich das Leben nehmen. Mir gehen tausende Bilder und mögliche Zukunftsvisionen durch den Kopf. Ich kann nicht Schluss machen. Nicht mit diesem Engel. Ich schaue Sophie ernst an und fasse ihre Hände, die ich erst beim zweiten Versuch gefasst kriege, weil sie sie zunächst wegzieht.
»Sophie, hör mir zu! Da läuft nichts mit Lena. Ich kenn die schon seit Anfang des Studiums, das ist nur so ein völlig blöder Insider mit dem *ich würd dich gern sehen*, das musst du mir glauben. Zugegeben, das ist total unangebracht, aber nur ein Jux. Wir halten lediglich das Referat zusammen. Zusammen mit noch zwei anderen… über… Funktionale Äquivalenz. Wirklich, jetzt sei bitte nicht albern. Lena, die Anderen und ich müssten uns eigentlich am Wochenende deswegen noch mal treffen. Wenn da was laufen würde, hätte ich doch schon längst Schluss gemacht und würde dir hier nichts vorspielen. Außerdem steh ich so überhaupt *gar* nicht auf Lena. Ich steh auf dich. Und genau wie ich, so ist auch Lena glücklich in festen Händen.«

Sophie wirkt traurig, aber sie scheint mir mit einer gewissen Naivität zu glauben. Der erste Sturm tränenreichen Entsetzens ist abgeklungen. Ich erkläre ihr das ganze »Missverständnis« noch einmal ausführlich und immer wieder von vorne, bis es klingelt und die Pizza fertig ist. Die Kürbisuhr ruft nach dem Essen. Als ich aufstehe, um zum Ofen zu gehen, zieht Sophie die Nase hoch und erzählt mir mit einem etwas freundlicheren Gesicht, dass sie sich um mich gesorgt und daher auch schon ärztetechnisch informiert habe. Und noch mehr: Sie hat schon einen Termin für mich bei einem Herrn Dr. Grosche am Friesenplatz gemacht. Wohl die Empfehlung eines Dominics von der Arbeit, der sich dort hin und wieder für die Karnevalstage in Köln krankschreiben lässt. Sophie ist ein gottverdammter Engel.

Wir sitzen aufrecht nebeneinander auf der Couch. Auf unserem jeweiligen Schoß einen mit Pizza belegten Teller. Die Pizza schmeckt fad und passt damit zu der momentanen Stimmung. Ich hab die Würzung vergessen. Während des Essens schauen wir, zum großen Teil schweigend, *Die Simpsons* auf Pro7, ohne nur ein einziges Mal zu lachen. Den Abwasch übernehme ich. Danach suche ich meine Sachen zusammen und verabschiede mich mit der Begründung, noch vor dem Fußballspiel einen ellenlangen Text über »Adoleszenz« lesen zu müssen. Ich drücke Sophie beim Abschiedsszenario fest an mich und flüstere ihr dabei ins Ohr, dass sie sich wirklich keine Sorgen machen müsse. Dann küssen wir uns. Und dann gehe ich.

Zu Hause angekommen wird meine Stimmung an einem Tage, an dem einfach zu viel schief gelaufen ist, auch nicht besser, denn niemand macht mir die Türe auf. Ich klingle einige Male und hoffe, dass Michael nur auf Toilette ist. Scheint aber wohl in diesem Falle ein größeres Geschäft zu sein. Ich lasse mich auf den Treppensims nieder und zünde mir eine Zigarette an. Lena schreibe ich derweil auf ihre Nachricht zurück, dass ich mir für das Wochenende was überlegen werde. Als die Zigarette aufgeraucht ist und ich aus Langeweile wiederholt einige Male klingle, ohne dass jemand aufmachen würde, gehe ich nebenan in *Selim's Kiosk*. Selim und ich kennen uns. Selim und ich duzen uns. Er ist Mitte 40, unverheiratet und hat 4 Kinder, ist Fan von Besiktas Istanbul und des 1. FC Kölns und kann mich als einen seiner Stammkunden bezeichnen. Heute duzt er mich nicht, denn er telefoniert laut und schnell. Auf Türkisch. Er begrüßt mich hektisch, indem er seine buschigen Augenbrauen hochzieht und seinem Mund ein kurzes Lächeln abverlangt. Er kassiert ohne Blickkontakt zu mir aufzubauen und redet unverdrossen weiter in den Hörer hinein. Zum Abschied hebt er kurz die Hand und schenkt mir dann noch einen freundlichen Augenaufschlag, der, kombiniert mit dem sehr raren Blickkontakt, das nonverbale Verkaufsgespräch harmonisch abschließt. Ich habe mir zur Abwechslung eine Flasche Pils gekauft und setze mich erneut rauchend und nun auch trinkend auf den Treppensims vor unserer Haustür.

Das Bier trinke ich langsam, weil ich nicht noch Eins kaufen möchte. Dafür rauche ich umso mehr. Es ist halb neun, kurz vor Anstoß und noch immer hell, als Michael mit Anja im Schlepptau in unsere Straße einbiegt. Mit Anja? Das zum Thema gemeinsames Fußballschauen. Sie wirken überrascht, dass ich wie ein alkoholkranker Frührentner vor der Türe sitzend auf sie warte. Überrascht bin ich auch. Warum bringt er bloß seine blöde Freundin mit? Ich informiere Michael über den vergessenen Schlüssel, woraufhin er sich freundlich entschuldigt, erst so spät nach Hause gekommen zu sein, sie seien noch in der Sauna gewesen. Zum Mondschein-Tarif. Anja begrüßt mich wortkarg mit einem »Huhu« und fragt mich, warum ich ihnen denn keine Nachricht geschrieben hätte, dann hätten sie auch eher nach Hause kommen können. Stimmt eigentlich. Warum ich *Ihnen* keine Nachricht geschrieben habe? Auf ihr gemeinsames Pärchen-Handy, das sie auch in der Sauna immer griffbereit dabei haben, weil es hitze- und schweißresistent ist, oder was? Anja muss immer alles pluralisieren. Ich hasse Anja, denke es aber nur und sage es nicht laut. Trotzdem schaut sie mich leicht abfällig an, vermutlich wegen meiner missratenen Haare und weil ich trinke und rauche und damit die Duftwolke ihrer durch Aufgüsse frisch und weich geschwitzten Haut übertünche.

Michael und ich sitzen schließlich doch noch pünktlich zum Anstoß schweigend vor dem Fernseher und schauen Championsleague. Bayern spielt unspektakulär um Ballbesitz bemühend. Kaum Strafraumszenen, doch der Ball läuft. Michael überschlägt seine Beine und trinkt Grünen Tee. Er nimmt meine Verstimmung wegen Anjas Anwesenheit gar nicht wahr und schlürft selbstgefällig an seinem Heißgetränk. Wann ist aus ihm nur ein solcher Waschlappen geworden? Anja steht in der Küche, macht gesund belegte Schnittchen mit Gürkchen und summt Schlager-Melodien. Ich kann *Mikki Krause* heraushören und schlage mehrmals in Gedanken meinen Kopf gegen die Wand. Anja, geh doch nach Hause, du alte Scheiße! Was ist das nur für ein beschissener Tag heute?

Mein Kopf tut von der zeitvertreibenden Raucherei weh. Vielleicht habe ich ihn in Gedanken aber inzwischen auch einfach nur zu oft gegen die Wand geschmettert. Ich bin traurig und müde. Und verdammt, ich werde wohl oder übel mit Sophie Schluss machen müssen.

Taktisches Foul

Ich habe Sophie in den vergangenen Tagen das Gefühl vermittelt, sich in Sicherheit wiegen zu können. Ich kann *doch* nicht mit ihr Schluss machen. Nicht jetzt. Wir haben jeden Abend lange telefoniert und einmal hat sie bei mir übernachtet. Wir schliefen sogar miteinander. Es muss ihr gefallen haben, denn hinterher umarmte sie mich und sagte, dass es sehr schön war. Es war okay. Ich bin sogar am nächsten Morgen mit ihr aufgestanden, weil sie ja allmorgendlich um 7.30 Uhr auf der Arbeit sein muss, nur um ihr Frühstück zu machen und mich nachfolgend wieder hinzulegen. Da war ich total selbstlos. Sie hat auch nur noch zwei- bis dreimal nach Lena gefragt. Das Treffen mit Dieser läuft daher unter dem Decknamen »Referatstreffen« und wurde auf den heutigen Abend terminiert. Den Freitagabend. Deshalb an einem Freitagabend, weil die zwei anderen imaginären Mitreferenten, die ich spontan Lukas und Manuel taufte, einfach zu keinem anderen Zeitpunkt konnten. Wir treffen uns bei Manuel zu Hause in Köln-Ehrenfeld, wo wir eine Nachtschicht einlegen wollen, um das Referat in einem Wisch direkt fertig stellen zu können. In Wirklichkeit treffe ich mich mit Lena, Tessa und Ben in einer Cocktail-Bar am Barbarossaplatz. Ich schäme mich für meine Lügen, bin mir aber sicher, nach dem heutigen Abend mehr Gewissheit zu haben. Heute Abend muss ich noch einmal lügen. Für mich, für Lena und vor allem für Sophie. Denn morgen werde ich schlauer sein. Und dann endet die Zeit der Lügen und macht Platz für Nägel mit Köpfen. Sophie bekommt heute Abend Besuch von Corinna, einer Freundin mit der sie gemeinsam Abitur machte. Die beiden wollen einen gemütlichen *Greys Anatomy*-DVD-Marathon einlegen. Ich finde das gut, obwohl ich *Grey's Anatomie* ja ziemlich scheiße finde.

Ich treffe Ben in der Straßenbahn. Er steigt auf halben Weg hinzu. In den vergangenen Tagen hatte Tessa sich zu Bens

Überraschung bei ihm gemeldet. Er hat es ungern zugegeben, aber nach einem ersten obligatorischen Anschiss, den ich von ihm bekam, weil ich ohne seine Zustimmung seine Nummer an Lena weitergab, musste er sich doch mit einem gewissen Lächeln eingestehen, dass er sich durchaus über Tessas Nachricht gefreut habe.

»Tessa ist ein heißes Kätzchen.« Ich habe seine Worte vom Morgen nach Lenas verrückter Geburtstagsparty noch immer im Ohr. Er freut sich nun sogar auf das Doppel-Date und hat auch kein Problem damit, den furchtbaren Terminus »Doppel-Date« mehrfach verbal zu nutzen. Dass ich gegenwärtig aufgrund gewisser Entscheidungsprobleme zweigleisig fahre, findet Ben hingegen gar nicht gut, ist aber irgendwo auch solidarisch und kann mein Vorgehen nachvollziehen. Er erwartet jedoch von mir, dass ich mich schnellstmöglich entscheide. Und genau das ist ja auch der Plan. Ich bin etwas aufgeregt und habe deswegen auch vorgesorgt. Ich habe drei verschiedene Mitteilungen vorgetippt und unter »Entwürfe« gespeichert. So kann ich zu drei unterschiedlichen Zeitpunkten des Abends, Sophie schnell eine Nachricht zuschicken, so dass sie sich diesbezüglich morgen nicht beschweren und Verdacht schöpfen kann. Außerdem muss Lena nicht unbedingt mitbekommen, wenn ich Sophie schreibe. Sie lauten folgendermaßen:

»Hey Süße, liegen gut im Zeitplan. Wenn wir das Tempo halten, schaffen wir das auf jeden Fall heute noch! Viel Spaß noch mit Grey's Anatomy ☺ Kuss«

»Oh Mann! Funktionale Äquivalenz sucks! Ich will nicht mehr! Immer noch am DVD gucken??? Wär jetzt gerne bei dir! Dicken Kuss ☺«

»So! Es ist vollbracht. Jetzt bin ich totmüde und voll ko. Ruf dich morgen an! Liebe Grüße auch an Corinna! Drück dich, 1000 Küsse ☺«

Ben und ich sind vor den beiden Mädchen da. Er hat einen Tisch für vier Personen reserviert, da lässt er nichts anbrennen. Es ist Freitagabend und die Bar gut gefüllt. Wir setzen uns und bestellen schon mal beide einen *Mai Tai*, um auf leichte Betriebstemperatur zu kommen. Im Hintergrund läuft lateinamerikanische Musik und auf zwei Flachbildfernsehern an der Wand stumm das Freitagabendspiel der Fußballbundesliga. Bayer Leverkusen - Borussia Dortmund. Die ersten 10 Minuten sind gespielt und es steht 0:0. Ich hoffe, dass Dortmund am heutigen Abend deklassiert wird. Das wäre meine ganz persönliche Rache für die Unannehmlichkeiten, die ich jetzt wegen dieses Herrn Dr. Grembergs zu ertragen habe. Anfang nächster Woche muss ich den Termin wahrnehmen, den Sophie freundlicherweise für mich bei diesem Dr. Grosche gemacht hat, damit ich meine so wichtige Krankschreibung bekomme. Als Lena und Tessa hinzustoßen, steht es schon 1:0 für Dortmund. Soviel zu meiner Rache. Ben freut sich in gehässiger Spitzbuben-Manier, denn als FC-Fan hasst er die »Pillenfresser« aus Leverkusen. Dementsprechend gut gelaunt begrüßt er auch unsere weiblichen Gäste. Ich schlucke meinen ersten sportlichen Ärger hinunter und versuche ebenfalls erfreut auszusehen. Es gelingt mir gut, denn ich freue mich tatsächlich, als Lenas lächelnder Mund auf mich zukommt und mir einen entschlossenen Kuss auf die Wange platziert.

Sie hat ein Parfüm aufgelegt, das ich als äußerst angenehm empfinde. Die wohlriechenden Duftmoleküle werden von den Reizrezeptoren meiner Nase aufgegriffen und veranstalten ein kleines Feuerwerk in meinem Großhirn. Ich bin konsterniert und als ich mich endlich dazu entschließe, sie zur Begrüßung auch zurückzuküssen und meine Lippen dafür spitze, hat ihr Gesicht bereits wieder die Gegenrichtung eingeschlagen. Das Küsschen verpufft im Luftloch. Das sah jetzt doof und etwas unbeholfen aus und ich hoffe, dass es niemand gesehen, geschweige gehört hat, denn das Schmatzen war zumindest für

mich gut hörbar. Ich schaue kurz nach links und rechts. Ben ist noch mit Tessa beschäftigt. Lenas Gesichtsausdruck ist unverändert. Es hat wohl niemand mitbekommen. Um trotzdem das schlechte Timing prophylaktisch zu überspielen, lege ich schnell meine Hand auf ihre Schulter und lasse sie zwei-, dreimal auf und niedergehen.
»Hey! Na, wie geht's?«

Der Beginn des Abends verläuft sehr harmonisch und ungezwungen. Ben und ich sitzen nebeneinander und Tessa und Lena uns gegenüber. Die Szenerie hat leider tatsächlich was von einem Doppel-Date. Wir führen verschiedene Gespräche, jeder mal mit jedem und dann alle vier wieder zusammen. Wir unterhalten uns über unsere Studiengänge, Politik, Familie, Partys, Dr. Gremberg und natürlich Fußball. Dortmund führt nämlich inzwischen mit 2:0. Es läuft die 42. Spielminute. Lena und Tessa trinken ihre Frauen-Cocktails, Ben und ich sind nach dem zweiten *Mai Tai* vorsichtshalber auf Kölsch umgestiegen, weil der Alkohol schon unverkennbar Wirkung zeigt. Man lacht zu dieser Uhrzeit einen Hauch zu ausgiebig. In der 80. Spielminute steht es noch immer 2:0 für Dortmund. Die zweite Halbzeit sickert ohne nennenswerte Höhepunkte vor sich hin. Schade, Dr. Gremberg wird sich freuen. Als Lena und Tessa des weiblichen Ticks wegen gemeinsam auf Toilette gehen, wird es Zeit für Nachricht Nummer Eins. Sophies Antwort lässt ungefähr eine viertel Stunde auf sich warten und macht sich diskret mittels Vibrationsalarm in meiner Hosentasche bemerkbar. Gelesen wird die Nachricht in schnellem Tempo unterhalb der Tischplatte. Sie freue sich für mich und ich solle mir keine Sorgen machen oder so ähnlich, weil sie das mit Lena nun wirklich verstanden habe. Ein paar Smilys, ein paar Küsschen. Es verläuft alles nach Plan.

Borussia Dortmund nimmt drei Punkte eines kaum gefährdeten 2:0-Sieges mit nach Hause in den Pott. Wegen des

Endergebnisses entscheide ich mich kurzerhand doch noch einen dritten *Mai Tai* zu trinken und biete den anderen an, sie auch noch auf einen Cocktail einzuladen. Tessa und Lena lehnen dankend ab, Ben sagt sofort zu. Hierzu winke ich in überschwänglich arroganter Weise die kleine lateinamerikanische Bedienung mittleren Alters an unseren Tisch, die sich bewusst Zeit lässt und auch durchaus genervt an unseren Tisch tritt. Die gehobene Hand mit den zwei zu sich winkenden Fingern habe ich unglücklich gewählt. Dekadentes Auftreten junger Studenten, die glauben, die Stadt gehöre trotz nicht vorhandener finanzieller Unabhängigkeit ihnen, scheint ihr gegen den Strich zu gehen. Zu Recht. Es ist mir kurz unangenehm und ich schäme mich. Dann wird es mir aber wieder egal, weil ich schließlich betrunken bin und gar nichts dafür kann, dass Vater Staat und Vater und Mutter finanziell so gut für mich sorgen. Der Fauxpas wird ihr mit einer entsprechenden Höhe an Trinkgeld kompensierend entlohnt. Ich gehöre schließlich auch zum arbeitenden Volk und das Gefühl des sozial unterstellten Kellners ist mir kein Fremdes. Ich zeige gelegentlich in den Semesterferien guten Willen, arbeite dann für einen zweitklassigen Catering-Service, der auf unbedeutenden kommerziellen Veranstaltungen hungrige Mägen mit Speis und Trank füllt. Auf einer dieser Veranstaltungen habe ich schon *Ken Miyao* ein Glas Stilles Mineralwasser eingeschenkt. *Ken Miyao* war Mitglied der 2003 auf Pro7 gecasteten Boyband *Overground*, die ihren eigenen Zenit des Erfolgs nie erlebte, sich im Jahre 2007 aber schon eine Pause gönnte, um sich schließlich im daraufliegenden Jahr endgültig zu trennen. Ein wahrlich unattraktiver Job ist das bei diesem Catering-Service.

Der dritte *Mai Tai* war definitiv zu viel. Ben und ich werden immer albernder, erzählen schlechte Witze mit Tieren als Protagonisten und machen uns gegenseitig über uns lustig, haben dabei aber noch die weiblichen Sympathien auf unserer Seite. Lena und Tessa scheint es zu amüsieren, denn sie lachen ebenso viel und vor allem lachen sie echt. Lena verschluckt sich und lässt einen kleinen *Caipirinha*-Schauer über den Tisch regnen. Alles halb so wild, denn an Dem trinkt sie ohnehin schon viel zu lange. Die Stimmung ist euphorisch, weswegen wir einstimmig entscheiden, noch tanzen zu gehen. Ich hasse tanzen, aber heute scheint alles möglich.

Die Rechnung wird geteilt und ich gebe der Kellnerin - um den Zahlbetrag aufzurunden - gut gemeinte 50 Cent Trinkgeld. Zur Entschädigung für die Unannehmlichkeiten, die sie wegen meines unangemessenen Bestellverhaltens hatte. Sie bedankt sich nicht und verabschiedet uns auch nicht, womit das soziale Rollenspiel der Klassen mit einem Unentschieden endet. Auf der Straße fährt eine protzige weiße *Hummer*-Limousine an uns vorüber. *Hummer*-Limousinen sind hässlich und schlecht für die Umwelt. Im Innenraum wummert der Bass und aus ihren Fenstern grölen junge Mädchen. Seit der Fernsehserie *How I met your mother* spricht man hierbei wohl von sogenannten »Woo-Girls«. Es gibt sie wirklich und sie sorgen dafür, dass ich mich in höchstem Maße fremdschäme.

»Junggesellinnen-Abschied oder Abitur?«, frage ich peinlich berührt in die Runde, die offensichtlich über diesen Anblick amüsiert ist.

»Abitur«, tippen Lena und Tessa im Einklang und könnten damit Recht haben.

Da haben die Eltern der »Woo-Girls« wohl großzügig zusammengeschmissen, um ihren kleinen Disko-Torten den Traum vom inszenierten *Sex-and-the-City*-Lifestyle zu erfüllen. So viel überflüssige Dekadenz erzeugt Antipathie, schließlich haben sie nur ihre Allgemeine Hochschulreife und keine Doktorentitel erworben. Zu meiner Zeit ist man nach dem erfolgreichen Schulabschluss noch mit Trecker und Anhänger durch die Straßen gefahren und hat damit die falsche Bescheidenheit des Proletariats unterstrichen. Unsere »Abikalypse-T-Shirts« stanken nach Schweiß und Bier. Trecker fahren ist heute in diesem Rahmen verboten. Limousine fahren hingegen nicht. Ich finde das unfair.

Wir landen in einer schicken Kölner Diskothek, vor der die breitschultrigen Türsteher in Anzug und roter Krawatte rigoros Kundschaft selektieren und mir trotz Jeans, durchgelatschten Sneakers und einem leicht angeschwippsten Blick, kurz musternd Einlass gewähren. Ben sieht auch nicht besser aus, muss die ganze Zeit dämlich grinsen, hat aber wie ich seine attraktive weibliche Eintrittskarte im Arm und somit keine Probleme ohne Kommentar durchgewinkt zu werden.
»Ich hol dann mal was zu trinken, woll?«
Ich trage Jeans, Ben seine Spendierhosen. Tessa, Lena und ich stehen noch immer in der Nähe des Eingangsbereichs, von wo man einen ersten Blick auf die nebelig-blau-flackernde Tanzfläche erheischen kann, als Ben mit vier großen Wodka-Energy vorsichtigen Schrittes zu uns zurückkommt. Ben ist entweder betrunken oder verliebt, denn Großzügigkeit in diesen Ausmaßen gehört für gewöhnlich nicht zu seinen Tugenden.
Mit dem Wodka in der einen Hand und den bezaubernden Mädchen in der Anderen, gehen wir im Rhythmus der elektronischen Musik halb tanzend in den Innenraum und stellen uns an einen kleinen runden Stehtisch, an dem ich unauffällig eine Sophie-Nachricht verschicke. Unsere Gläser sind derweil schon wieder zur Hälfte leer. Tessa umfasst mit beiden Händen Bens linken Arm und zerrt ihn wortlos auf die volle Tanzfläche, auf der viel zu muskulöse Männer in Poloshirt und eng anliegenden Hemden um herausgeputzte Frauen in Pumps herumtanzen. Wie irgendwelche testosteron-gebeutelten Vögel beim Paarungsritual, die durch den Paarungstanz möglichst schnell ihre DNS loswerden wollen.
»Hey, willst du auch tanzen?«
Mist, ich habe viel zu lange auf die Tanzfläche gestarrt. Lena schreit mich der lauten Musik wegen charmant an und streichelt mir währenddessen liebevoll meinen Handrücken, den sie

schon viel zu lange in ihrer Hand hält. Ist mir gar nicht aufgefallen. Nicht, dass sie denkt, wir seien jetzt ein Paar. Allmählich könnte ich ihr das nicht einmal mehr verübeln. Ich kann nicht anders und streichle nun auch ihre Hand. Anstatt ihr zu antworten, wende ich mich ihr aber lediglich zu und beginne sie unaufgefordert zu küssen. Ich weiß nicht, was mich dazu bewegt. Vielleicht der Alkohol, vielleicht irgendwelche Ur-Instinkte oder nur die Tatsache, dass ich nicht tanzen möchte. Vielleicht ist es aber auch einfach so, dass wir gerade zum ersten Mal an diesem Abend alleine sind und ich die Mission habe, heute die richtige Richtung einschlagen und mich zwischen Lena und Sophie entscheiden zu müssen. Und dazu *muss* ich Lena doch küssen. Und sie küsst noch immer sehr gut.

Oh Mann, wir küssen uns sehr innig und umarmen uns fest. Als ich mir vorstelle, dass wir wieder an einem milden Frühlingsabend klatschnass unter einer großen Linde an den Rheinpromenaden stehen, setzt sie ihre Lippen plötzlich ab und schleift mich ebenfalls auf die Tanzfläche, auf der ich mich sofort beobachtet und hilflos fühle, weil ich mich für einen grottenschlechten Tänzer halte. Dieser komische Disko-Mainstream ist auch nichts für mich. Trotzdem bewege ich mich lässig und glaube mit den gleichgeschlechtlichen Muskel-Vögeln um mich herum ganz gut mithalten zu können. Spaß macht es mir hingegen nicht.

»Haha. Tanz einfach, Mikka! Beweg dich einfach zu der Musik!«

Lacht sie da etwa über mich? Ich kann wohl doch nicht so gut mithalten, wie ich dachte. Lena ist sicherlich aufgefallen, dass ich nicht tanzen kann. Aber was soll ich machen? Ich steige einfach ins Lachen mit ein und als sie mir den Rücken zuwendet und provokant wie rhythmisch ihr Hinterteil an meinem Vorderteil reibt, reiße ich vorsichtig meine Arme in die Luft, bewege mich synchron zu ihren Bewegungen und grinse wie ein betrunkener 14-Jähriger dem blauen Diskolicht entgegen. Jetzt bin ich ein genauso testosteron-gebeutelter Vogel, wie alle anderen hier um mich herum. Zumindest sehe ich so aus.

Musik, Frauen und Alkohol sind in Kombination Vernichter des Individualismus und die Inquisitoren der Konformität. Doch heute soll es mir recht sein.

Die ersten so genannten »Lieder« werden tatsächlich von uns durchgetanzt. Langsam scheine ich den Dreh raus zu haben. Es macht sogar ein bisschen Spaß. Und dann noch mit einem derart tollen Mädchen, wie Lena. Mal Auge in Auge, dann wieder Hinter- an Vorderteil. Ich fange mir den ein oder anderen neidischen Blick ein. Wegen Lena, nicht wegen meiner Art zu tanzen. Es ist ein tolles Gefühl. Ich fühle mich, wie der Protagonist in einem Musikvideo. Und dann ist die erste Tanzphase plötzlich beendet. Lena und ich schwitzen ein wenig. Auf dem Weg von der Tanzfläche weg, stoßen wir auf Ben und Tessa und beschließen uns mit ihnen gemeinsam in einer kleinen Sitzecke auszuruhen. Hier wird weiter getrunken. Ben holt Bier. Als Tessa und Lena wieder gemeinsam auf Toilette müssen, versende ich mit flinken Fingern eine weitere Nachricht an Sophie und halte Ben mein Glas zum Anstoßen hin.
»Alter«, schreit er mir ins Ohr, »Tessa ist echt cool.«
Obwohl ich selber sichtlich betrunken bin, kann ich Bens Fahne riechen.
»Ja, Tessa ist ja auch ein heißes Kätzchen«, antworte ich ihm und muss gehässig lachen.
Mein Glas ist schon wieder zur Hälfte leer.
»Wie schaut's denn da aus? Also bei dir und dem heißen Kätzchen?«
»Hör mal mit dem Kätzchen auf! Keine Ahnung… sieht wohl gut aus. Die will auf jeden Fall was Festes! Passt mir eigentlich ja nicht, aber mal schauen. Irgendetwas hat die an sich, was mich ganz verrückt macht. Ich kann es nicht erklären. Viel wichtiger: Was geht mit Lena?« Oh, das war das Stichwort. Ich greife zu meinem Handy und verschicke schnell Nachricht Nummer Drei, ehe es wieder in den Tiefen meiner Hosentasche verschwindet.

»Alter! Lena ist echt cool. Weiß nicht… kann gut sein, dass… ich mich morgen entscheide. Also morgen… Morgen ist gut. Oder?«

»Ja klar. Morgen. Wohin tendierst du denn? Sophie oder Lena?«

»Ganz ehrlich?«

»Ganz ehrlich!«

»Ich weiß es nicht.«

Die Antwort ist halb gesprochen und halb gespuckt. Meine Lippen sind feucht und mein Bier leer.

»Ich entscheide mich morgen. Das war von Anfang an der Plan. Dann hat die ganze Scheiße ein Ende. Ich find Lena echt gut. Und wie du weißt, Sophie auch. Mein Leben ist echt kacke im Moment. Lass uns was trinken!«

Wir drängeln uns zur Theke durch und bestellen zwei Tequila für zusammen 8 Euro. In *Selims Kiosk* bekomme ich für den Preis fast eine ganze Flasche. Heute ist wirklich alles egal. Auch, dass das Glas Tequila 4 Euro kostet und wie 1,50 Euro schmeckt. Aber das Salz ist gut. Der Tequila ist jedenfalls schnell getrunken und das nächste Kölsch noch schneller bestellt. Als ich konzentrierten Blickes Nachricht Nummer Zwei verschikke, bemerke ich im Augenwinkel, wie Ben beim Trinken seines Bieres für Sekunden von Bruchteilen das Gleichgewicht verliert und leicht nach hinten wippt, ehe er wieder Halt findet und sich selber auslacht. Obwohl das wirklich lustig war, kann ich nur bedingt mitlachen, was Ben auch fragend registriert, denn hinter ihm dreht sich einer der muskulösen Disko-Typen um. Einer jener besonders hässlichen Vögel, die ihren eigenen Paarungstanz noch immer vor sich zu haben scheinen.

»Ey Kollege«, sagt dieser dann, »was schubst du misch an?«

Der Muskelmann trägt ein rosafarbenes Poloshirt von *Ralph Lauren*, bei dem der Kragen hoch steht. Einst war das mal hip, sein Shirt so zu tragen. Dass das noch immer angesagt ist, wundert mich. Dunkelrosafarbene Stellen an den Achseln

verraten testosterongetränkte Schweißflecken. Ein echtes Alphatier. Seine blonden Haare heben sich vom braunen Teint seiner Haut ab und sind seitlich kurz geschoren, in der Mitte etwas länger und schmierig nach hinten gestylt. Obwohl Ben recht kräftig ist, ist der rosa Paradiesvogel entschieden breiter und einen ganzen Kopf größer als er. Ben dreht sich ganz langsam um und schaut in finstere, blaue Augen. Das ist jetzt so, wie die Szene aus einem billigen Horrorfilm, wenn der Held nach erbittertem Kampf und dem Sieg über ein übles Monster zu seinen verletzten Verbündeten zurückkehren will, die ihm während des gesamten Kampfes zusahen, ihn aber nun nicht mit Freude entgegenblicken, sondern mit blankem Entsetzen, weil sich das tot geglaubte Monster aufs Neue erhebt. Die Mimik des Helden erstarrt sodann im Umdrehen, während die Kamera frontal auf sein verschwitztes Gesicht eingestellt ist. Dieses wird dann nach und nach durch den näher kommenden Schatten der Bestie dunkler. Ben ist nun der potentielle Held des Films, der Träger des rosafarbenen Poloshirts das Ungeheuer. Als sich Ben wieder mir zuwendet, hat die Szenerie auf einmal nichts mehr von einem Horrorfilm. Er reißt seine Augen weit auf, haut mit der Faust auf den Tresen und beginnt viel zu laut zu lachen:
»Hahaha… Kolleeeehehehege.«
Damit hab ich jetzt nicht gerechnet. Und sein angerempelter Kollege auch nicht. Das nennt man dann wohl paradoxe Intervention. Er schaut einen kurzen Augenblick lang gekränkt und ratlos, ehe er sich dazu entscheidet, Ben revanchierend zurückzuschubsen, so dass dieser mit dem Glas in der Hand gegen mich fällt und ein Drittel seines Bieres über mein T-Shirt schüttet. War ich eben noch Zuschauer des Szenarios, fühle ich mich nun vollständig involviert in den aus den Rudern geratenen Horrorfilm. Da ich mich aber körperlich nicht in der Lage fühle, dem physisch überlegenden Muskelprotz Paroli zu bieten, schütte ich ihm wie eine eifersüchtige Geliebte den restlichen Inhalt meines Bieres ins Gesicht. Damit wird er ebenso

wenig gerechnet haben. Eine dumme Affekt-Handlung, denn mein Glas war noch fast voll. Jetzt steht er wieder paralysiert da, das tropfende Gesicht leicht nach unten gerichtet, seine fleißig breittrainierten Arme ebenso nass vom Körper weghaltend. Die schwitzenden Stellen fallen nun nicht mehr auf. Alles tropft und Ben muss unnötiger Weise schon wieder lachen. Nach Lachen ist mir hingegen nicht zumute. Mein Bier ist leer. Zudem haben mich die finsteren, blauen Augen in ihren Fokus genommen. Mein Herz rast und Adrenalin wird in jeden Zentimeter meines Körpers gepumpt. Ich bereite mich gerade innerlich auf einen gezielten Faustschlag vor, der mich voll zwischen die Augen trifft, als zwei Engel in Personen von Tessa und Lena lauthals dazwischen gehen und uns einige Meter aus der Gefahrenzone drängen. Als zwei einschüchternde Gestalten in schwarzen Security-Jacken auftauchen, wird lauthals weiter diskutiert und gepöbelt. Ben und ich stehen jedoch fast unschuldig im Hintergrund. Der rosa Muskelmann meckert, die Security meckert, und unsere Retterinnen Tessa und Lena keifen dazu infernalisch im Kanon. Brillant. Welch ein Schauspiel. Wir kommen tatsächlich ungeschoren davon, beschließen aber nach kurzem Rüffel unserer Begleiterinnen das Lokal dann trotzdem präventiv und auf schnellstem Wege zu verlassen.

Nach einem Zwischenhalt am Kiosk, an dem Ben und ich - überheblich wie wir sind - ein weiteres Bier kaufen müssen, verabschiedet sich Tessa. Stellvertretend auch für den schwankenden Ben, den sie fest in ihren Armen hält und heute nicht mehr hergeben wird. Entweder aus sexuellem Interesse oder aber aus Fürsorge, dass er hinfallen könnte. Ich vermute Ersteres.

»So, ich glaub wir gehen mal nach Hause, oder?«, schlägt Tessa entschlossen vor.

Ben schaut erst ihr in die Augen, dann wechselt sein Blick mehrmals zwischen ihr, mir und Lena. Und dann scheint er endlich verstanden zu haben. Ein heimliches Lächeln verrät ihn.

»Okay. Mikka, wir sehen uns morgen bei der Fortuna. Hau rein!«
Und dann verschwinden er und Tessa Arm in Arm, leicht torkelnd, im Schatten der durch Werbelicht und Laternen künstlich beleuchteten Straße. Als die beiden endgültig aus unserem Sichtfeld verschwinden, umarmt mich von der Seite eine warme Hand. Stimmt, da war doch was.
»Und? Was machen wir jetzt?«
Lena schaut mich erwartungsvoll an.
»Ähm… also ja. Die Nacht ist noch jung.«
»So jung ist die Nacht gar nicht mehr. Wir haben schon halb vier.«
Ich schaue zur Kontrolle auf die Uhr meines Handys und verschicke bei der Gelegenheit schnell noch eine weitere Nachricht an Sophie. Lena hat Recht. Die Nacht ist gar nicht mehr jung. Sie scheint steil auf die 40 zuzugehen und sich in einer ernstzunehmenden Midlife-Crisis zu befinden.
»Ja, dann sollten wir wohl auch so langsam… nach Hause, oder?«
»Gehen wir zu dir? Ich hab echt keine Lust… also… wegen Tessa und Ben.«
Ich bin unschlüssig, weil ich noch immer eine Freundin habe und noch immer nicht weiß, für wen ich mich entscheiden sollte. Lena mit zu mir nach Hause zu nehmen, sie in das Bett zu legen, in dem auch Sophie beizeiten schläft, katapultiert uns auf ein ganz anderes Level. Andererseits bin ich betrunken. Und aus dieser Perspektive heraus… Ich habe ja eine Mission. Nein, ich bleibe bei Sophie.
»Nun, du hast mir eben in diesem Wahnsinns-Club das Leben gerettet. Was wäre ich für ein Mensch, wenn ich dich jetzt alleine hier stehen lassen würde? Also auf zu mir!«
Es scheint eine Meuterei in meinem Gehirn vorzugehen. Begünstigt durch alkoholischen Support, rebelliert das in der linken Gehirnhälfte heimische Sprachzentrum und blockt meine eigentlichen Gedanken der rechten Hemisphäre unbe-

eindruckt ab. Ignorant und niederträchtig. Was ist da los? Ich will das doch gar nicht.
»Oh, okay. Dann bin ich ja jetzt so etwas wie deine Heldin, ja?«
»…ja?» Gott, ist mir das alles peinlich. Ich will nicht weiter reden müssen und küsse sie einfach noch mal. Ich bin mir nicht sicher, ob ich mich damit der inneren Meuterei angeschlossen habe. Führe ich tatsächlich gerade Krieg gegen mich selbst? Lena und ich steigen knutschend in die nächste Bahn. Alles geht viel zu schnell und wie von selbst. Ich laufe auf Autopilot und bin Zuschauer meiner eigenen Handlungen. Als würde ich einen Film über mich selber sehen. Irgendwann liegen wir gemeinsam in meinem Bett. Keine Ahnung, wie wir hierhin gekommen sind. Wir beginnen uns gegenseitig auszuziehen, ohne den konstanten Speichelaustausch dabei zu vernachlässigen. Zwischendurch muss ich auf die grüne LCD-Uhr auf meinem Nachttisch gucken, weil ich dringend einen Fixpunkt benötige. Es dreht sich alles ein bisschen und ich glaube erkennen zu können, dass wir inzwischen zwanzig vor fünf haben. Die im Zimmer liegende und nur durch lautes Atmen gestörte Stille wird auf einmal durch Lenas Flüstern gebrochen.
»Ich bin noch kurz im Bad. Komm sofort wieder.«
Sie küsst mich noch einmal nass und leidenschaftlich. Ihre Hand streicht mir über Brust und Bauch bis hinunter in meinen halbsteifen Schritt. Dann verschwindet sie, nur in Unterwäsche gekleidet, im Badezimmer. Ich drehe mich zur Seite und greife zu meinem Handy, mit dem ich mit letzter Kraft noch Nachricht Nummer Drei verschicke. Die letzte Nachricht für den heutigen Abend. Für heute Nacht. Ich habe meine Mission erfüllt. Morgen gilt es, den Abend auszuwerten und Klarschiff zu machen. Endgültig. Die Zweigleisigkeit ist nun vorbei. Ich höre noch das Rauschen der Toilettenspülung aus dem Badezimmer, ehe ich in einen tiefen und komatösen Schlaf falle.

SC Fortuna Köln – SF Uevekoven

Heute ist kein schöner Tag. Das Wetter ist trist und nicht mehr so mild wie noch an den vergangenen Tagen zuvor. Als spiegele das Wetter meine körperliche und seelische Verfassung nach dieser durchzechten Nacht wieder. Gegen Mittag erwachte ich mit trockenem Mund, aufgequollenen und juckenden Augen in meinem Bett. Lena war nicht mehr da, aber ein kariertes DinA4-Blatt wurde mit handschriftlichem Vermerk für mich hinterlassen, der mir mitteilte, dass es trotzdem ein schöner Abend gewesen sei und man hoffe, sehr bald wieder von mir zu hören. Sie müsse noch arbeiten. »Kuss, Lena« stand ganz unten. Daneben hat sie ein Herz gemalt. Das hört sich an und sieht so aus, als glaube sie, wir seien nun zusammen. Manche Mädchen tun das nämlich nach so einer Nacht. Und das mittlerweile auch völlig zu Recht. Vielleicht sind wir das inzwischen. Ich bin definitiv zu weit gegangen. Klar Schiff hin oder her. Hm, Sophie hat mir eine böse Nachricht geschrieben:

»Willst du mich verarschen??? Wir sollten uns mal unterhalten, Mikka! Find ich toll, dass ihr so fleißig an eurem Referat gearbeitet habt. Kannst dich ja melden, wenn du wieder nüchtern bist…«

Keine Smilys, keine Küsschen. Versteh ich nicht. Hat sie von meinem Spielchen irgendetwas mitgekriegt? Ich melde mich vorerst noch nicht zurück, denn ich bin ja auch noch nicht wieder nüchtern. Da nehme ich sie lieber mal beim Wort. Als ich mir, auf der Toilette sitzend, in aller Ruhe Sophies und meinen Nachrichtenverlauf zu Gemüte führe, muss ich aufpassen, nicht vor Schreck von der Schüssel zu fallen. Ich würde mich am liebsten selbst hinunterspülen. Das hat Sophie alles nicht verdient. Der ganze Plan ist völlig aus den Fugen geraten. Sophie empfing Nachricht Nummer Zwei viermal zu unterschiedlichen Zeiten und Nachricht Nummer Drei irgendwann zwischendurch und am Ende halt missionsabschließend ein weiteres Mal. Ich bin es selber Schuld. Wenige Stunden später habe ich mich vom ersten Schock erholt und sitze ausnahmsweise an einem Samstag verkatert auf der kühlen Plastik-Sitzschale zwischen drei biertrinkenden Jungen und schau mir das Spitzenspiel der Regionalliga der Frauen an: SC Fortuna Köln gegen den SF Uevekoven. Dritter gegen Vierter. Ben ist auch angeschlagen, fühlt sich aber nach einer Nacht voller Sex fit und cool genug für weitere Alkoholaufnahmen. Keine Ahnung, wie der dicke Jungjurist das schafft. Ich bin der einzige Colatrinker und fange mir vorwurfsvolle Blicke ein, als ich mit Ben, Malte und Johannes anstoße. Michael konnte heute leider nicht mitkommen, weil er angeblich partnerschaftliche Verpflichtungen habe. Ach was. Erwähnte ich bereits, dass ich Anja hasse?

»Ich hab mich entschieden.«

Leidend schaue ich auf das Spielfeld und beobachte, wie die Nummer Sieben der Fortuna eine stämmige Blondine der Uevekovener umsäbelt. Freistoß für die Gäste und eine mündliche Verwarnung für die Kölnerin. Da hat sie etwas Glück gehabt. Das war am Rande des Erlaubten.

»Ach ja? War doch klar, für Lena oder?«

Ben nimmt einen tiefen Schluck und stößt männlich auf. Johannes muss auch seinen Senf dazugeben:

»Hä? Wie jetzt? Ist Sophie nicht mehr?«

»Nee, bald nicht mehr. Ich muss Schluss machen. Anders geht es gar nicht mehr.«

»Nicht im Ernst, oder?«

»Nein, war nur ein Scherz. Du bist voll drauf reingefallen.«

Ich nippe ernst an meiner Cola. Johannes schaut mich ratlos an, dann schaut er rüber zu Ben und Malte, die lächelnd zurückschauen. Ben beginnt schließlich dem ahnungslosen Johannes den Sachverhalt zu erläutern.

»Mikka hat eine Andere kennengelernt und hatte schon ein paar Mal was mit ihr. Und nun ist er in der Zwickmühle und

weiß nicht für welche der beiden Gourmet-Frauen er sich entscheiden soll.«
»Ja, leck mich doch am Arsch!«
»Jep, zwei verdammte Gourmet-Frauen«, stimme ich Ben zu.
»Du armer, armer Kerl. Wie schaffst du es, bei solchen Problemen nur am Leben zu bleiben?«, stichelt Malte gegen mich und schüttelt ungläubig seinen Kopf.
»Also ich, ne?» Malte legt seinen Arm um meine Schultern. »Also ich würde mich für Sophie entscheiden. Kenne diese Lena zwar nicht, aber Sophie ist ne richtig Süße.«
»Da hast du Recht, Malte. Stimmt«, ist alles, was ich dazu sagen kann.
»Und gestern lief schon wieder was mit der anderen Süßen.« Ben will mich ärgern. Was soll das denn jetzt? Können wir nicht über was anderes reden? Es hilft ja nichts.
»Gestern nicht. Also nicht so richtig«, gebe ich zu.
»Wieso nicht?«
»Ich bin eingeschlafen, weil du uns beide hoffnungslos abgefüllt hast.«
»Ich?«
»Ja, du!«
»Also ich war gar nicht so voll. Und ich bin auch nicht eingeschlafen.«
»Du trägst ja auch das Doppelte meines Körpergewichts.«
»Also«, mischt sich Johannes ein. »Das ist doch völlig egal. Ich würde mich an deiner Stelle auch für Sophie entscheiden. Die ist *echt* super und ihr passt doch im Grunde auch ganz gut zusammen.« Johannes und Malte sind pro Sophie. Ben ist für Lena. Gut zu wissen, wie Andere entscheiden würden.
»Jungs, ich weiß, dass Sophie ein richtig tolles Mädchen ist, aber ich befürchte für Lena doch mehr übrig zu haben und dann macht das halt alles keinen Sinn mehr. Außerdem weiß ich nicht, wie ich aus der Kiste jetzt noch rauskommen sollte. Ich bin schon viel zu weit gegangen. Und daher denke ich… dass die Entscheidung steht.«

»Toooor!«
Das 1:0 für Fortuna unterbricht kurz unsere Unterhaltung. So kann es weitergehen. Torschützin ist wieder die südländische Nummer Elf. Die hat echt einen Lauf. Aus gegebenem Anlass will ich gerade einen länger andauernden Themenwechsel hin zu unseren Fußball-Damen vornehmen, als Ben meinen Plan mit einem spitzbübischen Lächeln zunichte macht.
»Alter, dann machste jetzt also mit Sophie Schluss, ja? Warum so ein langes Gesicht? Du sagst doch selber, dass das wenig Sinn macht, jetzt noch mit ihr zusammenzubleiben.«
»Weil ich ein verkackter Feigling bin und mich nicht traue. Ich kann Sophie außerdem nicht alleine lassen, die hat doch keinen hier in Köln. Das ist alles so scheiße von mir.«
»Dann kümmere ich mich um sie.«
Malte gibt ein hinterhältiges und fieses Grinsen von sich.
»Ja, super Idee. Hab lange nichts Ekeligeres mehr gehört. Du lässt schön die Finger von Sophie!«
»Aber mal im Ernst, Mikka. Es macht keinen Sinn, daran festzuhalten. Und irgendwann im Leben muss ein Mann auch mal Entscheidungen treffen, die schmerzhaft sind. Und auch wenn es schmerzhafte Entscheidungen sind, sind sie doch immer noch richtig.«
Wie er das so sagt, wirkt Ben altklug und arrogant. Als sei er mein Vater und Mentor. Natürlich hat er Recht, aber sein Rat hört sich an, als sei er von *Dr. Sommer* oder so. Ich hasse *Dr. Sommer*. Diese schwammigen Ratschläge von einem Möchtegern-Gelehrten, der in Wirklichkeit überhaupt keinen Doktortitel hat. Banale Floskeln, anwendbar in jeder belieben Lebenssituation. Hat was vom *SMS-Guru* seinerzeit. Nur dumme Kinder fallen auf einen solchen Mist rein. Ben hat leicht reden. Kaum hat er die rosarote Brille auf und die Möglichkeit auf regelmäßigen Sex, wird er überheblich und zum Oberlehrer. Wenn er in dieser Situation nur unrecht hätte.

Es ist Halbzeit. Die Mädels traben in die Kabine und ihre bier- und colatrinkenden Fans klatschen anerkennend. Johannes winkt spontan seinem brünettem Schwarm zu, der so tut, als würde er ihn nicht sehen. Voll peinlich. Von beiden.
»Was war das denn, Johannes? Geht da jetzt was mit der kleinen Neun?«, frage ich ihn, um endgültig den Gesprächsfokus auf jemand Anderen zu lenken.
»Nö. Ich dachte, ich winke einfach mal.«
»Johannes ist volle Kanne verliebt.«
Malte macht ein neues Bier auf. Ich bin ihm für seine gute Beobachtungsgabe dankbar, denn nun kann wirklich über jemand Anderen gesprochen werden. Wir machen uns alle ein bisschen über Johannes lustig, weil er bei dem Thema mit der Nummer Neun sichtlich nervös wird. Es ist schön, Schmetterlinge im Bauch zu haben. Ich verspüre das Gleiche wie er, nur mit dem Unterschied, dass sich bei mir noch andere Insekten in den tiefen Gängen des Magen-Darm-Traktes eingeschlichen haben und einen wilden Kampf mit den Schmetterlingen bestreiten. Zudem ist mir schlecht. Was auch immer da in meinem Bauch rumkrabbelt und fliegt, muss raus. Ich stelle meine Cola auf den Boden und laufe einige Reihen nach oben, um mich zu übergeben. Gut, dass beim Frauenfußball das Stadion selten voll besetzt ist. Bier, *Mai-Thai*, Wodka und der ganze Dreck! Ich habe nicht einmal gefrühstückt und höre hinter meinem Rücken das Lachen meiner schadenfrohen Begleitung. Als ich wieder zu ihnen stoße, nehme ich mir auch ein Bier und tue so, als sei nichts gewesen. Trinken werde ich es aber sicher nicht. Kaum läuft die zweite Halbzeit, erhöht die Fortuna zum 2:0. Torschützin ist eine blonde Nummer Achtzehn, die ich bisher kaum wahrgenommen habe.
»Und was ist nun genau dein Plan, Mikka? Machst du jetzt wirklich Schluss, oder was?«
Ben gibt partout nicht auf.
»Ja... Ich denke ich muss. Manchmal muss ein Mann

Entscheidungen treffen. Selbst wenn es schmerzhafte Entscheidungen sind, sind sie doch immer noch richtig. Richtig?«

»Richtig. Und wann bedenkst du dies nun endlich zu tun?«

»Morgen? Ja… morgen mach ich Schluss.»

Vielleicht.

Die Fortuna erhöht durch Johannes' Schwarm auf 3:0. Er freut sich wie ein kleiner Schneekönig und ärgert sich wie ein kleiner Junge, als er bemerkt, wie wir über ihn lachen. 3:0 Tore und drei neue Punkte für unseren Verein. So kann es weitergehen.

Chancentod

Ein beklemmendes Gefühl macht sich in meiner Magengegend auf, als ich den Weg zu Sophie antrete. Der Alkohol vom Wochenende ist inzwischen restlos abgebaut und meine Magen-Darm-Flora wird sich wieder mit ihrem Tagesgeschäft vertraut gemacht haben. Ich sollte unbedingt etwas an meinem Lebenswandel ändern. Das kann auf Dauer nicht gesund sein. Ohne Alkohol geht es mir aber auch nicht besser. Nicht der Alkohol, sondern eine unangenehme Leere füllt mich nun. Ich bin randvoll gefüllt mit nichts. Ein Paradoxon, dass mich beim darüber nachdenken, wie ich Sophie unser Beziehungs-Ende am schonendsten mitteilen werde, ablenkt, und mein unregelmäßig schlagendes Herz vorübergehend beruhigt. Ich fühle mich, als würde ich in den Krieg ziehen und meine Heimat so schnell nicht mehr wieder sehen. Ich mache mich gerade auf in neue Gefilde. In ein neues Leben. In eine ungewisse Zukunft. Ich mache Schluss.

Am Abend nach dem Fortuna-Spiel gegen Uevekoven, als ich das Gefühl hatte, wieder nüchtern und halbwegs regeneriert zu sein, rief ich Sophie wehmütig an. Ich entschuldigte mich für die mehrfach versendeten Nachrichten und verwies auf zwei Flaschen Whiskey, die mein kurzfristig erfundener Mitreferent Manuel dummerweise im Hause hatte. Wir seien aber trotzdem mit unserer Arbeit fertig geworden. Lena habe übrigens krankheitsbedingt absagen müssen. In einem süffisanten Unterton teilte ich Sophie bei der Gelegenheit mit, dass nun Lena selbst ihren Dr. Woiters in der Kölner Südstadt ausprobieren dürfe. Selbst in Zeiten der Entscheidung, bei der ein gewisses Maß an Ehrlichkeit allerspätestens erwartet werden darf, schaffe ich es nicht, die Wahrheit an das Tageslicht zu lassen. Ich bilde mir tatsächlich ein, es uns beiden auf diese Weise leichter zu machen. Schließlich möchte ich Sophie vor zusätzlichem Herzschmerz bewahren und empfinde dabei meine dreisten Notlügen fast schon als einen ritterlichen Akt der Selbstlosigkeit, denn derjenige, der mit etwaigen Gewissensbissen leben werden muss, ist noch immer alleine meine Wenigkeit. Warum sollte ich also das große Fass »Lena« aufmachen, wenn eine kleine handelsübliche Flasche »einfach nur Schluss machen« situativ ausreicht? Sophie wurde während des Telefonates phasenweise ungewohnt laut und hielt ein persönliches Gespräch von großem Vorteil. Dann weinte sie. Der Vorschlag kam mir aufgrund meiner eigenen Absichten natürlich sehr entgegen. Vielleicht würde Sophie mir ja zuvorkommen und von sich aus Schluss machen. In diesem Falle hätte ich es wieder einmal geschafft und wäre möglicher Eigeninitiative nicht zum ersten Male ausgewichen.

Ich biege in Sophies Straße ein und nähere mich mit jedem meiner Schritte, die immer langsamer zu werden scheinen, meinem und Sophies schlussendlich bestimmten Schicksal. Sophies alter *Micra* steht schief in der Parktasche. Die kleinen Scheinwerfer, die aus der dunkelroten Karosserie herausstechen, schauen mich traurig an, als würden sie mein Vorhaben erahnen und es überhaupt nicht gutheißen. Ich verweile einen Augenblick neben dem motorisierten Gefährt und zünde mir eine Zigarette an. Meine freie Hand streicht gefühlvoll über den schmutzigen Lack des Dachs und an der Frontscheibe langsam wieder herunter. Der Gedanke daran, dass ich wohl nie mehr auf dem Beifahrersitz Platz nehmen werde, stimmt mich melancholisch. Diese Zigarette gilt der Verabschiedung von Sophies *Micra*. Er hat es verdient, denn auch unsere Wege werden sich trennen. Vor der Haustüre stehend, und damit fast vor dem Ziel, lasse ich meinen rechten Zeigefinger die Klingelschilder von oben beginnend hinuntergleiten. Vorbei an *Aydin, Pajak, Hoffstadt, Cengiz* und *Richter* bis hin zu *Lommers*. Sophies Klingel. Mein rechter Zeigefinger übt einen leichten Druck auf das kleine Lommers-Schildchen aus und sofort ist in weiterer Entfernung ein Surren wahrzunehmen. Und nur

wenige Sekunden später ertönt das Geräusch des Türöffners, der mir deutlich macht, die Haustüre nun aufdrücken zu können. Ich bin pünktlich und Sophie erwartet mich bereits. Ich trabe die Stufen des Treppenhauses, in dem es heute nach nassem Hund riecht, schwer atmend hinauf. Als ich mich Sophies Wohnungstüre nähere, die bereits einen Spalt geöffnet ist, nimmt meine Nase fernab des schlechten Treppenhausgeruchs einen weiteren, würzig angenehmen Duft wahr. Meine aufkommenden absurden Befürchtungen werden ernüchternd bestätigt, als ich neugierig die Wohnungstüre öffne, beim Hereinspicken vollendete köstliche Aromen nasal aufnehme und mir die Köchin höchstpersönlich um den Hals fällt.
»Hey Schatz! Da bist du ja endlich. Ich hoffe du magst meine Quiche Lorainne.«
Ähm, sie hat mich »Schatz« genannt und für mich gekocht. Was soll das? Wir wollten reden und ich wollte Schluss machen. Sie wurde laut am Telefon und klang so sauer, wie lange nicht mehr. Sie darf mich nicht »Schatz« nennen und für mich kochen. Damit nimmt sie mir doch nur den Wind aus den Segeln. Und zwar vollständig. Kein Lüftchen regt sich mehr. Ich liege vollkommen ruhig und bewegungslos in meinem hölzernen Kahn allein auf hoher See. Ein Vorwärtskommen scheint nun schier unmöglich. Wie soll ich bitte jetzt noch Schluss machen?
»Hey… Süße«, sage ich und muss dabei gucken, wie ein Auto. »Hm… riecht lecker.«
»Ja, das hoff ich doch. Und ich hoffe, es schmeckt auch so, wie es riecht. Boa, ich stand vielleicht lange in der Küche. Zuerst musste ich noch mal los, weil ich keine Sahne mehr hatte und dann hat auch noch der Ofen Faxen gemacht. Irgendwie hab ich es aber dann doch noch hinbekommen. Ähm, was ist los? Du guckst ja wie ein Auto.«
Na prima. Die handelsübliche Flasche »einfach nur Schluss machen« werde ich heute wieder ungeöffnet mit nach Hause nehmen müssen. Was wäre ich für ein Mensch, wenn ich das

jetzt noch durchziehen würde? Ich kann jetzt nicht mehr Schluss machen. Völlig ausgeschlossen. Gedacht, getan. Fünf Minuten später sitzen wir gemeinsam auf ihrer Couch vor dem Fernseher und essen - auf großen Holzbrettchen serviert - den französischen Schinkenkuchen aus dem Elsass.

Gerade als ich beginne, mir die Quiche Lorainne richtig schmecken zu lassen, die Ereignisse vom Wochenende zu verdrängen und mich innerlich bereits damit abfinde, das Schlussmachen bis auf Weiteres zu vertagen, beginnt Sophie mit dem Gespräch über jenen Freitagabend. Stimmt, eigentlich war das Treffen ja ihre Idee, um noch einmal über die Vorkommnisse der fehlgeschlagenen Mitteilungs-Mission zu reden. So einfach und geradlinig ist das Leben dann doch nicht. Ich schiebe mir eine große Gabel des Kuchens in den Mund und kaue wie eine pensionierte, alte Milchkuh, als Sophie mich anblickt und beginnt zu sprechen:

»Hör mal Mikka! Ich hab viel nachgedacht. So kann es nicht mit uns weitergehen. Du bist ja nur noch am trinken und Party machen. Ich dachte, wir hatten bei unserem letzten Gespräch schon geklärt, dass sich da etwas ändern muss. Mal meldest du dich gar nicht, dann schickst du mir im Suff tausendmal die gleichen Nachrichten. Ich weiß doch gar nicht, was du da so treibst. Verstehst du denn nicht, dass ich mir da Sorgen mache? Nicht nur wegen möglicher anderer Mädchen. Es kann ja sonst was passieren. Hast du irgendwelche Probleme? Corinna meinte, dass da was nicht stimmen kann.«

Ich schlucke den großen und inzwischen weich gekauten Klumpen Quiche hinunter und beginne, Sophie auf Basis meiner durch das Essen modifizierten Absichten zu antworten:

»Och Süße… wir haben doch nur ein bisschen zu viel getrunken. Das passiert schon mal. Die anderen Studenten sind auch nicht anders. Außerdem kann ich gar nichts dafür. Das war alles nur Manuels Schuld mit seinem 15 Jahre alten Whiskey. Ist mir auch wirklich peinlich mit den vielen

Nachrichten, wirklich. So was ist mir noch nie passiert.«
Zumindest der letzte Satz war nicht gelogen. Sophie trinkt einen Schluck Wasser und scheint fest entschlossen, sich mit dieser Antwort nicht so schnell zufrieden zu geben.
»Mikka, es geht nicht nur um dieses Wochenende. Das war scheiße, aber es geht um mittlerweile fast jedes Wochenende. Und um die übrige Zeit auch. Ich hab das Gefühl, dass du mich oftmals gar nicht dabei haben willst. Und wie gesagt, ich weiß ja nicht einmal, was du immer so treibst. Ich kenne kaum einen deiner Freunde. Dass euer komischer Frauen-Fußball-Sonntag eine frauenfreie Zone sein soll, ist ja irgendwie noch in Ordnung, aber die übrigen Tage und Nächte? Ich will wirklich nur ungern die eifersüchtige Freundin spielen, aber du lässt mir da oftmals einfach keine andere Wahl.« Ein frauenfreier Frauenfußball-Sonntag. Das zweite Paradoxon am heutigen Tag, über das ich noch nie nachgedacht habe. Ob Sophie gerade auch darüber nachdenkt? Die ganze Situation ist so absurd. Ich war endlich entschlossen, Schluss zu machen und bin schon wieder im Hinhalte- und Lügen-Modus angekommen. Als habe ich mir die vergangenen Wochen noch keine Gedanken über das Schlussmachen gemacht.
»Willst du denn unbedingt dabei sein, wenn ich mir mit den Jungs die Hirse volllaufen lasse?«
Ich muss kurz schmunzeln, weil ich finde, dass »Hirse« ein lustiges Wort ist.
»Ja, meinetwegen. Wenn du dir unbedingt immer die Hirse volllaufen lassen musst…«
Ich muss mir ein weiteres Grinsen verkneifen.
»Mensch, ich würde gerne mal mitkommen. Und ich versteh auch nicht, was daran so lustig sein soll. Es geht mir dabei um dich. Ich will bei dir sein.«
»Entschuldigung. Nein, ich weiß nur nicht… also es würde dir eh nicht gefallen.«
»Es geht mir auch nicht um eure Sauferei, Mikka. Hörst du mir überhaupt zu? Es geht mir dabei ausschließlich um dich.«

»Wie meinst du das?«
»Boa, Mikka. Du treibst mich in den Wahnsinn. Wir verbringen für ein *Paar* - verstehst du was das heißt? - für ein *Paar* verbringen wir einfach viel zu wenig Zeit zusammen.«
»Ja, was soll ich denn machen? Ich bringe so viel Zeit für dich auf, wie nur irgend möglich.« Es schleicht sich für einen winzigen Moment der Gedanke in meinen Kopf, das nun von mir aktuell angedeutete Thema des Zeitmanagements zum Schlussmachen zu nutzen, ehe sich meine beiden Gehirnhälften erneut bekriegen und das Sprachzentrum eigenmächtig den Sieger ermittelt.
»Weißt du was? Dann kommste das nächste Mal halt einfach mit.«
Ich klatsche mir selbst mit flachen Händen auf die Schenkel, wobei ich mir viel lieber mit geballten Fäusten ins Gesicht geschlagen hätte.
»Meinst du das ernst? Willst du mich wirklich mal mitnehmen. Das wäre nur ein Anfang, Mikka. Das weißt du schon, oder?«
»Ja, wenn es sein muss.«
»Ja, es muss sein. Ich bin deine Freundin und nicht irgendwer, der deine freien Stunden füllt. So ergibt das doch wenig Sinn, oder?«
Für mich bisher schon, aber sie hat ja Recht.
«Ja, ist ja gut. Du hast Recht. Es tut mir Leid. Dann kommst du das nächste Mal mit. Und ich freue mich. Wirklich.«
Sophie hat für den Augenblick erreicht, was sie wollte. Ich hingegen wollte Schluss machen und habe mich stattdessen dazu breitschlagen lassen, Sophie das nächste Mal zuschauen zu lassen, wenn ich mit Lena im Gange bin. Aber dazu wird es nicht kommen. Es handelt sich nur um eine Verlängerung der Galgenfrist. Die Entscheidung besteht noch immer, der Termin zum Schluss machen ist lediglich um einige Tage nach hinten verschoben worden. Es muss erst wieder neuer Wind aufkommen, der in meine Segeln schlägt. Sophie scheint auf Diät zu sein, denn sie ist bereits fertig mit ihrem kümmerlich

portionierten Abendessen und spielt mit der Fernbedienung herum. So bleibt wenigstens mehr für mich.
»Gut«, sagt sie dann zufrieden. »Ich freue mich auch. Naja, wenigstens habt ihr jetzt dieses blöde Referat fertig. *Funktionale Äquivalenz*… was ist das überhaupt?«
Ich verschlucke mich und huste kleine Krümel Schinken und Teig in meinen Schoß. Sophie fängt an zu lachen und haut mir mit ihrer flachen Hand fürsorglich auf den Rücken. Mein Kopf färbt sich dunkelrot und ich habe keinen blassen Schimmer, was Funktionale Äquivalenz eigentlich ist. Was für ein Ärger, dass ich mich an jenem Tage im Rechenzentrum nicht besser mit den biederen Erstsemesterinnen verstanden habe. Sie hätten mir sicherlich erklären können, was es mit der Thematik ihres Referates auf sich hat. Sophie hat unbewusst den Schwachpunkt meines Lügenkonstruktes entdeckt. Den Stützfeiler meiner erfundenen Geschichte. Über ein Improvisationstalent verfüge ich in spontanen Situationen in aller Regel nicht, aber ich habe keine andere Wahl als mich nun in dieser Disziplin zu versuchen. Komm schon, Mikka. Du kannst das.
»Ach, das ist so'n langweiliges… pädagogisches Zeug.«
Ich mache mich für den Anfang hervorragend, wie ich finde.
»Aha, und worum geht's da genau?«
Ich stochere mit der Gabel auf meinem Teller herum, um die letzten Reste des französischen Abendmahls aufzusammeln. Lange werde ich das nicht mehr tun können, weil Sophie eine zeitnahe Antwort erwartet und der Teller sich fortschreitend leert. Eigentlich kann man ihr so ziemlich alles erzählen, sie wird ja ohnehin nicht wissen können, ob es die Wahrheit ist. Im vergangenen Semester musste ich in Philosophie eine kurze, nur zehnseitige Hausarbeit über die *Philosophische Anthropologie* nach *Scheler* schreiben. So ein paar akademisch klingende Segmente sind mir noch geläufig. Genau. Das erscheint mir ausreichend.
»Also, die Funktionale Äquivalenz beschäftigt sich mit der

Frage, was der Mensch ist und nutzt dazu neue Impulse aus dem Pragmatismus und der Phänomenologie…«
»Okay, das hört sich spannend an«, unterbricht sie mich voller Ironie. »Warte kurz, ich bin mal eben auf Toilette.«
Ich habe unsagbares Glück und mir fallen kiloweise Steine vom Herzen, mit denen man ganze Straßen von Puttgarden bis Garmisch Partenkirchen durchpflastern könnte. Meine Antwort wäre nämlich schon zu Ende gewesen. Sophies Laptop ist eingeschaltet und wenn ich ihre Kontinenz-Phase im Eiltempo just-in-time dazu nutze, mir im Internet die passende Erläuterung zu Gemüte zu führen, kann ich ihr vielleicht tatsächlich erklären, was Funktionale Äquivalenz ist. Und mir auch. Eine Win-Win-Situation sozusagen. Kaum ist die Badezimmertüre hinter Sophie geschlossen, sitze ich schon an ihrem Schreibtisch und tippe das gegenwärtig noch geheimnisvolle Suchwort in die Suchmaschine ein. Als erstes Ergebnis erscheint die Seite eines Psychologie-Lexikons. Das scheint mir für eine erste flüchtige Erklärung ausreichend:

»Äquivalenz, funktionale, liegt bei zwei Reizen vor, wenn sie, obwohl phänomenal verschieden, mit gleichen Reaktionen beantwortet werden (äquivalente Reize).«

Prima, die Projektion auf die pädagogische Handlungsschiene werde ich mir dann irgendwie aus den Fingern saugen, aber ich wette, dass das Sophie schon gar nicht mehr interessieren wird. Die Toilette wird noch immer von ihr besetzt, weswegen ich die freie Zeit dafür nutze, nach neuen E-Mails in meinem Posteingang zu schauen. Ich logge mich ein und stelle fest, vier neue Nachrichten empfangen zu haben: Newsletter von der *Uni Köln* – löschen, *eBay informiert* – löschen, *Liebe Grüße von deiner Mama* – erst einmal behalten, *Mailer Daemon, failure notice* – öffnen. Mir entgleitet ein heller lauter Schrei, der vermuten lassen könnte, ich sei gerade in die Pubertät gekommen. Um nicht allzu weiblich zu wirken, lege ich ein markantes »Fuck« hinterher und schlage mit beiden Händen flach auf den Tisch, so dass Sophies Stiftbehälter umkippt und der Flachbildschirm des Laptops bedrohlich zittert. *Mailer Daemon – failer notice.* Trotz des wackelnden Bildschirms habe ich Absender und Betreff fest im Fokus. Die E-Mail für Herrn Dr. Gremberg ist niemals angekommen, weil ich Idiot in zeitlicher Engpässlichkeit die inakzeptablen Umlaute bei E-Mail-Adressen vergaß und anstelle von »*@uni-koeln.de*« »*@uni-köln.de*« schreiben musste.

»Ist alles in Ordnung?« Sophie steht plötzlich neben mir und legt ihren Arm um meine Schulter.

Ich sitze etwas fassungslos und verängstigt auf ihrem Schreibtischstuhl und blicke sie wie ein apathisches Kleinkind, das in die Hose gemacht hat, schräg an.

»Ich hab keine Entschuldigungs-Mail an den Gremberg geschickt. Hab mich vertippt.«

»Ja und? Du hast doch morgen den Arzttermin und wenn du dann dein Attest bekommst, ist alles in Ordnung oder nicht?«

»Ja… wahrscheinlich. Ich mache trotzdem negativ auf mich aufmerksam. Der will immer vorab eine Entschuldigung und hat mich eh schon aufm Kieker.«

»Dann erklärst du ihm halt die Misere mit der E-Mail. Kannst du ja alles beweisen! Das wird schon klappen, mach dir mal keinen Kopf!«

Sophie hat Recht. Wie so oft. Und sie hält zu mir, was sich gerade irgendwie toll anfühlt. Sophie hat rückblickend immer zu mir gehalten und das wird sie wohl auch weiterhin tun, egal was noch passieren mag. Sie gab mir eigentlich immer einen gewissen Halt und hat sogar den morgigen Termin bei Herrn Dr. Grosche gemacht. Sie hat sich dafür extra bei ihren Arbeitskollegen in der Firma umgehört. Scheiße. Ich sollte doch noch mal alles überdenken. Vielleicht war es ja sogar richtig, heute nicht Schluss gemacht haben. Ein seltsamer Wink des Schicksals. Der Schmetterlings-Effekt. Ich fühle mich wie gemeldetes schlechtes Wetter, das sich durch den Flügelschlag eines Schmetterlings in Yokohama oder Pusemuckel auf wundersame Weise in gutes Wetter umgewandelt hat. Ich hätte letzte Woche niemals das Billig-Mineralwasser kaufen dürfen, dann wäre ich womöglich auch nicht zu spät zum Gremberg gekommen, hätte keine E-Mail am PC neben den unfreundlichen Erstsemesterinnen schreiben müssen, hätte somit auch nie den Begriff der funktionalen Äquivalenz aufgegriffen und hätte folglich auch nie am heutigen Tage an Sophies PC gemusst, hätte damit auch mein E-Mail-Fach niemals kontrolliert und wäre schlussendlich nicht in einen erneuten Gewissenskonflikt geraten. Aber so einfach ist es bestimmt nicht. Vielleicht hätte ich auch einfach nicht fremdgehen sollen. Dann hätte ich nämlich keinen Grund hier so völlig verblödet rumzujammern und rumzudrucksen. Prima, da ist es nun doch noch: das schlechte Gewissen. Ich bin Sophie im Übrigen noch eine Antwort schuldig:

»Ach, die Funktionale Äquivalenz liegt bei zwei Reizen vor, wenn sie mit gleichen Reaktionen beantwortet werden, obwohl sie dabei aber phänomenal verschieden sind.«

Stolz schaue ich in mir gegenüberliegende blaue Augen.

»Und was hat das mit Pragmatismus und der Phänomenologie zu tun?«

Ich würde jetzt gerne kotzen. Egal, was ich auch tue, irgendwie mache ich alles falsch. In der griechischen Mythologie gibt es eine Göttin des Schicksals und des Zufalls, genannt Tyche. Wenn es sie wirklich gibt, dann liegt sie jetzt vermutlich zappelnd auf dem Boden und lacht sich kringelig. Aber so schnell gebe ich nicht auf. Ich hole tief Luft und beginne meine Kreativität aufs Neue fließen zu lassen:

»Also, das ist so: die Funktionale Äquivalenz beschäftigt sich primär… mit gleichen Reizen, die beim Menschen oder halt… beim Schüler - genau - die gleichen Reaktionen auslösen, ja? Die funktionalen Schlüsselreize des Menschseins können… dann… dabei von äquivalenter Natur sein, also sowohl die eine als auch die andere Reaktion des Gegenübers mit sich bringen. Wenn ich jetzt als… Lehrer beispielsweise einen Schüler sanktioniere, kann dieser dann sowohl aggressiv als auch eingeschüchtert reagieren, das ist dann… rein äquivalent attribuiert und kann bei… näherer… Betrachtung… historisch-deskriptive Thesen der… Menschenforschung unterstreichen. Okay soweit?«

»Ah…ja?«

»Ja. Und genau das ist der Punkt, womit sich das Themenspektrum um die Phänomenologie menschlicher… Anthropologie beschäftigt. Ist halt nur ein kleiner Unterpunkt der Gesamtthematik, wenn du verstehst, was ich meine.«

Ha! Das Kichern der Schicksalsgöttin ist verstummt. Sophie schaut mich an, wie ein kleine Grundschülerin, der man das Berechnen von Hoch- und Tiefpunkten in der mathematischen Kurvendiskussion erklären möchte. Sie scheint tatsächlich kein Wort von alldem zu verstehen, was ich ihr da gerade auftische. Aber wen wundert es? Bei dem Quatsch. Ihr Unverständnis wird von mir in jeglicher Hinsicht geteilt. Was habe ich mir da nur für einen brillanten Mist zusammengetextet? Hervorragend. Ich bin entzückt von mir. Das nennt man dann wohl sicheres Auftreten bei vollständiger Ahnungslosigkeit. Sie gibt sich mit meiner Antwort zufrieden, ohne wirkliches Wissen hinzugelernt zu haben. Dann schiebt sie eine *Grey's Anatomie*-DVD in den DVD-Player und kuschelt sich an mich. Ausgerechnet *Grey's Anatomie.*

Und schon ertönt das schallende Gelächter der Tyche aufs Neue. Das Schicksal meint es nicht gut mit mir.

Schwalbe

»So, dann bräuchte ich noch Ihre Versichertenkarte, bitte.«
Die junge Arzthelferin an der Rezeption streckt mir wie selbstverständlich ihre geöffnete Hand entgegen. Ihren Blick hat sie dabei auf den kleinen Flachbildschirm des Computers gerichtet, den sie mit ihrer anderen Hand mit meinen Daten füttert. Sie ist echt hübsch, hat glattes schwarzes Haar, eine sehr reine braune Haut und auf einem kleinen Namensschild unterhalb ihres ansehnlichen Dekolletes steht *Fr. Sumani*. Hinter ihr sortiert eine ebenfalls sehr attraktive, blonde Frau Akten in die Rollschublade des Aktenschrankes. Ich schätze sie auf Mitte Dreißig. Sie sitzt mit leicht gespreizten Beinen auf einem kleinen Drehstuhl vor einer großen, herausgezogenen Schublade. Unweigerlich schleichen sich pornografische Assoziationen in dieses Bild. Mit der klassischen Wunschvorstellung klischeebehafteter Krankenschwestern im kurzen weißen Outfit und obligatorischen Häubchen, auf dem ein rotes Kreuz abgebildet ist, haben diese Arzthelferinnen zwar nicht viel gemeinsam, aber in meiner Fantasie ist das gerade trotzdem hoch erotisch. Es knistert förmlich. Ich glaube Dr. Grosche gefällt mir schon jetzt. Der Mann hat Geschmack. Wenn ich Arzt wäre, würde ich mir auch nur junge und gut aussehende Mitarbeiterinnen ins Haus holen. Was bin ich Sophie und ihrem Arbeitskollegen nur dankbar für dieses erquickende und doch so banale Erlebnis.
»Herr Laurens? Haben Sie Ihre Versichertenkarte dabei?«
»Oh...ähm, ach so, ja. Hier.«
Da hab ich mich wohl kurz weggeträumt. Lustlos und wenig motiviert reißt mich Frau Sumani wieder zurück in die Realität. Wie sie mich so mit ihrem fesselnden Schlafzimmerblick fokussiert und noch immer die Hand offen hält, um meine Karte entgegenzunehmen, wirkt sie ungemein sexy. Irgendwie dumm. Aber sexy. Früher musste man noch zehn Euro Praxisgebühr zahlen. Früher hätte ich Frau Sumani meinen

Zehner in den Ausschnitt oder ins Höschen gesteckt und sie für mich tanzen lassen.
»Dankeschön«, weckt sie mich auch aus diesem sexualisierten Tagraum, umfasst meine Versichertenkarte vorsichtig mit nur Daumen und Zeigefinger, als würde sie sich vor ihr ekeln, und schaut dabei sichtlich genervt.
Ich hoffe nicht, dass sie meine Gedanken lesen kann und lächle verlegen. Dass kein Lächeln erwidert wird, überrascht mich wegen meines heutigen Aussehens auch nicht. Hätte ich sie doch nur unter anderen Umständen kennengelernt. Ich muss wirklich abschreckend auf sie wirken. Vor drei Tagen habe ich das letzte Mal geduscht und heute Morgen habe ich weder Deo benutzt noch meine Haare gemacht. Mit Absicht. Um meinem gewollt kränklichen Äußeren einen Hauch Authentizität und Nachdruck verleihen zu können. Außerdem trage ich seit Tagen die gleichen Klamotten und lutsche ebenso seit Stunden Salbeibonbons, die ihren penetranten Duft in einem Radius von mindestens drei Metern um mich herum verteilen. Wie eine fiese Alkoholfahne. Meiner Einschätzung nach, mache ich einen wahrlich kranken Eindruck. Aber das soll ich ja schließlich auch. Blöd für etwaigen Beziehungsaufbau zu Frau Sumani, umso besser für mich und meine eigentlichen Pläne.

Im Wartezimmer sind alle Stühle belegt. Den einzigen freien Platz bietet ein süßer, gelber Plastikstuhl nahe der Spielecke für die kleinen Patienten. Ich werfe ein gebrechliches »Guten Tag« in die Runde der Kranken, das nur von wenigen leise erwidert wird. Nachdem ich einen Augenblick lang neben der Türe stehend verweile und mich fragend umschaue, lasse ich mich schließlich peinlich berührt in den kleinen Kinderstuhl fallen. Niemandem der Wartenden scheint das sonderlich zu interessieren, doch ich bilde mir ein, dass es trotzdem ein lustiges Bild sein muss, wie 1,85 Meter zusammengefaltetes Menschenmaterial in einem kleinen Kinderstuhl 20 cm oberhalb des dunkel laminierten Fußbodens nun herumsitzen.

Ein blond gelocktes Kind im knallroten *Oilily*-Pullover spielt neben mir auf dem Boden mit Bauklötzen, registriert mich desinteressiert und hustet nass in die Luft. Ich kann Tropfen fliegen sehen. Es fällt mir schwer, dem Kind ein Geschlecht zuzuordnen. Es ist höchstens vier Jahre alt. Seine potentielle Mutter sitzt mit übereinander geschlagenen Beinen auf einem Stuhl für große Patienten daneben und liest gefesselt die *Bild der Frau*. Ihre Blicke verlassen nur sporadisch die Seiten ihrer Klatsch-Zeitschrift und beobachten dann und wann ihr blondes Engelchen, das unermüdlich windschiefe Hochhäuser aus bunten, farblich verblassten Bauklötzen baut, dabei kontinuierlich hustet und mit seiner Hand über die verklebte Sabberschnute fährt, um körpereigenen Mörtel für seine Bauwerke zu gewinnen. Gut, dass Bauklötze anorganischen Ursprungs und somit immun gegen Bakterien sabbernder Menschenkinder sind. Sie hätten in Arztpraxen nämlich keine Überlebenschancen. So müssen sie aufgrund ihrer Fähigkeit zur Keim-Resistenz ein trostloses und unwürdiges Dasein fristen, während sie Tag für Tag neuere für den Menschen gesundheitsgefährdende Substrate von zahllosen heranwachsenden Quälgeistern auf ihrer Oberfläche ertragen müssen. Ich bin heute froh, kein Bauklötzchen geworden zu sein.

Und dann wird ein »Herr Kuhl bitte« via Sprechanlage aufgerufen, was zur Folge hat, dass auch für mich ein Stuhl frei wird, der meiner Körpergröße und meinem Alter angemessen erscheint.

»Geiler Name«, denk ich mir noch, doch Herr Kuhls Stuhl ist konträr zu seinem Namen unangenehm warm. Ich hasse warm gesessene Sitzflächen, weswegen ich in der Straßenbahn auch gerne vermeide, durchzurücken, wenn ein Fahrgast, neben mir am Fenster sitzend, plötzlich aussteigen muss. Noch schlimmer als warme Sitzplätze in der Straßenbahn sind aber warme Klobrillen, mit denen sich das männliche Geschlecht glücklicherweise nicht allzu oft herumplagen muss. Mit hinterrücks abgesonderter Körperwärme fremder Menschen möchte ich einfach nichts zu tun haben. Herr Kuhl hat viel Wärme hinterlassen. Im Wechsel hebe ich vorsichtig und ganz langsam linke und rechte Pobacke, um dem platt gedrückten Polster die Möglichkeit zu bieten sich abzukühlen. So richtig funktioniert es aber nicht, weswegen ich resignierend beide Pobacken ablasse, um nachfolgend mit zusammengekniffenen Augen aus nächster Nähe Zeuge zu werden, wie die Körperwärme des Herrn Kuhls mit der Meinigen fusioniert.

»Frau Richrath bitte.»

Frau Sumani haucht ihre Stimme verführerisch in das Mikrofon der Sprechanlage. Frau Richrath ist die Mutter des blonden Kindes. Ich lag richtig. Sie legt die *Bild der Frau* aufgeschlagen zurück auf den Tisch mit dem Lesematerial, als wolle sie später noch darin weiterlesen.

»Mauritius, kommst du?«

Ein Junge also. Mit *dem* Namen ist er für sein Leben gestraft. Wahrscheinlich wurde er auch auf Mauritius gezeugt. Na ja, besser dort als auf Mallorca. Bens Nichte ist nach eigenen Angaben der Eltern auf Mallorca gezeugt worden. Irgendwo zwischen Bierkönig, Strand und Schinkenstraße. Da kennt die Romantik keine Grenzen. Die beiden Richraths verlassen das Wartezimmer und nach endlos dauernden 55 weiteren Minuten werde auch ich endlich von einer lasziv klingenden Stimme aufgerufen.

»Herr Laurens. Guten Tag. Wo drückt denn der Schuh?«

Herr Grosche sieht so gar nicht aus, wie ich ihn mir eben noch, beeinflusst durch seine Arzthelferinnen, vorgestellt habe. Er trägt das typische Standard-Outfit in Weiß, bestehend aus Jeanshose, Poloshirt und Slippern. Die wenigen Haare, die sein Haupt ausschließlich seitlich bedecken, sind ebenfalls weiß. Seine großen braunen Augen stechen aus dem blassen eingefalteten Gesicht farblich empor und schauen mich freundlich und erwartungsvoll an. Ich weiß nicht, was ich erwartete. Klar, dass mir da jetzt kein zigarrerauchender Sugar-Daddy im weinroten Bademantel gegenüber sitzen wird. Vielleicht erwartete ich einen durchtrainierten vitalen Jungdoktor, der in Saus und Braus lebt und sich nach der Arbeit mit Frau Sumani auf der Motorhaube seines Porsches vergnügt. Aber dieses äußere Erscheinungsbild, das mich nun in großväterlicher Manier schon fast niedlich anschaut, überrascht mich dann doch. Herr Grosche muss mindestens 100 Jahre alt sein. Mindestens. Und jetzt möchte er von mir wissen, wo der Schuh drückt. Das hat man ihn wahrscheinlich vor 90 Jahren auch schon gefragt, als er noch keine Promotion besaß und selber zum Arzt gehen musste. Ich huste mir gekonnt in die Faust, setze mein wehleidigstes Gesicht auf, das ich im Repertoire habe, und beginne ihm zu erklären, wo mein Schuh denn nun drückt:

»Ich bin seit über einer Woche krank. Zuerst fing alles nur mit Halsschmerzen an, hab dann so Hausmittelchen genommen, mit Salzwasser gegurgelt und so weiter. Und dann wurden meine Mandeln richtig dick und Kopfschmerzen und Fieber bekam ich dann auch noch. Das waren zwischenzeitlich fast 40 Grad. Könnte auch ne Seitenstrang-Angina gewesen sein, die hatte ich schon mal. Die Halsschmerzen sind jetzt fast weg. Das Fieber auch, dafür habe ich jetzt Husten bekommen und ganz fiese Bauchschmerzen. Heute Morgen hatte ich Durchfall und jetzt hab ich so ein ganz flaues Gefühl im Magen. Und ich friere den ganzen Tag schon, obwohl es draußen echt warm und schön ist und so. Ich weiß auch nicht, ich will so langsam wieder gesund werden. Vor allem auch, weil ich unbedingt wieder in die Uni muss, war da jetzt seit einer Woche auch *gar* nicht mehr, da müsste ich mich auch von Ihnen also… da bräuchte ich auch dringend...«

»Eine Krankmeldung? Ja klar, kein Problem. Die mache ich Ihnen nachher fertig.«

Herr Grosche schaut mich noch immer mit seinen großen

Augen unglaublich freundlich an. So, wie ein Großvater seinen Enkel anschaut, wenn dieser, fleißig auswendig gelernt, ein Gedicht vorträgt. Wie er mich so anschaut, würde ich ihn am liebsten auf der Stelle an die Hand nehmen und spazieren gehen.

»Die Jugend von heute… seit einer Woche waren sie nicht mehr in der Universität?«, fragt er und drückt mir mit seinen beiden Daumen aufs Jochbein.

»Aua«, sage ich intuitiv, obwohl ich eigentlich gar nichts spüre. »Ähm… ja. Was wirklich blöd ist, weil ich gerade so viel verpasse. Ich hätte viel früher schon zu Ihnen kommen sollen. Können sie mich denn überhaupt rückwirkend krankschreiben?«

»Hm… aber selbstverständlich kann ich das.«

»Und für die nächste Woche auch?«

Herr Grosche mustert mich skeptisch. Nicht, dass das nun des Guten zuviel war. Zuerst trag ich unglaublich dick auf und dann werde ich auch noch dreist und verlange mehr als nötig. Aber cool, wenn es klappte. Wie war das mit dem kleinen Finger und der Hand noch gleich? Ich huste vorsichtshalber wehleidig und stecke mir ein neues Bonbon in meinen vom Salbei konterminierten Mund, ehe sich die Skepsis in Herrn Grosches Gesicht verstärkt.

»Na, dann machen sie sich oben rum mal frei!«

»Ganz ausziehen?«

»Selbstverständlich. Oben herum.«

Leidend streife ich mir mein ausgewaschenes, graues *Carhartt*-Longsleeve vom Körper und beginne nun selbst die Folgen meiner akkuraten Simulation zu bemerken. Vielmehr zu riechen. Zwei Tage ausbleibende Körperhygiene waren vielleicht ein oder zwei Tage zuviel des Guten, denn ich müffle wie ein zahnfleischblutender Obdachloser. Jeder normale Mensch müsste mich nun für schlicht asozial halten und nicht für krank. Die greise Nase des Dr. Grosche scheint aber nicht mehr in der Lage zu sein, den beißenden Geruch analysierend aufzunehmen, denn er zeigt sich völlig unbeeindruckt. Ich hätte womöglich doch duschen gehen können. Toll. Was folgt ist die typische Behandlung mit Spachtel und Stethoskop. Mund weit aufmachen, »Aaaaa« sagen, tief ein- und ausatmen und mal husten. Nach dem abgespulten Pflichtprogramm setzt sich Herr Dr. Grosche wieder zurück auf seinen Stuhl vor den Ärztecomputer und beginnt auf der Tastatur herumzuspielen. Dabei summt er irgendein marschähnliches Lied, das er vermutlich einst auf Natur-Ausflügen mit der Hitlerjugend aufgefangen hat. Nachdem sein Drucker eifrige Arbeitsgeräusche von sich gibt, reicht er mir wohlwollend - und wieder einfühlsam lächelnd - ein rotes Blättchen Papier hinüber. Und dann noch ein Gelbes: der heilige Gral! Der Oscar für meine darstellerische Glanzleistung! Das lang ersehnte Attest.

»Junger Mann. Sie haben sich da einen ganz hartnäckigen grippalen Infekt eingefangen, aber das Schlimmste haben sie längst überstanden. Nochmal Glück gehabt, für die Zukunft merken sie sich bitte, sofort zu einem Arzt zu gehen, ja? Ich habe Ihnen ein Erkältungspulver zur Schleimlösung verschrieben - das ist was rein Homöopathisches - davon nehmen sie bitte morgens, mittags und abends je ein Tütchen aufgelöst im Glas ein!« Hustend nehme ich Rezept und Attest entgegen.

»Und krankgeschrieben habe ich sie von Anfang vergangener Woche bis einschließlich Freitag dieser Woche. Das sollte erst einmal reichen. Bis dahin ist Bettruhe angesagt. Obst und Tee können nicht schaden. Wenn es nicht besser wird, dann kommen Sie bitte einfach noch mal rein!«

»Dann kann ich nächste Woche wieder in die Uni gehen?«

»So Gott will, selbstverständlich.«

Zwei Sitzungen beim Gremberg sind entschuldigt. Wie geil ist das denn? Ich fühle mich wie der kleine Junge aus der alten *Werther's Echte*-Werbung, der von seinem Großvater ein in goldenes Papier verpacktes Bonbon zugesteckt bekommt. Und wie sich der kleine Junge über das Bonbon freute, so freue ich mich nun über das Attest. Die Empfehlung von Sophies Arbeitskollegen war der Hammer. Ich bin ein toller Simulant und Herr Dr. Grosche ein zuckersüßer Großvater, wenn auch ein erschreckend schlechter Arzt. Auch wenn ich innerlich vor Freude platze, verabschiede ich mich dankend und händeschüttelnd mit einem final leidenden Gesichtsausdruck. Erst als ich das Behandlungszimmer verlassen habe, kann ich meine Freude über das Attest und die bevorstehende Dusche nicht mehr verbergen, und beginne über beide Ohren zu strahlen. An der Rezeption verabschiede ich mich vom Ärztepersonal laut und überzogen freundlich. In den Glastüren am Ausgang kann ich noch erkennen, wie mir Frau Sumani und ihr tolles, spiegelverkehrtes Dekolletee verwundert über die Rezeption hinterher schauen. Frau Sumani, Frau Sumani… diese geile Drecksau!

Ballkontrolle

Die Sonne scheint. Ich habe meine amtliche Krankmeldung. Vergangenen Samstag gewann Borussia Dortmund mit 2:0 gegen den VFL Wolfsburg. Nicht, dass mich das in irgendeiner Weise freuen würde, aber alles in allem ist Gremberg-Wetter. Ein Sprechstunden-Besuch in dieser Woche scheint daher prädestiniert zu sein, um mein Fehlen zu entschuldigen. Auch wenn ich krankgeschrieben bin und das Haus, streng genommen der Bettruhe wegen, gar nicht verlassen dürfte, sollte es guten Willen und unbändigen Einsatz zeigen, trotz Krankheit die Sprechstunde aufzusuchen. Und um bloß nichts anbrennen zu lassen, war ich nach dem gestrigen Arztbesuch bei diesem Dr. Grosche auch nicht duschen. Nur, um meine simulierten Symptome noch ein weiteres Mal in maximal möglicher Authentizität zur Schau zu stellen. Drei Tage ungeduscht. Sophie ekelte sich vor mir, daher gab es keinen Sex. Umso mehr freue ich mich, sie heute Nachmittag frisch geduscht in die Arme nehmen zu dürfen. Ich werde mit Sophie nicht Schluss machen. Ich kann es einfach nicht. Ich bin einfach unfähig für diesen Schritt und werde stattdessen mein ganzes Leben lang mit ihr zusammen bleiben.

Bei Lena habe ich mich einfach nicht mehr gemeldet. So langsam wird sie auch genug von meiner Unentschlossenheit haben. Ein Mädchen wie sie hat das nämlich gar nicht nötig. Eine mögliche Aussprache mit ihr will ich aber noch ein wenig vor mir her schieben. So toll ist Lena vielleicht gar nicht, sonst hätte ich mich mit meiner Entscheidung doch wohl nicht so ungemein schwer getan. So sehr sie mir auch noch immer nicht aus dem Kopf gehen will. Es werden immer andere Mädchen in mein Leben treten, die mich dazu tendieren lassen werden, mit dem Feuer zu spielen. Johannes hat Recht: Sophie ist echt super und wir passen wirklich gut zusammen. Alles andere ist nebensächlich. Alles. Ich muss lediglich meine Gefühle wieder in den Zaum kriegen.

Auf dem Weg durch die Philosophische Fakultät kommt es mir vor, als würden mich unzählige Augen argwöhnen. Gelegentlich grüße ich wortlos bekannte Gesichter. Im Gang vor Herrn Grembergs Büro schlendern Studenten durch die Gänge oder warten - genau wie ich es vorhabe - auf Einlass zur gefürchteten Sprechstunde. Ich setze mich nervös auf den Boden vor das Büro. Stühle oder Bänke kann sich die Fakultät trotz jahrelang gezahlter Studienbeiträge nicht leisten. Jene Einnahmen, die zahlreiche Studenten arm machten, wurden in prestigeträchtigere Fakultäten als die Philosophische gesteckt. Der olle Gremberg erwartet mich, denn ich schrieb ihm noch bevor ich mich zum Arztbesuch aufmachte, eine erneute E-Mail an die nunmehr richtige Adresse. Ich lutsche schon wieder Salbeibonbons. Ich lutsche sie mehr oder minder. Im Grunde lasse ich sie einfach nur in meinem Mund auflösen und versuche Berührungen mit meiner vom Lutschen rau gewordenen Zunge zu vermeiden. So langsam hängen sie mir nämlich buchstäblich aus dem Halse raus. Viele Minuten vergehen. Auf der gegenüberliegenden Seite vom Gang sitzt eine brünette, kurzhaarige Philosophiestudentin und schaut mich mitleidig an. Hustend und zusammengekrümmt verleihe ich ihrem Mitleid ein wenig Nachdruck. Ich könnte immer krank spielen, das ist echt einfach und macht zudem Spaß. Mit Ausnahme der Salbeibonbons und der ausbleibenden Körperhygiene. Das macht keinen Spaß. Nachdem mir die Studentin genug Mitleid entgegnet hat, versinkt sie wieder in ihrem japanischen Taschenbuch-Roman, das den Titel *Manga Love Story* trägt. Sexuelle Aufklärung auf Japanisch oder so. Jetzt schaue auch ich *sie* mitleidig an. Und dann öffnet sich die Tür und ein entspannter Dr. Gremberg ruft einen kranken wie angespannten Mikka Laurens auf.

Dr. Gremberg hat schnell wieder Platz genommen und sitzt mir nun mit aufgeknüpftem Hemd gegenüber. Angegrautes Brusthaar, das sich vom vermeintlich sonnenbankgebräunten

Teint seiner Haut abhebt, sticht mir ungewollt ins Auge. Eine silberne Kette mit einem kleinen Kreuz komplettiert das Bild seiner vom Textil befreiten Hals- und Brustpartie und verrät, dass er neben sich noch an einen anderen Gott glaubt. Sein Schreibtisch ist mit zahlreichen Ordnern und Unterlagen überfüllt. Weiß der Teufel, ob er da eine gewisse Ordnung drin sieht. Eine kleine Miniatur-Emma schmückt den äußeren Rand seines kastanienbraunen Schreibtisches. Emma ist eine schwule Biene und das Maskottchen von Borussia Dortmund.
»Nun, Herr… Laurens. Ich begrüße sie. Man möchte meinen, ihre Anwesenheit sei eine seltene Freude. Aber wenn ich mich richtig erinnere, hatten sie mich ja bereits das ein oder andere Mal per E-Mail über ihr krankheitsbedingtes Fehlen informiert.«
»Ja«, huste ich schwach und tierisch nervös über den Tisch. »Ich hab mir da einen grippalen Infekt eingehandelt und konnte daher die vergangene Sitzung unseres Hauptseminars nicht wahrnehmen.«
»Soso, eingehandelt haben Sie sich den?«
»Ja, also abbekommen.«
»Was denn nun? Eingehandelt oder abbekommen? Wenn Sie sich den eingehandelt haben - den grippalen Infekt - dann setzt das ja einen gewissen Grad an Eigeninitiative voraus.«
»Nee, dann wohl abbekommen. Ohne Aufforderung. Also mich hat's halt wirklich erwischt, Herr Gremberg.«
Langsam und vor Aufregung sichtbar zitternd, reiche ich ihm meinen gelben Freifahrtsschein über den Tisch. Er nimmt ihn entgegen, ohne einen Blick darauf zu werfen, und legt es seitlich inmitten der zahlreichen anderen Unterlagen auf die Arbeitsfläche. Papierkram, Hefte, Ordner und Notizen. Und mein Attest. Er schaut mir tief in die Augen. Ich versuche seinem Blick standzuhalten und spüre, dass mein Herz dermaßen laut schlägt, dass die Pump-Bewegungen Gefahr laufen, optisch-visuell auf dem noch immer von mir getragenen stinkenden Longsleeve repräsentiert zu werden. Zu al-

lem Überfluss perlt mir ein warmer Tropfen Schweiß über die Schläfe. Ich wische ihn vorsichtig weg. Was hab ich nur getan, dass mich Herr Dr. Gremberg dermaßen quälen muss? Ich tue das, was ich derzeit am besten kann, und huste mir noch einmal in die Faust, ehe ich die verbale Initiative übernehme und ihm mitteile, dass ich, lang genug krankgeschrieben, auch in dieser Woche noch nicht am Seminar teilnehmen könne.

»Gut, war das alles?«

»Joa.«

Herr Gremberg atmet tief ein und aus und lässt mich dann den Zauber des Wetters und des vorausgegangenen Bundesliga-Spieltages spüren.

»Na dann sehen sie mal zu, dass sie nach Hause ins Bett kommen. Wir sehen uns dann kommende Woche in hoffentlich neuer Frische und vor allem pünktlich wieder.«

Ich bedanke mich höflich. Vorsichtig und abermals hustend stehe ich auf und will mich gerade auf den Weg ins Bett machen, als mir mein Professor noch einen Rat mitgibt.

»Und noch was, Herr Laurens.«

»Ja?«

»Die neue Frische war wörtlich gemeint. Gehen sie mal duschen!«

Dann ist es tatsächlich geschafft, die Mission erfüllt. In der Quintessenz lief es dann doch wie am Schnürchen. Ich will gar nicht wissen, wie mein Besuch verlaufen wäre, wenn die Borussia vergangenen Samstag verloren hätte, geschweige dicke Regenwolken am Himmel stünden. Vielleicht ist dieser alternde Professor doch nicht so übel, wie die weit verbreitete, öffentliche Meinung besagt. Gut gelaunt kann ich nun endlich nach Hause und die überfällige Dusche genießen. Ich schreibe Sophie eine Kurzmitteilung voller Enthusiasmus, in der ich ihr fröhlich mitteile, dass alles wie geplant verlief, ich mich nochmals bei ihrem Arbeitskollegen Dominic für dessen Tipp herzlichst bedanke, und mich riesig freue, sie am Abend zu sehen. Die Nachricht wird durch 1.000.000 getippte Küsschen

abgeschlossen. Die rümpfenden Nasen und argwöhnenden Augen diverser Studierender, die meinen Weg noch bis zum Ausgang der Fakultät kreuzen, stören mich nicht weiter. Sie können mir nichts anhaben, denn ich habe das Spiel unter Kontrolle. Bald werden alle Spuren meiner kränkelnden Simulation abgewaschen sein. Und nächste Woche beginnt mein universitärer Alltag so, wie er aussehen sollte. Ich werde fleißig und regelmäßig anwesend sein. Mich außerhalb der Uni nur noch um Sophie und unsere Beziehung kümmern. Ein glückliches Leben führen und allen Absonderlichkeiten, die etwaigen moralischen Wertvorstellungen konträr entgegenstehen, entsagen. Genau dies werde ich tun.
»Mikka?«
Eine weibliche, liebliche und zugleich mir vertraute Stimme reißt mich rüde aus meinen Überlegungen. Ich drehe mich um und erblicke die pure Schönheit. Es ist Lena. Natürlich. Sie trägt eine kurze, dunkelblaue Jeanshose und ein enges, graues Top mit *Beatsteaks*-Schriftzug. Ihre blonden Haare hat sie zu einem Pferdeschwanz zusammengebunden. Einzelne Strähnen hängen ihr quer über das Gesicht. In der einen Hand trägt sie einen Collegeblock, in der anderen einen eingetüteten Salat aus der Mensa. Sie steht da einfach so und schaut mich mit ihren tollen Augen an. Sie sieht bezaubernd aus. Das genaue Gegenteil zu meiner derzeitigen Erscheinung. Wie Tag und Nacht. Wie Goldmarie und Pechmarie.
»Mikka! Mensch, bist du krank? Ich dachte du meldest dich mal.«
»Ja. Also mehr oder weniger.«
Eher mehr, denke ich. Zumindest psychisch. Denn genau das muss ich sein, wenn ich ein so tolles Mädchen wie Lena abweise. Jetzt fange ich schon *wieder* damit an. Letztlich weise ich sie ja nur wegen eines noch tolleren Mädchens ab. In Ungewissheit geistiger Gesundheit, bin ich körperlich topfit, befinde mich allerdings noch im Schein-Modus für einen ganz hartnäckigen grippalen Infekt. Wenn ich Herrn Dr. Gremberg

hinters Licht führen kann, dann kann ich sicherlich auch Lena etwas vorspielen. Wenn sie mir nämlich glaubt, krank zu sein, wird sie aller Voraussicht nach Verständnis dafür aufbringen, dass ich mich bis dato nicht bei ihr gemeldet habe. Ich muss mir das Lachen innerlich verkneifen. Wenn's läuft, dann läuft's.
»Also ja. Du weißt doch hier, wegen der Gremberg-Sache. War gerade in seiner Sprechstunde. Mich hat es jetzt dummerweise tatsächlich erwischt. Und frag nicht wie, muss dringend wieder ins Bett. Deswegen hab ich mich auch ohne Probleme krankschreiben lassen können.« Ihre großen, schönen Augen schauen mich mitleidig an und ihre verführerischen, weichen Lippen im satten Rot formen sich zu einem kleinen Schmollmund, den man eigentlich auf der Stelle küssen möchte. Ein Thor, der anderes denkt. Doch ich reiße mich zusammen. Von nun an sollen ausschließlich Sophies Lippen von mir geküsst werden.
»Oje, du Armer. Was hast du denn? Warst du beim Woiters in der Südstadt?«
»Nee, war am Friesenplatz. Verkackter Infekt. Und ich wollte mich auch noch bei dir melden, sorry. Mir geht's halt echt beschissen im Moment.»
Lena fällt wie jeder Andere auf meine perfekt vorbereitete und vorgetragene Masche hinein. Sehe ich tatsächlich *so* scheiße aus? Oder liegt es an meinem Körpergeruch: einer Mixtour aus Salbei, Muff und Schweiß, dass mir das Kranksein bedenkenlos abgekauft wird? Lena wünscht mir eine »ganz, ganz gute Besserung« und hofft, dass ich »ganz bald« und »ganz schnell« wieder »ganz gesund« werde. Sie freut sich nämlich darauf, mich bald wiederzusehen. Sie weiß noch nicht, dass es dazu nicht kommen wird. Ich werde noch sehr lange krank sein und dann noch einen Rückfall bekommen, so ist es einfacher. Kein Mann der Welt kann einer Frau wie Lena ins Gesicht sagen, dass sie gerade einen Korb kassiert. Ich verspreche, mich bei ihr zu melden, sobald es mir wieder besser geht und verschwinde in Richtung Bahn. Die Sache still und

heimlich auslaufen zu lassen, erscheint mir als die beste - und vor allem - einfachste Lösung.

Auf dem Nach-Hause-Weg lege ich mir eine Taktik zurecht, um bei derzeitiger Erscheinung besser mit meiner Außenwirkung klarzukommen. Es fühlt sich nicht gut an, wenn man als schöner und von sich überzeugter Mensch, so verunstaltet und stinkend durch die Gegend läuft, wie ich dieser Tage. Meine Taktik heißt »Einbildung«. Heute ist Gegenteil-Tag. Die vielen Leute schauen mich nämlich nicht abfällig an, sondern können aus rein positiven Intentionen ihre Augen nicht von mir lassen. Ich bilde mir ein, ich sei ein bekannter Soup- oder Popstar aus Köln, den die Leute wiedererkennen und überlegen, ob sie sich nicht ein Autogramm holen sollen. Und wie sie mich dann so anschauen, um bei Augenkontakt peinlich berührt wieder wegzuschauen, nur um kurz darauf wieder aufs Neue einen Blick zu erheischen, würde ich am liebsten leise loslachen und Dinge sagen, wie »Ja, ich bin es« oder »Okay, wie heißt du? Was soll ich schreiben?«. Meine Taktik geht auf. Auch, wenn niemand ein Autogramm einfordert. Schneller als erwartet habe ich den Spießrutenlauf durch Köln auf amüsante Art und Weise hinter mich bringen können. Bevor ich aber nun endlich nach Hause unter der Dusche verschwinde, um meinen Körper von dem ganzen Ekel vergangener Tage zu befreien, möchte ich noch schnell eine Kleinigkeit einkaufen. Ich würde nämlich heute Abend ganz gerne für Sophie kochen. Nichts besonderes, nur eine vegetarische Lasagne oder so. Lasagne hört sich gut an. Darauf hab ich selbst auch große Lust.

Als ich den örtlichen Supermarkt betrete, ist mir mein Aussehen inzwischen wieder total egal. Meine Soap-Star-Identität ist längst ad acta gelegt. Fast schon genieße ich meine letzten Auftritte als kranker Asozialer. Viel besser sehen meine Mitmenschen in diesem Stadtteil Kölns auch nicht aus. Als ich am Obst- und Gemüsestand beginne, den Wagen mit allerhand Grünzeug für die vegetarische Lasagne zu beladen, beobachte ich auf der anderen Seite des Regals eine junge Mutter mit ihrem Kind. Die Mutter sieht aus wie *Karl Dall.* Nur in dick, jung und weiblich. Sie trägt allen Ernstes Plateauschuhe von *Buffalo.* Solche Schuhe hab ich seit der Jahrtausendwende nicht mehr gesehen. Irgendwann hat dann auch die breite Bevölkerung das stilunsichere Schuhwerk als einen modischen Irrtum der 90er-Jahre abgehakt. Ich dachte *Buffalos* seien mittlerweile längst ausgestorben. So wie Dinosaurier, Dodos oder Staubsaugervertreter. Als ihre irgendwie untersetzte und auf traurige Art eigentlich ganz niedliche Tochter nach einem satten reifen Apfel greift, interveniert das mütterliche Brauereipferd.

»Nein, Larissa! Wir haben *Snickers* ausgemacht.«

Es prustet leise aus mir heraus, weswegen ich meine offensichtliche Belustigung schnell mit einem kränklichen Husten überspiele. In Wirklichkeit haben sie *Snickers* nicht ausgemacht, sondern abgemacht. Zumindest in diesem Kontext bin ich mir sicher, dass sie eine Abmachung und keine Ausmachung hatten. Aber dies nur am Rande. Die Szene stammt doch aus einem RTL-Drehbuch. Irgendwo muss hier ein Kamerateam herumlungern, das für irgend so eine abgefuckte Real-Life-Doku dreht. Der meist aus Fernsehen oder Förderschulen bekannte Name Larissa; die dicke Mutter, die ihre Tochter präventiv daran hindert, den dickleibigen Teufelskreis des Hartz-IV-Empfängertums zu durchbrechen; die gegen gesunde Naturkost obsiegende ungesunde Leckerei - zu viele gebündelte Klischees, die da auf mich einprasseln. Doch ein Kamerateam ist nicht zugegen. Verdammt, ich liebe Köln. Da wird einem auch klar, warum RTL unverblümt stupides Programm sinnfreier Formate sendet. Das ist Heimatkultur. Es hat seinen Firmenhauptsitz im dafür prädestinierten Köln. Nirgendwo anders wird man mit soviel trauriger Realität gesellschaftlichen Lebens konfrontiert, wie in der westdeutschen

Medienstadt. Köln ist *Mitten im Leben*. Hier lebt und haust die Generation Doof. Und in meiner momentanen Erscheinung verschmelze leider auch ich zu einem kleinen Teil dessen.

Als ich endlich unter der heiß ersehnten Dusche stehe, ist die Lasagne bereits fertig vorbereitet und muss nur noch in den Backofen. Frei nach dem Motto »Das Beste zum Schluss« wartete ich nämlich mit dem finalen Ritual der Körperreinigung. Und nun brechen alle Dämme. Ich bilde mir ein, die weiße Duschtrasse färbe sich schwarz, so dreckig fühle ich mich. Verdammte Dusch-Abstinenz. In der Summe waren es ja nur drei Tage, weswegen ich auf diesem Gebiet streng genommen keine wirklich vorbildhafte Askese betrieb. Und das ist auch gut so. Nun dusche ich und schäume mich immer wieder aufs Neue ein. Ich dusche letztlich so lange, bis ich feststelle, dass meine Haut schön schrumpelig wird. Befreit vom Ekel, vom Gestank, Schweiß und Dreck vergangener Tage, öffne ich sodann die Duschkabine, befreie meine Füße vom Schaum, der sich vom Boden geschätzte zehn Zentimeter in die Höhe türmt, und trete hinein in ein neues, sauberes Leben. Eines mit Sophie. Diese sieht heute nicht ganz so bezaubernd wie Lena aus. Aber das ist tagesformabhängig und in meiner Betrachtungsweise auch total oberflächlich und damit auch jetzt irgendwie egal. Die vergangenen Tage konnte ich ja auch nicht gerade durch ein tolles Aussehen bestechen. Sie muss zudem einen anstrengenden Tag im Büro gehabt haben, denn sie strahlt heute nicht wie sonst. Ein kleiner Pickel an ihrer linken Wange steht stellvertretend für den heute erlebten Stress. Umso schöner, dass ich mir heute die Mühe machte, für Sophie zu kochen. Da wird sie sich freuen, die süße gestresste Maus. Wir küssen uns und ich hebe sie routiniert hoch, um sie in gewohnter Manier wie den Pendel einer Wanduhr hin und her schwenken zu lassen. Ich kann ihr damit ein kleines Lächeln abverlangen. Das Lächeln versiegt als ich meinen Zeigefinger ganz leicht auf ihren Pickel drücke und ihr sage, dass sie da einen Pickel habe.

Wir essen die vegetarische Lasagne, wie so häufig dieser Tage, vor dem Fernseher auf dem Bett. Wir schauen uns *Die Regeln des Spiels* auf DVD an. Dies ist ein Film mit *James van der Beek*, *Shannyn Sossamon* und *Jessica Biel*, die zu diesem Zeitpunkt noch niemand kannte, weil sie noch nicht mit *Justin Timberlake* liiert war. Ich habe *Die Regeln des Spiels* schon viele hunderte Male (mindestens) gesehen, kann die Dialoge größtenteils mitsprechen, Pointen somit vorwegnehmen und Sophie raten, wann sie besonders aufmerksam sein muss. Dass ich ihn als einen meiner Lieblingsfilme bis dato noch nie mit Sophie gesehen habe, spricht da Bände. Ich habe sie wahrlich viel zu selten an meinem Leben teilhaben lassen. *Die Regeln des Spiels* ist ein filmisches Meisterwerk über das Leben dreier junger Studenten am renommierten Camden College in New England. Sex, Drogen und Rock'n Roll. Der Film basiert auf dem 1987 erschienenen Roman *Einfach unwiderstehlich* von *Bret Easton Ellis.* Diesen hab ich auch gelesen, finde in diesem Fall aber ausnahmsweise den Film besser als das Buch. Ein Novum. Sophie scheint bislang nicht sonderlich begeistert von ihm zu sein. Vielleicht liegt es aber auch nur an der vegetarischen Lasagne. Sie schmeckt so lala, total enttäuschend. Irgendwas fehlt. Ich tippe mal auf Fleisch.

Nach dem Essen bringe ich die leeren Teller und das Besteck in die Küche und bin ganz überrascht als mir Anja über den Weg läuft. Waren Sophie und ich nicht eben noch alleine?

»Nanu«, sage ich verwundert.

»Nanu«, antwortet sie. »Was hast du denn da Schönes gekocht?«

»Was zu essen.«

»Nein, ehrlich? Es riecht nur so gut, deshalb frag ich.«

»Ach so, deshalb.«

»Boa, Mikka. Du kannst ja echt blöd sein.«

»Ja, ist ja gut. Ich hab eine vegetarische Lasagne für Sophie und mich gekocht. Nichts Besonderes, ist aber mega lecker. Du kannst gerne was abhaben. Nimm dir ruhig so viel du

willst, ist genug übrig. Wie kommt's überhaupt, dass ihr zu Hause seid?«
»Nee, sind wir gar nicht. Michael ist noch in der Klinik. Ich wollte nur ein paar ordentliche Klamotten von ihm abholen, weil wir heute Abend essen gehen. Von daher: danke für dein Angebot, aber ich bin schon versorgt. Weißt du, ich war letzten Monat mit meinen Eltern im *Schloss Lerbach* und Michael wollte da unbedingt auch mal hin. Und das machen wir nun heute Abend. Weißt du, dafür muss man schon was Vernünftiges anziehen. Gehobenere Kategorie eben.«
»Achso«, und »na dann mal viel Spaß« sage ich unbeeindruckt, weil ich einfach keinen Bock habe, mit dieser fiesen freundeklauenden Anja zu sprechen. Schnellen Schrittes verschwinde ich wieder in mein Zimmer zu Sophie. Ich finde Anja so unglaublich doof. Jetzt hat ihr Michael schon tatsächlich seinen Schlüssel anvertraut. Ich würde mich nicht wundern, wenn sie bereits ihren Eigenen besäße, was ja völlig unsinnig wäre, da sie ja ohnehin fast ausschließlich bei ihr in Köln-Lindenthal sind. Und dann zieht sie mich unterschwellig mit meiner faden, vegetarischen Lasagne auf und verschmäht sie einfach so. Hätte ich Lust auf ein Degustationsmenü aus *Nils Henkels* Michelin-Küche, in einem Gourmet-Restaurant im Kölner Umland, dann würde ich mich das jederzeit - und zwar lächelnd - die geforderten 120 Euro pro Person kosten lassen. Vielleicht. Ohne mir was Vernünftiges anzuziehen, versteht sich. Da muss Anja gar nicht groß mit hausieren gehen. Blöde Mistkuh.

Zurück in meinem Zimmer, kuschle ich mich hinter Sophie, die etwas müde auf den Fernseher blickt, auf das Bett und beginne zärtlich ihren Hals zu küssen. Das könnte ich im Lerbacher Schloss jetzt sicherlich nicht verwirklichen. So einen Nachtisch wird *Nils Henkel* nämlich nicht aus seiner Schürze zaubern können. Meine Hand findet schließlich langsam kraulend den Weg unter Sophies Bluse, während ich mir vorstellen muss, wie *Nils Henkel* vor Wut und Eifersucht seinen Kochlöffel in beiden Händen zerbricht. Sophie geht aber nicht wirklich auf meinen Annäherungsversuch ein, lässt mich fürs Erste jedoch gewähren und blickt weiterhin auf den 70-Zoll-Bildschirm, auf dem gerade *Victors* Trip durch Europa in kommentierten Bildern - im Schnelldurchlauf - brillant inszeniert wird:

»Ich bin nach London geflogen und in Heathrow gelandet, hab ein Taxi in die City genommen. Lass dir nichts erzählen, Jugendherbergen sind was für Arme. Wohn im Home-House, dem schönsten Hotel der Welt. Ich hab ne Freundin aus'm College angerufen, die Hasch verkauft, aber sie war nicht da…«

»Hm, Mikka. Komm schon, jetzt nicht.« Ich tue so, als habe ich Sophie nicht verstanden und beginne nun an ihrem Ohrläppchen zu knabbern, lasse meine Hand weiterhin unter ihrer Bluse herumkraulen.

»…viel Regen, alles viel zu teuer, brauch unbedingt Drogen, ab nach Amsterdam. Musste zum Glück kein holländisch reden, die Holländer haben mich auch so verstanden. Ich checke das Rotlichtviertel, guck mir ne Sexshow an, gehe ins Sexmuseum, rauche jede Menge Hasch. Ich lerne eine Schauspielerin kennen…«

»Mikka! Echt jetzt, ich will den Film schauen.« Unbeeindruckt küsse ich ihren Nacken weiter und habe inzwischen auch den Rest ihres Ohres im Mund. Meine Hand hat derweil das Terrain ihres Oberkörpers verlassen und sucht den Weg in die unteren Regionen ihres lieblichen Körpers.

»…wir halten in Florenz. Ich guck mir den riesigen Dom an. Eine Bombe explodiert, ich verlier das Pärchen, ist vermutlich besser so…«

»Mikka!«

»…ab nach Rom, da war's wirklich heiß und dreckig. Ist wie in L.A., nur mit Ruinen. Ich find, der Vatikan ist lachhaft pompös. Ich stand zwei Stunden in der sixtinischen Kapelle, die nach der Renovierung irgendwie unecht aussieht. Ich will zwei italienische Minderjährige überreden, dass sie's miteinander treiben, während ich mir einen runterhole, aber stattdessen spendier ich ihnen ein Eis. Ich trainier im Fitness…«

»Mikka! Echt jetzt, ich will das jetzt nicht! Nimm die Finger da raus!« Sophies barsche Indiskretion erschreckt mich, weswegen ich beschämt »ist ja gut« sage und meine Hände aus ihrer Hose nehme. Das hab ich mir jetzt aber ganz anders vorgestellt. Ich küsse sie ganz zärtlich auf die Wange neben das kleine Pickelchen und nehme sie in den Arm. In dieser Position schauen wir uns friedlich den Film weiter an. Noch nie hatte ich so wenig Lust Die *Regeln des Spiels* zu sehen! Sophie überwindet ihre Müdigkeit und muss gelegentlich lachen, aber Sex gibt es heute trotzdem nicht. Sex gibt es wohl schon im Film genug. Das ist in Ordnung. Und auch egal, denn Sophie und ich können unser ganzes gemeinsames Leben lang noch miteinander Sex haben.

»…verlauf mich und finde einfach nicht mehr aus der U-Bahn raus. Lerne ein süßes Mädel kennen. Darf auf ihr kommen, wenn ich nicht auf ihren Portsmouth-Mantel spritze. Wir dröhnen uns zu und hören Michael Jackson-Platten. Als ich wieder aufwache, führe ich Selbstgespräche. Hab mir nachts eine richtig große Beule zugezogen. Ich hol meine Sachen und erwisch gerade noch meinen Flieger nach Hause. Ich habe keine Ahnung wer ich eigentlich bin und komme mir vor, wie der Geist eines Wildfremden.«

SC Fortuna Köln – Alemannia Aachen II

»Jetzt macht schon, ihr Schlampen!«
Malte führt uns wieder einmal vor Augen, dass alkoholisierte Fans dem Sport nicht unbedingt gut tun. Die Fortuna liegt 0:2 gegen aggressive Aachenerinnen hinten. Anstelle einer aggressiven Antwort der Fußballdamen auf dem Platz, erledigen das ihre selbsternannten Fans dann abseits des Feldes auf die verbale Tour. Nicht, dass das was bringen würde, denn eine Wirkung zeigt sich nur einige Sitzreihen unter uns, bei einem kleinen Trüppchen Frauen und Männern des mittleren Alters, die durchaus die Eltern der Spielerinnen sein könnten und uns böse über die Schulter anblicken. Eine gelockte Blondine mit Fortuna-Käppi und T-Shirt schüttelt immens abfällig ihren Kopf. Ich stelle mir vor, dass sie die Mutter meiner Lieblingsspielerin, der Torhüterin ist. *Frau Kahn Senior. Gaby Kahn.* Mit rosa Lippenstift und Kippe auf dem Zahn. Eine gewisse Blutsverwandtschaft wäre vorstellbar. Sie ist ein bisschen dick und aufgedunsen, wie ein in die Jahre gekommenes Glücksbärchen. Als ich sie mir genauer betrachte, hat sie dann doch mehr Ähnlichkeit mit einem *Gummibärchen*, das man in einem Glas Wasser eingelegt und schlichtweg vergessen hat. So haben wir das früher immer gemacht. Geschmeckt haben die Weingummi-Brummen dann nicht mehr, aber sie sahen so lustig vergrößert aus. Nun, *Gaby Kahn* ist auf jeden Fall dick und irgendwie süß dabei. Obwohl ich darauf erpicht bin, Malte zu mehr Diskretion zu bewegen, muss ich bei ihrem Anblick und meinen dazugehörigen Gedanken leise lachen und reibe mir mit beiden Händen durch das Gesicht. Die Ruhigstellung Maltes erfolgt sodann von Johannes, dem sein Verhalten ähnlich unangenehm erscheint.
»Jetzt komm mal wieder runter, Alter! Du bist krass peinlich.«
Johannes versucht, Malte dabei mit sanfter Stimme zu beruhigen.
»Wenn du so weiter machst, werden wir noch des Stadions verwiesen.«

Seinem Anliegen verleiht er pädagogischen Nachdruck, indem er mit einem neuen Bier anstößt. So etwas lernt man in der Universität zu Köln.
»Prost, ihr Säcke!«
»Prost, du Sack!«
Johannes hat's drauf, Malte ist wieder runtergekommen. Eine nur kleine Runde schaffte es heute von uns ins Südstadion. Ben ist nicht mit von der Partie. Er trifft sich mit Tessa. Auf was Festes hat er zwar angeblich noch immer keine Lust, aber so langsam deutet alles darauf hin. Er scheint es sich nur noch nicht ganz eingestehen zu wollen. Hoffentlich entwickelt sich Ben nicht zu einem zweiten Michael. Das wäre furchtbar und würde meinem Männerherzen den Todesstoß versetzen. Michael ist sowieso nicht beim Spiel dabei. Anja hat mal wieder ihren Anspruch geltend gemacht. Sie wollte mit ihm brunchen und hinterher noch Tretboot fahren gehen. Irgend so ein ganz typisches Pärchenzeug. Ich glaube mir wird schlecht. Hoffentlich sinkt ihr Boot.

Das Spiel siecht so vor sich hin. Dann und wann nippe ich an meinem Kölsch und pfeife mein Unverständnis mit den Fingern heraus, wenn die Schiedsrichterin gegen Köln entscheidet. Malte packt seine Zigaretten aus und bietet Johannes und mir auch eine an. Während Johannes winkend ablehnt und - vermutlich sexuell motiviert - gespannt dem weiteren Spielverlauf folgt, greife ich fröhlich in die Schachtel und lasse mir daraufhin Feuer anbieten.
»Sach mal, Mikka«, Malte hält mir sein Feuerzeug angezündet hin. »Was ist denn jetzt mit Sophie? Ben hatte gesagt, du hättest jetzt *doch* nicht Schluss gemacht?«
»Ja, da hat der Ben wohl Recht gehabt.«
Dankend nickend entzünde ich mir die Zigarette und puste den weißen Qualm aus meinen Lungen.
»Das klappt mit Lena nicht. Die ist zwar supergeil, aber

Sophie und mich verbindet doch ein wenig mehr. Und ganz ehrlich: ich *kann* einfach nicht Schluss machen. Ich wollte ja, aber konnte nicht. Muss Schicksal sein oder so.«
»Ja nee, is klar. Du wolltest, aber konntest nicht Schluss machen? Alter, wenn du Eier hast, dann mach Schluss! Andere schaffen das schließlich auch.«
»Ja, aber nicht ich. Dafür sind wir zu lange zusammen. Dafür verbindet uns einfach zu viel. Kapierst du das nicht? Ich mache nicht Schluss. Die Sache ist endgültig. Lena ist raus.«
»Was verbindet euch denn so?«
»Und woher der plötzliche Sinneswandel?«
Johannes schaltet sich nun auch neugierig ein. Seine Nummer Neun wurde gerade ausgewechselt. Hinein kommt die Nummer Dreizehn. Offensivkraft für Offensivkraft. Die Höchststrafe, wenn der Wechsel nicht aus taktischen Gründen vollzogen wurde.
»Keine Ahnung.«
»Wie, keine Ahnung?«
»Halt keine Ahnung. Nee, im Ernst, kann ich nicht sagen. Ich wollte ja Schluss machen, hab das aber nicht übers Herz gebracht. Wir kennen uns wohl einfach zu lange, so dass ich nicht einfach Schluss machen kann. Also wenn's das gibt. Wir sind uns einfach zu vertraut und genießen… die Zeit dann letztlich doch miteinander einfach zu sehr, als das ich das einfach so… ne? Beenden könnte! Lena hin oder her. Bessere Frauen gibt es immer. Und wird es auch immer geben. Ich muss mich einfach zusammenreißen. Kleine Krisen gilt es zu überstehen. Die kommen und gehen.«
»Also bleibst du lieber unglücklich mit Sophie zusammen als mit Lena glücklich zu werden?«
»Ich bin nicht unglücklich.«
»Du führst also eine aktuell glückliche Beziehung?«
»Reine Interpretationssache. Ist doch relativ, aber ich denke schon.«
»Und der Sex?«

»Der Sex mit wem?«
»Mit Sophie, du Idiot.«
»Der Sex ist gut, aber darum geht es ja gar nicht.«
»Worum kann es sonst gehen, wenn es nicht um den Sex geht?«
»Boa, Leute! Lasst uns einfach das scheiß Spiel schauen, in Ordnung?«
Ich fühle mich ein wenig bedrängt. Außerdem schafft es die Fortuna einfach nicht, einen einzigen guten Torabschluss hinzubekommen, geschweige einen nur annähernd torfokussierten Spielaufbau.
»Ja komm, bleib mal locker! Worum geht es dir denn sonst, wenn nicht um den Sex? Du meintest, der Sex mit Lena sei phänomenal gewesen.«
»Das hab ich doch nie behauptet.«
»Aber war er, oder?«
»Der Sex war gut, ja. Ich war total betrunken und Lena noch mehr.«
»Und jetzt stell dir den Sex vor, wenn ihr beide erstmal nüchtern seid!«
»Darum geht es mir aber nicht. Hallo? Hört ihr mir zu?«
»Worum geht es dir denn?«
»Sicherlich nicht um den Sex.«
»Ja, aber worum dann?«

Wenn ich ehrlich bin, bin ich mir nicht zu hundert Prozent sicher, worum es mir geht. Oder worum es mir gehen sollte. Es sollte um die Liebe gehen. Natürlich. Blabla, die Liebe. Im Gegensatz zu Malte, wird es das sein, was Johannes hören will. Im Grunde ist es so einfach. Aber ich wage zu bezweifeln, dass die Liebe in dieser Hinsicht das primäre Motiv meines Handelns ist. Ich will doch nur wieder glücklich sein. Mit Lena könnte ich sehr wohl glücklich sein. Also vollkommen glücklich. So glücklich, dass ich überhaupt nicht mehr an andere Mädchen denken müsste. Das ginge aber nur, wenn ich wüsste, dass es Sophie gut ginge. Sie würde eine Trennung

zum jetzigen Zeitpunkt emotional einfach nicht verkraften. Andererseits muss ich doch auch in der Lage sein, dieses Ziel mit Sophie zu erreichen. Dieses vollkommene, unbekümmerte Glück. Teilziele habe ich ja schließlich schon erreicht. Es gab immer kürzere und auch mal längere Phasen in unserer Beziehung, in denen ich nicht annähernd unglücklich war. Was meinem oftmals temporären Glück mit Sophie fehlte, war die Konstanz, und die gilt es nun endlich zu erzielen. Und um dies zu erreichen, muss ich einfach nur erwachsen werden und nicht bei jeder erstbesten Gelegenheit in die Betten anderer Mädchen steigen.
»Erde an Mikka: worum geht es dir?«
Ich nippe an meinem Bier und überlege, was ich Malte antworten könnte. *Erde an Mikka?* Aus welchem 80er-Jahre-Streifen hat er das denn aufgegriffen? Und aus welchen Abgründen vergangener Sprachstile habe ich nun den Begriff *Streifen* hervorgeholt? Meine Gedanken schweifen ab und Malte schaut mich erwartungsvoll an. Ich könnte es ihm in den Worten *Livius'* versuchen zu erklären. Dieser war ein römischer Geschichtsschreiber und meinte, es sei wertvoller, Frieden zu haben, als auf einen Sieg zu hoffen. Auf die zwischenmenschliche Ebene übertragen, würde es meiner Meinung nach bedeuten, dass ich hinsichtlich der Beziehung mit Sophie im Grunde alles habe, was für einen angemessenen Seelenfrieden benötigt wird. Warum sollte ich also nach noch mehr oder etwas anderem vermeintlich Besseren streben, wenn ich vor der Erlangung dessen gar nicht weiß, ob es mich tatsächlich glücklich macht? Und auf diese Weise auf einen Sieg hoffe. Das wäre dann das Risiko des Spiels. Diese Vertrautheit mit Sophie, dieses eingespielte Team, zu dem uns schlichtweg die lange gemeinsame Zeit geformt hat, gilt es im gesetzten Falle einer Trennung wieder mühsam von Beginn an aufzubauen. Das ist es doch. Das kommt der Sache am nächsten. Warum in die Ferne schweifen, wenn das Gute so nah liegt? Die Quintessenz. Das hab ich aber jetzt gut aus dem Wirrwarr meiner Synapsen gezogen. Aber das ver-

stünde Malte nicht. Wobei… halt! Muss er auch nicht, denn die Nummer Elf läuft soeben allein auf die Aachener Torfrau zu. Da hat sie sich geschickt durch den Abwehrriegel der Aachener gemogelt. Sie wird doch nicht?

»Toooor«, schreit Malte.

»Toooooor«, schreit auch Johannes.

»Jaaaaaaaaaaaa«, schreie ich und bin froh, dass ich nun nicht mehr der Mittelpunkt des Interesses bin.

Unsere südländische Fortuna-Stürmerin befreit mich aus meiner misslichen Lage. Das ist auch gut so, denn ich komme mir vor, wie vor einem Schiedsgericht. Bin ich Angeklagter? Wohl kaum. Angeklagt werden sollte eher die Abwehrreihe der Alemannia. Wie aus dem Nichts und auch völlig unverdient gelingt der Fortuna ihr erster Torschuss der Partie. Und niemand anderes als die wieselflinke Nummer Elf der Fortuna war dafür verantwortlich. Lässig wurde die Torhüterin umlaufen, die nicht den Hauch einer Gegenwehr zeigte. Jetzt hält sie sich die Hände vor ihr Gesicht, die teilzeitblinde Torhüterin aus der alten Kaiserstadt Aachen. Es herrschen ein verhaltener Jubel bei den Fortuna-Damen und ein völlig losgelöster Jubel auf den Sitzplätzen neben mir. Auch ich balle spontan meine Fäuste und schreie sitzend ein hartes »Yes« aus mir heraus. Das Tor interessiert mich eigentlich weniger als vielmehr die dankend angenommene Möglichkeit, aus dem Fragen-Trommelfeuer von Malte und Johannes zu entkommen. Ein losgelöster und zumindest von meiner Seite durchweg zweckmäßiger Torjubel. Ein alkoholisierter Malte geht da hingegen mit echten Emotionen an die Sache heran und perfektioniert seinen Jubel, indem ihm beim Aufspringen die Zigarette aus dem Mund fällt, er beide Arme in die Höhe reißt und dabei sein Bier noch in der rechten Hand hält. Malte hat gutes Trinktempo, daher kann das Bier bei ihm nur selten überschwappen. Er grölt und lässt seine Hüften steif und unkoordiniert kreisen, was schlichtweg dumm und selbstverständlich peinlich aussieht. Ich beginne, mich wieder für ihn zu schämen. Die kleine Fan-Ansammlung unter uns freut sich auch, jedoch viel verhaltener. Mehr Leidenschaft legen sie in ihre vorwurfsvollen Blicke, die uns ein zweites Mal treffen. Malte dreht sich nun im Kreis und tanzt zu seinem ganz eigenen Torjubel der Peinlichkeit auf der Stelle. Johannes reagiert da sehr viel nüchternder, was im wörtlichen Sinne auch nicht schwierig ist, da Malte inzwischen wahrlich zu viel Bier getrunken hat. Johannes klatscht in der Manier eines Interimstrainers in seine Hände und feuert seine Spielerinnen nur mit *»Jawoll! Weiter so! Auf geht's!«* an nachzulegen, um den möglichen Ausgleich dingfest zu machen. Vermutlich will er seinem Schwarm mit der Nummer Neun guten Sportlergeist suggerieren und auf diese Weise auf sich aufmerksam machen. Diese sitzt jedoch längst geduscht auf der Bank und schaut dem Spielgeschehen passiv zu. Johannes Anfeuerungen muss sie trotzdem gehört haben, denn auch sie dreht sich um, schaut zu uns hoch auf die Tribüne und… muss lächeln. Das bleibt auch Johannes nicht verborgen. Johannes hat es gut. Er ist solo und kann tun und lassen, was er will. Er muss sich nicht mit so müßigen Problemen auseinandersetzen, wie ich in der meinigen Situation. Wenn er sich nicht allzu blöde anstellt, kann er ganz bedenkenlos seine Nummer Neun kennen- und auch lieben lernen, weil er - im Gegensatz zu mir - keine Sophie an seiner Seite hat. Und damit keinen emotionalen Ballast. Mein Gott, was höre ich mich da nur denken?

Der ohnehin schon verhaltende Jubel auf dem Platz verstummt so schnell wie er aufgekommen war. Der Anstoß wird ausgeführt. Die Fans haben sich wieder gemütlich auf ihre Sitzschalen herabgelassen. Nur Malte tanzt noch immer und singt, unbeeindruckt von fremden Blicken, Plattitüden in die Luft. Neben der Fan-Gruppierung schauen nun auch einige Leute der beiden Trainerbänke zu uns hoch. Ich versinke in der Sitzschale neben Malte so tief wie es nur geht, rauche meine Zigarette bis zum letzten verbliebenen Krümel Tabak zu Ende und freue mich, dass ich nicht weiter Rede und Antwort stehen muss. Für heute war es allerdings Maltes letzter Tanz: die Fortuna verliert ausnahmsweise zu meiner Freude - mit 1:4.

Tor

Ich kann mir nicht helfen, aber heute ist ein schöner Tag. Die Sonne scheint und Köln kann sich über sommerliche 28 Grad im Schatten freuen. Junge Kölnerinnen übertrumpfen sich gegenseitig in der Wahl ihrer knappen bis textillosen Outfits; türkische Familienoberhäupter knabbern Jahresernten an Sonnenblumenkernen auf städtischen Parkbänken; der FC Bayern hat durch einen, zugegebener Weise wirklich glücklichen, 2:1-Erfolg gegen den Hamburger SV seinen diesjährigen Meistertitel praktisch fix machen können; und Sophie kommt gleich zum Abendessen vorbei. Ich habe mir vorgenommen, mich für ihre großartige Quiche Lorainne von neulich zu revanchieren, weshalb ich sie heute ganz fürstlich bekochen werde. *Fürstlich* liegt dabei im Auge des Betrachters und verhält sich im vorliegenden Kontext wohl eher mit *solider Bescheidenheit* synonym. Es gibt nur eine vegetarische Bolognese, aber hinsichtlich meines studentischen Lebensabschnittes, kann auch eine Bolognese unter der Rubrik »fürstlich« geführt werden. Alles eine Frage der Zubereitung. Sophie ist neuerdings ganz versessen auf vegetarische Kost. Nach der zuletzt servierten Lasagne, ist nun ein weiteres Nudelgericht in vegetarischer Variation an der Reihe. Es wird sicherlich die geschmackvollste und leckerste Bolognese, die Sophies Geschmacksinn jemals wahrgenommen haben wird. Die vielen auserlesenen - und diesmal von mir tatsächlich frisch ausgewählten Zutaten - sollen eine regelrechte Geschmackssinfonie auslösen, die Sophie die vielen von mir verursachten Ungerechtigkeiten vergessen lassen soll. Das ist natürlich nicht möglich. Zum einen weiß sie ja gar nicht, was sie vergessen soll, und zum anderen ist es nur ein kleiner erster Schritt der Wiedergutmachung. Ein symbolischer Akt meines neuen, rechtschaffenden Wesens. Symbolisiert durch eine vegetarische Bolognese voller Charakter. Es wäre ein Fehler, mein maximales Potential bei erstbester Gelegenheit abzurufen, mein Pulver unüberlegt zu verschießen. Ich habe mein ganzes Leben lang noch Zeit, die im Grunde gegenwärtig neu entdeckte Liebe meines Lebens zu bekochen. Ich muss mich also peu à peu in den ihr zubereiteten Gerichten steigern, bis ich ihr schließlich am Zenit unseres Lebensalters die Meister-Kreation serviere, die in ihrer Perfektion radikalisiert ist und alles, aber auch wirklich alles vorher Gewesene in den Schatten stellt. Das alles funktioniert natürlich nur, wenn wir zu jener Zeit noch in der Lage sind, mit unseren eigenen Zähnen selbstständig zu essen. Servierte ich ihr beispielsweise schon heute die Meister-Kreation, läge sie mir zwar heute Nacht zu Füßen, könnte in der Folge jedoch nur noch von mir enttäuscht werden, weil die gezeigten Kochkünste nicht mehr übertroffen werden könnten.

Schon erstaunlich, was ich mir für Gedanken machen kann, wenn ich mir eine vegetarische Bolognese schönreden will. Andererseits hat das auch was mit Zukunftsplanung zu tun. In der Regel beschäftige ich mich mit Plänen, die meine Zukunft betreffen, nahezu überhaupt nicht, und mit Plänen, die Sophies und meine Zukunft angehen, erst recht nicht. Aber hier scheint klammheimlich eine immer deutlich werdendere Zäsur in meinem habituellen Denken stattgefunden zu haben. Die Phase handlungstheoretischer Unzulänglichkeit, hervorgerufen durch postpubertäre Gefühlswallungen, hat sich gelegt, und an ihrer statt sind traditionelle Frühlingsgefühle für Sophie, die Bodenständigkeit und die Vernunft getreten.

Das Intermezzo mit Lena gehört endgültig der Vergangenheit an. Ich muss zwar noch immer an sie denken, aber in erster Linie deshalb, weil sie sich genauso wenig bei mir gemeldet hat, wie ich mich bei ihr. Warum tut sie das? Das stört mich auf eine eigenartige Weise, denn trotz meiner endlich eingetretenen persönlichen Gewissheit, bin ich von mir selbst überzeugt genug, dass ich es als einen Fehler von Lena ansähe, mich so ganz ohne Kampfeswillen der Konkurrenz, also Sophie, zu überlassen. Lena und ich sind in Wahrheit wahrscheinlich gar nicht so verschieden. Menschen wie wir kämpfen nicht. Menschen wie wir, die lassen um sich kämpfen. Letztlich werde ich Lenas Geduld und sicherlich auch ihr Verständnis für meine Unentschlossenheit überreizt haben. Das Ende unserer außerplanmäßigen Liaison wurde von mir selbst gewählt, womit ich mich in der Art und Weise auch nicht gerade mit Ruhm bekleckert habe. Geschickt, aber zutiefst feige und ängstlich vor größeren Aussprachen, ließ ich die Sache einfach im Sande verlaufen. Ich machte mich bezüglich meiner Verfügbarkeit auch weiterhin äußerst rar und ging Lena bei jeder nahenden Möglichkeit aus dem Weg. Mit Ausnahme des verpflichtenden Seminars bei Herrn Dr. Gremberg, besuchte ich nach meiner pseudo-grippalen Genesung in der vorherigen Woche nur noch zwei weitere Veranstaltungen, um mein pflichtbewusstes Gewissen zu beruhigen und schraubte so meine universitäre Besuchszeit auf ein beispielloses Minimum zurück. Nur, um nicht Gefahr zu laufen, irgendwie und irgendwann doch noch Lena gegenüberstehen zu müssen. Neben der Universität musste auch das Kölner Nachtleben meine partielle Abwesenheit in Kauf nehmen. Die Gefahr, Lena zu treffen, war schließlich auch hier unkalkulierbar. Ben, der zurzeit unattraktiv viel Zeit mit Tessa verbringt, ließ via Telefon ein paar Mal in ihrem Namen fragen, was nun mit mir und Lena sei. Da er jedoch anders als Tessa über mein Denken Bescheid weiß, waren in diese Richtung verlaufende Gespräche auch schnell wieder von anderen Themen - zum Beispiel Fußball - überlagert. Der mir selbst auferlegte soziale Rückzug sollte wiederum Sophie zugute kommen, aber an den zwei von mir vorgeschlagenen Tagen, an denen ich mit ihr ins Kino beziehungsweise doch lieber vor den Fernseher wollte, konnte sie wegen einer firmeninternen Jubiläums-Feier und eines angeblich schon früh geplanten zweiten *Grey's Anatomie*-Abends mit Corinna leider nicht in den Genuss kommen, erfüllende Zeit mit mir zu verbringen. Schlussendlich fand ich das ganz gut und praktisch. Ich hab mich nämlich analog dazu mit zwei Staffeln *Dexter* und drei Staffeln *Shameless* beschäftigt, die mir nachhaltig matschige Gehirnhälften, viereckige Augen und zermürbende Kopfschmerzen bescherten. Von wegen Serien-Marathon. Das war ein Serien-Iron-Man. Und ich hab ihn überstanden. Dazu wäre ich wohl sonst nicht gekommen. Obwohl… zumindest nicht an diesen beiden Tagen.

Als Sophie an der Türe klingelt und ich mich tatsächlich aufrichtig und ungespielt freue, sie in die Arme zu nehmen und zu küssen, sie hochzuheben und ihre Beine wieder wie den Pendel einer Uhr baumeln zu lassen, brutzelt die Bolognese wohlriechend in der großen, runden Teflon-Pfanne. Dadurch, dass Michael zur Abwechslung wieder ganztätig in der Uni eingespannt ist und im Anschluss daran den Abend mit Anja in irgendeinem Kölner - mit Michelinstern ausgezeichneten - Szene-Restaurant verbringt, habe ich erneut sturmfrei, womit mir auch unser Gemeinschaftsraum zur freien Verfügung steht. Ich habe unseren sonst zur Ablage missbrauchten Esstisch in einen liebevoll hergerichteten Platz der Nahrungsaufnahme verwandelt, indem ich ihn von der zentimeterdicken Staubschicht befreite, ihn mit verkorkten Platzdeckchen, sauberen weißen Tellern, Rotweingläsern und Kerzen ausschmückte. In den Tiefen unserer Schubladen habe ich zwar noch einen noblen, silbernen Kerzenständer gefunden, jedoch keine dazugehörigen langen Kerzen, weswegen ich dann leider auf die günstige Variante in Form zweier Teelichter aus dem Drogeriemarkt ausweichen musste. Und es sieht trotzdem toll aus. Ich habe sogar, obwohl das Menü nur aus einem einzigen Gang besteht, das Besteck normgerecht der Etikette entsprechend angeordnet. Vorspeise, Hauptgang, Dessert – alles schön von außen nach innen, neben den Tellern positioniert. Ein kleiner Jux meinerseits. Wenn auch nur ein Drittel des Besteckes gebraucht wird, so sieht es doch edel und schön aus. Und das Auge isst bekanntlich mit. Eine führende deutsche Supermarkt-Kette ließ mich einen südafrikanischen Rotwein günstig erwerben, den ich uns, während mein linker Unterarm dann mit einem weißen Handtuch umlegt ist, einschenken werde. Am Kopfende lagert das preislich überschaubare Tröpfchen in einem kleinen silbernen Metall-Eimer, den wir in unserer Wohngemeinschaft zur Aufbewahrung selten benutzter Putzsachen verwenden. In den Eimer würden Eis und Sekt zwar besser passen, aber auch hier: es sieht gut aus. Aus dem Internet lud ich am frühen Abend nicht ganz legal einen Mix klassischer Musik herunter, den ich zur Untermalung des Ambientes bereits in der Endlosschleife eingeschaltet habe. Wegen des blechernen Sounds durch die Laptop-Lautsprecher nicht zu 100% authentisch, aber dennoch ein Ohrenschmaus, der sich nahtlos in den prophezeiten Augen- und Gaumenschmaus einreihen wird. Heute Abend werden alle Sinne ein kleines Feuerwerk erleben. Und auch die Ohren essen mit.

Als ich die Haustüre öffne, steht Sophie noch nicht davor, sondern stapft sehr gemächlich und trotzdem hörbar atmend das Treppenhaus hinauf. Auf Sichthöhe begrüße ich sie elegant auf Französisch mit »bonsoir madmoiselle« und strahle ihr mit einem breiten Lächeln entgegen. Sie erwidert nur ein kurzes »Hey«, das sicherlich ihrer fehlenden körperlichen Fitness geschuldet ist. Sophie ist rank und schlank, besitzt abgesehen von ihrer Körpergröße nahezu perfekte Modelmaße, aber sportlich war sie noch nie in ihrem Leben. Einmal habe ich sie zu einem kurzen Dauerlauf überreden können, der nach nur wenigen Minuten wegen eines lauthals geführten Disputs hinsichtlich des unterschiedlichen Lauftempos pausiert werden musste und nach Neubeginn schließlich in einem für mich entspannenden Spaziergang mündete. Nun steht sie da, sich ihrer körperlichen Grenzen bewusst, fast peinlich berührt und kämpft sich auch die noch ausstehenden Stufen zum Ziel hinauf. Gesenkten Hauptes, mit Blick auf den Boden gerichtet. Um die Schulter trägt sie ihre schwarze Handtasche von *George Gina & Lucy*, die mir wegen des übergroßen Zierschlosses schon immer zuwider war, und eine rote Discounter-Plastiktüte in der linken Hand. Wahrscheinlich traut sie mir die Zubereitung einer durch und durch köstlichen Bolognese nicht zu und hat vorsichtshalber den ein oder anderen Plan B eingekauft. Da wird sie sich aber noch wundern. Muhaha. Meine Bolognese ist der Hammer. Kaum steht sie vor mir, greife ich sie mir und gebe ihr einen dicken Kuss auf den Mund, der etwas zaghaft erwidert wird. Dann hebe ich sie in bekannter Manier hoch und lasse sie nach rechts und links baumeln. Im Hintergrund läuft das vorhin heruntergeladene Potpourri klassischer Musik. Meine Ohren vernehmen *Also sprach Zarathustra* von *Richard Strauss*, was mich im Resultat schmunzeln lässt. Zum einen, weil ich mich freue, ein klassisches Lied beim Namen nennen zu können und zum anderen, weil das jetzt irgendwie ganz gut zu der Situation passt. Als habe es etwas Schöpferisches, wie Sophie von mir in die Luft gehoben wird. Da muss ich mir ein recht kommerzielles Best Of heruntergeladen haben, das durchaus schön anzuhören ist, jedoch nicht wirklich zum abendlichen Essen passt. Ich schmunzle noch immer als ich Sophie wieder hinunter lasse, bin aber sodann etwas verwirrt, weil sie mich fast vorwurfsvoll fragt, ob ich jetzt auf dem »Klassik-Trip oder was« sei und an mir vorbei in die Wohnung schleicht. Meine linke Augenbraue wird hochgezogen, ich schließe die Türe und folge Sophie ins Wohnzimmer, in dem sie sich bereits auf ihrem Platz samt umgeschnallter Handtasche und Tüte in der Hand niederlässt. Zwar wollte ich ihr ganz gentlemanlike den Stuhl zurechtrücken, erfreue mich aber stattdessen an ihrer Zielstrebigkeit, das Abendmahl schnell beginnen zu wollen. Da scheint jemand wirklich großen Hunger zu haben, den es schleunigst zu stillen gilt. Dennoch bin ich um ein wenig mehr Gemütlichkeit bemüht.

»Darf ich ihnen, bevor sie beginnen zu dinieren, ihre Sachen

abnehmen, schöne Frau?«
In höflicher Erwartung stehe ich neben ihr und beginne zuvorderst die Plastiktüte vom Discounter an mich zu nehmen. Sophie löst ihren festen Griff um die Plastik-Schlaufen und lässt mich ihr die Tüte abnehmen. Dabei schaut sie mir ganz kurz in die Augen, ehe sie ihren Blick wieder abwendet und ergänzt, dass es sich nicht um die ihren, sondern um meine Sachen handele. Überrascht schaue ich in die Tüte hinein. Während aus den Laptop-Boxen seichte Klassik, dominiert von Violinen und Bratschen ertönt, erblicke ich anstelle der spekulierten B-Pläne fürs Abendessen meine einst bei *eBay* ersteigerte *Drei-Fragezeichen*-Sammlung, bestehend aus unglaublichen sieben Kassetten; zwei meiner Boxershorts, die ich schon seit längerer Zeit vermisst habe; die beiden *The Hives*-Alben *Veni Vedi Vicious* und *The Black and White Album*; sowie meine *WM 2010*-DVD mit sämtlichen Highlights und den kompletten Spielen deutscher Beteiligung. Die hatte ich zwar nicht vermisst, freue mich aber trotzdem, sie nun wieder in meinen eigenen Händen halten zu können. Die muss ich wohl einst bei Sophie vergessen haben, als wir uns nach einem wunderschönen spätsommerlichen Tag bei ihren Eltern zu Hause zu einem familiären Grillabend einfanden. Sophies Vater Jürgen und ihr Onkel Peter sind große Fußballfans und auch, wenn ihre Vereinsherzen für den FC Schalke 04 schlagen, auf *ihre* Art nette Menschen. Auf Anfrage habe ich dann die DVD mitgebracht, die nach einem sehr üppigen und fleischlastigen Essen am späteren Abend auch ausschnittweise auf der fünf Quadratmeter großen, medial präparierten Public-Viewing-Terrasse via Fernseher abgespielt wurde. Peter war dann aber während des Spiels gegen England, das unser DFB-Team niederschmetternd mit 4:1 schlug, dermaßen alkoholisiert, dass er nicht nur die gesamte Nachbarschaft wach und sauer grölte, sondern auch seine geballte Freude, die er durch die visuell hervorgerufene Erinnerung an die im Sommer 2010 erlebte Fußball-Euphorie neu entdeckte, aus den Tiefen

seines Magens buchstäblich in hohem Bogen hinauskotzte, womit der Grillabend, durch den Groll der umliegenden Nachbarschaft *sowie* der anwesenden Ehefrauen, schließlich ein jähes Ende fand. Sophie war das wie ihrer Mutter und allen anderen anwesenden Frauen fürchterlich peinlich. Ich fand das hingegen alles halb so wild. Im Gegenteil: es war urkomisch und ich kann heute noch immer bei dem Gedanken über das dort Erlebte herzlich lachen.

»Cool«, sage ich. »Wusste gar nicht, dass du den ganzen Kram noch hattest. Haste aufgeräumt?«

»Mikka, ich glaub ich kann das nicht mehr.«

Sophie dreht sich vorsichtig in meine Richtung und schaut mich mitleidig an. Sicherlich ist sie diejenige, der Mitleid gebührt. Was muss da heute wohl auf der Arbeit Schlimmes passiert sein? Nicht, dass sie ihre Ausbildung gedenkt abzubrechen. Oder ist ihr gekündigt worden? Ich stelle die Tüte noch immer vergnügt und voller Vorfreude auf das Essen zur Seite und setze mich ihr gegenüber an den Esstisch. Über den Tisch hinweg versuche ich Sophies Hand zu greifen, doch diese ist zu weit weg und Sophie macht auch keine Anstalten, mir entgegen zu kommen. So bleibt meine Hand samt dazugehörigem Arm quer auf dem Tisch liegen. Ich sehe mich genötigt, die etwas merkwürdig traurige Atmosphäre, die nun so überhaupt nicht für den heutigen Abend geplant war, durch eine nicht ganz ernst gemeinte Frage zu lockern:

»Was kannst du nicht mehr? Aufräumen?«

Ein breites Lächeln stiehlt sich in mein Gesicht. Schon klar, dass sie nicht vom Aufräumen in ein unvorhersehbares Stimmungstief verfallen ist. Ich muss dafür sorgen, dass sie nun schnell wieder zur guten Laune findet. Die Auflockerung verfehlt jedoch ihren Zweck. Sophies Mundwinkel werden durch die Schwerkraft immer weiter hinuntergezogen. Als seien sie eine Attraktion im Panoptikum *Madame Tussauds* und durch die sommerlichen Temperaturen nicht mehr in der Lage, ihre Form zu halten. Eine skurrile Vorstellung, die in mir

das Verlangen speist, ihr Gesicht unter mächtigen Kühlpacks zu begraben. Sophie schweigt. Was ist da los mit ihr?
»Ähm, Sophie? Alles okay?«
Sie verhält sich gerade ziemlich mutistisch, hat aber wenigstens wieder Augenkontakt hergestellt. Ihre kristallklaren Augen schauen mich abwartend an. Erst jetzt fällt mir auf, dass ihre Augen blau und im Schein der flackernden Teelichter, durchmischt mit dem abendlichen Tageslicht, wunderschön sind. Dann werden sie etwas glasig. Und dann kullert plötzlich eine dicke Träne aus ihrem rechten Auge, rollt schnellen Tempos schnurstracks die Wange hinab und verweilt einen kurzen Augenblick am äußeren Rand ihres Kinns, ehe sie plump auf den vor ihr stehenden weißen Porzellanteller tropft. *Plopp.*
»Sophie, du kannst mit mir über alles reden. Scheiße, ist da auf der Arbeit irgend…«
»Mit uns!« Sophie unterbricht rüde mein empathisches Herantasten. »Ich kann das mit uns nicht mehr.«
Wie sie *das* nun wieder meint? Während ich etwas rätselnd vor ihr sitze, gesellen sich noch weitere Tränen Sophies zu dem weißen Porzellan. Das *Plopp, plopp* ihrer Tränen ertönt asynchron zum Rhythmus, den die Streichinstrumente vorgeben. Als auch Sophie dies bemerkt, lehnt sie sich zurück und sucht in ihren Hosentaschen nach einem Taschentuch, das sie auch findet. Wie unaufmerksam von mir. Das hätte sie natürlich auch von mir haben können. Als sie ihr Gesicht von Tränen getrocknet und ihre Nase vom begleitenden Rotz befreit hat, setzt sie aufs Neue an.
»Mikka, ich hab da lange drüber nachgedacht und auch oft und lange mit Corinna und so drüber gesprochen. Vielleicht ist das einfach besser für uns beide, wenn wir…«
»Stopp!«
Diesmal bin ich derjenige, der den sich Gegenüberliegenden rüde unterbricht. Sophie guckt mich aus nassen und großen Augen an, während es mir endlich wie Schuppen von denselbigen fällt. Das kann unmöglich ihr Ernst sein. Nicht

Sophie. Und vor allem nicht jetzt. Sollte ich in den vergangenen Wochen tatsächlich an jeglicher Realität vorbei gelebt haben? Die seltenen Treffen, der ausbleibende Sex, ihre lethargischen und schlichtweg schlechte Launen, die Tüte mit meinen Sachen und nun ihr begonnenes Abschlussplädoyer. Das macht auf erschreckende Weise alles durchaus Sinn.
»Sophie? Machst du gerade Schluss mit mir?«
»Mikka, alles andere ist doch zwecklos. Ich hab dir so oft zu verstehen gegeben, dass ich nicht wirklich glücklich bin. Du musst mir ja nicht mal unbedingt sagen, dass du mich liebst, aber du gibst mir auch nicht auf anderen Wegen das Gefühl gemocht, gebraucht, geliebt zu werden. Du bist immer unterwegs, Party hier und Party da und für mich hast du nie Zeit. Und es ändert sich einfach nichts. Du wolltest mich mal mitnehmen. Ich warte da bis heute drauf. Das zeigt ja nur, wie wichtig ich dir bin.«
»Das stimmt doch überhaupt nicht, ich hab dich letzte Woche zweimal gefragt, da konntest du wegen deiner Firmenfeier und Corinna nicht.«
»Ja toll, die letzte Woche! Und davor? Ich kenne keinen einzigen deiner Freunde, weil du mich nie mitnimmst.«
»Das stimmt doch genauso wenig. Die meisten hast du schon alle mal gesehen.«
»Gesehen, aber deswegen kenne ich sie doch nicht.«
»Also Michael kennst du schon mal sehr gut.«
»Das ist ja auch dein Mitbewohner, Mikka. Das ist doch was ganz anderes.«
»Ben? Was ist mit Ben? Den kennst du auch.«
»Ja toll. Damit wären es zwei. Dein Mitbewohner und dein Jungendfreund.«
»Ben ist mein *bester* Freund. Im Grunde brauchst du auch niemanden sonst zu kennen. Ich kenne deine komischen Kollegen ja auch nicht, mit denen du tagtäglich zusammenarbeitest.«
»Ja, ich kann das jedenfalls nicht mehr. Tut mir Leid.«

Sophie beginnt aufs Neue zu weinen, schluchzt leise, schiebt den Stuhl zurück und steht auf. Ich bin noch immer total irritiert und kann das gerade alles nicht glauben, weswegen ich zunächst sitzen bleibe und sie mit übereinander geschlagenen Beinen wie ein Auto anschaue. Sie zieht ihr türkisfarbenes Spagetti-Oberteil wieder in Position und scheint tatsächlich in Erwägung zu ziehen, ohne meine vegetarische Bolognese auch nur probiert zu haben, wieder zu gehen. Oh Gott, die Bolognese. Sie wusste doch, dass ich heute für sie kochen wollte. Das war geplant. Die ganze Mühe. Der Einkauf, die Zubereitung, die Herrichtung des Ambientes. Hätte sie mir im Vorfeld keine informierende Nachricht schreiben können:

»Du, brauchst nicht für mich mitkochen.
Wollte nur kurz zum Schlussmachen vorbeikommen.«

Das hätte mir viel Arbeit erspart und ich müsste sie nicht noch immer wie ein am Straßenrand vergessener und längst abgemeldeter PKW angucken. Verdammt noch mal, wir waren zum Essen verabredet. ZUM ESSEN! Nicht zum Trennen! Allmählich werde ich richtig sauer. Was denkt die sich dabei? Nach all den verkackten Wochen. Da kann sie noch so viele Tränen aus ihren verlogenen Augen hinausdrücken, die mich im Augenblick so heuchlerisch mitleidig anschauen.
»Mikka, tut mir echt Leid… ich geh dann jetzt, ja?«
Sie geht dann also jetzt? Einfach so? Kein Wort zur Bolognese? Ich will jetzt unbedingt souverän wirken und die Situation kontrolliert meistern. Bloß keine Schwäche zeigen. Ich schlucke meinen Ärger, unter der Sorge fürchterliche Magenschmerzen zu bekommen, hinunter und setze ein verständnisvolles Lächeln auf. Dann erhebe auch ich mich und umarme sie.
»Tut mir auch Leid«, sage ich ihr mit ruhiger Stimme direkt ins Ohr, während sie nach dem jetzigen Stand ein letztes Mal die

Wärme meines Körpers zu spüren bekommt.
»Du hast Recht, vielleicht ist das wirklich besser so«, ergänze ich und ich geleite Sophie zur Türe.
Dort bekomme ich noch über ihre Schulter ein weinerliches »Machs gut« geschenkt, bevor ich nickend und voller vorgespieltem Verständnis die Türe langsam wieder schließe. Das geht gerade alles viel zu schnell. Kaum ist die Türe geschlossen, muss ich den kürzlich hinuntergeschluckten Ärger wegen seiner Unverdaulichkeit wieder hinaufwürgen. So eine blöde Arsch-Kuh! Ich muss sofort an Lena denken und lachend den Kopf schütteln. Hätte ich mich doch nur für sie entschieden. Hätte ich doch auch nur so viel Skrupellosigkeit wie Sophie an den Tag gelegt, als sie für mich diese verfickte Quiche Lorainne backte. Dann hätte ich nämlich Schluss gemacht, wäre ihr zuvor gekommen und sie säße dann auf ihrer Quiche und nicht ich auf meiner verfickten scheiß Bolognese. Ich schenke mir ein Glas Rotwein ein und habe dabei tatsächlich das weiße Handtuch um meinen linken Unterarm gelegt. Ich lasse mir den Abend doch nicht von Sophie versauen. Das Handtuch landet dann aber trotzdem in einer Ecke auf dem Fußboden. Dann tue ich mir reichlich Spagetti und Bolognesesoße auf den Teller und beginne alleine zu essen. Die Bolognese schmeckt gar nicht so gut, wie erhofft. Eigentlich schmeckt sie zum kotzen, was nur am fehlenden Fleisch liegen kann. Vegetarischer Scheißdreck. Da wird lieber noch mal Wein nachgeschenkt. Die Bolognese bleibt stehen. Im Hintergrund läuft ein zweites klassisches Stück, das sich meiner Kenntnis erfreut: *Der Ritt der Walküren* von *Richard Wagner*. Wie passend. Wie ironisch.

Das war's dann also? Machs gut? Von wegen, die kommt sowieso zurück. Spätestens wenn Sophie zu Hause angekommen ist, schreibt sie mir eine Nachricht, in der sie mir mitteilt, dass sie traurig ist und mit mir noch einmal über alles reden möchte.

Halbzeit

Sophie hat mir nicht geschrieben.
Seit nunmehr 45 Stunden, in denen ich kaum geschlafen, dafür aber umso mehr getrunken und geraucht habe, hat Sophie entgegen meiner Spekulationen kein Sterbenswörtchen von sich hören lassen. Ben musste lachen als ich ihm am Telefon die Neuigkeiten schilderte und fand das alles sehr erfreulich, weil der Weg ja nun endlich für Lena frei sei. Da hat er mich von Anfang an nicht verstanden. Diese will ich gar nicht mehr. Geschweige, dass sie mich jetzt überhaupt noch haben wollte. Ich will Sophie, das weiß auch Ben. Meine Gedanken kreisen, als säßen sie in einer Zentrifuge des NASA-Astronautentrainings. Sie versuchen noch immer zu erklären, wie das alles passieren konnte. Jetzt, wo ich mir doch endlich sicher war, mit Sophie mein Leben zu verbringen. Ich hätte ihr alles gegeben, hätte alles getan. Wenn ich nur früher geahnt hätte, dass der Ernst der Lage so verheerender Natur war.

Michael meinte trocken, dass es noch nicht zu spät sei. Sie wolle nur sehen, dass ich mich bemühe und dann kämen wir ganz schnell wieder zusammen. Ich würde schon sehen und Anja sähe das auch so. Die doofe Anja. Erst klaut sie mir meinen Freund und Mitbewohner und dann mischt sie sich noch in meine persönlichen Angelegenheiten ein. Sophie ist meine Sache, das geht sie gar nichts an. Wenn ich mich bemühe, bekäme ich sie also ganz schnell wieder? Wie blöd ist das denn? Muss ich mich nun tatsächlich bemühen? Ich fühle mich wie der FC Bayern, der trotz seiner spielerischen Dominanz gegen einen unterklassigen Verein völlig überraschend zur Halbzeit hinten liegt. Unvorhergesehen ausgespielt, womit ausgenommen der asiatischen Wett-Mafia wohl kaum jemand gerechnet hätte. Der Vergleich hinkt ein wenig, da ich Sophie unter Wert vergleiche. Sie kann durchaus solides Bundesliga-Niveau für sich beanspruchen. Vielleicht sogar einen Championsleague-

Qualifikationsplatz. Was red ich da, sie hätte auch das nötige Potential die Championsleague zu gewinnen. Aber warum meldet sie sich dann nicht bei mir? Meine Augen kleben seit zwei Tagen förmlich an dem Display meines Handys und erwarten eine Kurznachricht meiner designierten Ex-Freundin. Sie wird doch wohl nicht aus dieser ernsten Situation ein Spiel machen wollen? Eine Machtprobe, die sie gewinnen will, indem ich mich zuerst bei ihr melde? Wenn sie diesen Psychokrieg tatsächlich mit mir austragen will, sollte sie sich darauf gefasst machen, dass ich kein anthropomorphisiertes Polen, sondern ein schlichtweg nicht zu eroberndes Russland bin. Und Russland geht heut feiern! Eine Rund-Mail betreffend meines aktuell aufgezwungenen Beziehungsstatus und meiner abendlichen Pläne ging soeben an meine Jungs raus. Ich muss mich unter das Volk mischen, auf andere Gedanken kommen und mögliche Alternativen ausloten, wenn es Sophie allen Vermutungen Michaels (und Anjas) zum Trotz Ernst meinen sollte. Ich werde ihr unter keinen Umständen die Genugtuung geben, mich zuerst bei ihr zu melden. Vor allem nicht, nachdem sie meine vegetarische Bolognese gewissen- und anstandslos ignorierte. Das sollte ihr bereits hinlänglich Genugtuung gegeben haben. Nein, nein. Dieser Punkt wird an mich gehen. Die meldet sich schon.

Und wie ich so mit hängenden Schultern dasitze, beginnt das Handy in meinen Händen plötzlich zu vibrieren, was die Schlagfrequenz meines verletzten Herzens rapide erhöht. Ha! Sophie. Denkste, Fehlalarm. Die Frequenz fällt wieder ab, da mir nicht Sophie, sondern Ben geschrieben hat. War ja klar, die erste Antwort auf meine Rund-Mail. Er ist dabei und erwartet mich um halb neun an meinem vorgeschlagenen Treffpunkt Ecke Rathenauplatz. Okay, cool. Ich freue mich. Bei einer wiederholten Vibration des Handys macht sich mein Herz schon gar nicht mehr die Mühe, schneller zu schlagen, womit es diesmal auch richtig liegt. Es ist Johannes. Er sagt ab, weil er lernen muss, wünscht uns aber für den Abend »so richtig viel Spaß«. Via Post Scriptum tröstet er mich zudem durch die standardisierte Aufmunterung »Kopf hoch« und die banale Weisheit »Frauen halt«. Man sähe sich dann wahrscheinlich nächste Woche beim Spiel der Fortuna gegen Heike Rheine. Und wenn da was dazwischen kommen sollte, allerspätestens beim letzten Spiel der Rückrunde, dem Saisonabschluss. Stimmt, die Saison endet bald und der Frauenfußball macht wie der Männerfußball Sommerpause. Sommer- und Winterpausen sind immer trostlose Zeiten. Zeiten der Abstinenz. Sophie sagte mal, das wäre wie Heilfasten und würde mir total gut tun. Sie hat Fußball schon immer gerne mit Drogen und Sucht in Verbindung gebracht, was allerdings völlig abwegig ist. Fußball ist ja soviel mehr. Ein Hobby, ein Lebensgefühl, ja eine Lebensphilosophie. Man geht mit dem Sport praktisch eine Beziehung ein und schenkt ihm seine Liebe. Und das in aller Regel ein Leben lang. So gesehen sind Sommer- und Winterpausen ziemlicher Nonsens, denn in zwischenmenschlichen Liebesbeziehungen finden ja auch keine im Vorfeld terminierten Pausen Anwendung. Obwohl... mal sehen, wie weit mich diese Überlegungen noch führen, denn allem Anschein nach, stehen mir gleich zwei Sommerpausen, nämlich in sportlicher *und* in zwischenmenschlicher Hinsicht, bevor. Ich beschließe, mich schon mal für den Abend fertig zu machen, setze mir einen Kaffee auf und statte der Dusche einen Besuch ab. Als meine physische Reinigung abgeschlossen ist und ich haaretrocknend mit dem Handtuch durch die Wohnung schlendere, fällt mein Blick wieder auf das Handy. Ich bin ganz locker, Malte hat mir geschrieben:

»Hä? Was geht ab??? Hat die nen Neuen? Bin auf jeden Fall dabei! Klaro! Go Go Go!!! ☺«

Klingt, als sei Malte allein der Vorfreude wegen schon betrunken. Als ob Sophie einen Neuen hätte. Wen denn? Die kennt doch außer mir niemanden in Köln. Eine nette kleine Affäre mit dem Arbeitskollegen vielleicht? Ja ne, ist klar. Nicht Sophie. Ich lege mir vor dem Spiegel meine Haare zurecht und bearbeite sie mit wohl dosiertem Haarspray. Sieht auf Anhieb super aus. Der Abend kann nur klasse werden. Ich weiß nicht wieso, aber dank Maltes Worten muss ich mir plötzlich Sophie beim Sex mit einem anderen vorstellen. Der andere hat ein monströses Gemächt und bereitet Sophie im wahrsten Sinne des Wortes große Freude. Toll, Malte. Das hast du gut hingekriegt. Vielleicht hat Sophie ja doch einen Neuen? Den könnte sie im Grunde auch überall kennengelernt… und letzte Woche getroffen haben, als sie mir wegen der angeblichen Firmenfeier und Corinna absagte. Oh Gott, hat sie gar nicht mit Corinna, sondern mit einem anderen Typen *Grey's Anatomie* geschaut? Und wenn, dann lieber Gott, lass sie auch bitte nur *Grey's Anatomie* geschaut und nichts anderes getan haben. Mein Herz hat sich nun doch wieder dazu entschieden, seine Schlagfrequenz auf ein erneutes Maximum ansteigen zu lassen. Es geht wie im Rausch seiner Arbeit nach und pumpt, was das Zeug hält. Mir wird warm und ich beginne zu schwitzen, weswegen ich mich mit dem Handtuch in der Hand gleich ein zweites Mal hier und da abtrockne. Hat Sophie mich angelogen? Das wird ja alles immer doller. Ich werfe mir das Handtuch über die Schulter und eile zum Laptop. Mal sehen, ob mir Facebook ein wenig Klarheit verschaffen kann. Nun, ich war seit einer gefühlten Ewigkeit nicht mehr online. Wo ist sie denn? In meinem Nachrichtenverlauf treffe ich auf *Sophie Sinfonía.* Wie überaus albern, Frau Lommers hat sich anonymisiert. Wann und warum hat sie *das* denn getan? Ich scrolle den Verlauf unserer Korrespondenz durch und treffe auf eine drei Jahre alte Nachricht vom 27. Juli:

»Hey du schöner Mann! Ich wollte dir nur kurz sagen, dass ich die Zeit mit dir wunderschön finde und du mir echt wichtig geworden bist. Und: Ich freue mich tierisch auf unseren Nordsee-Urlaub. Das Internet hat für Langerooge kommende Woche 32 Grad vorhergesagt. Das wird der

Hammer!!! Ich hab vorhin übrigens ne Strandmuschel gekauft...hihi. Bis später mal, dicken Kussi, hab dich lieb.

PS: Du bist toll!!«

PS: Das hab ich jetzt gar nicht gebraucht. Die Woche auf Langerooge war wirklich schön. In der Strandmuschel hat sie mir an einem späten Nachmittag einen geblasen. Mensch, waren wir verliebt. Meine Augen werden feucht und mich muss mich konzentrieren, ihre Feuchtigkeit nicht entweichen zu lassen. Oh *Sophie Sinfonía*, wie konnte es nur so weit kommen? Melde dich doch einfach bei mir und alles wird wieder gut. Ein Klick auf ihren neuen Namen leitet mich auf ihre Seite weiter. Sieht auf den ersten Blick alles sehr unauffällig aus. Das Foto ist uralt und wurde von mir auf der Kommunion ihrer Schwester geschossen. Sie trägt ein schwarzes, eng anliegendes Kleid und sieht zuckersüß aus. Sollten wir nicht wieder zusammenkommen, werde ich versuchen, mein Urheberrecht auf das Foto einzufordern. Man kann nicht sehen, ob Sophie solo oder vergeben ist. Die Angabe zum Beziehungsstatus ließ sie schon immer aus. Ich habe mir ihre Seite noch niemals so eindringlich und minutiös wie dieses Mal angeschaut. Es lässt sich nichts Besorgniserregendes feststellen. Ein Eintrag von einem *Dome Peepunkt*. Von vorletzter Woche:

»*Sophi! Zucker! Der Hoffstadt hat zwei Wochen Urlaub.*«

Ist der Hoffstadt Sophies Chef? Versteh ich leider nicht. Zudem hat er Sophie falsch geschrieben. Voll peinlich. Ich klicke mich weiter auf sein Profil. Dome Peepunkt sieht stratzedumm aus und nicht älter als 20. Ich sehe nur sein Konterfeit im Profilbild, das von einem Bewerbungsfoto zu stammen scheint, und spüre schon Erleichterung, da sich Sophie für ein solches Kerlchen niemals interessieren würde. Lange Stirn, kurze schmalzige Haare, sonnenbankgebräunt und gezupfte Augenbrauen. So ein schöngespritztes Jüngelchen. Die

Frage nach seiner sexuellen Neigung kann auch nicht so ohne Weiteres beantwortet werden. Facebook verrät mir, dass er 224 Freunde hat und unter anderem *Amazon*, *David Guetta*, *Paul Kalkbrenner*, *Helene Fischer*, *Til Schweiger* und die *FDP* gut findet. Nun gut, es besteht also noch Hoffnung. Mehr muss ich mir gar nicht anschauen, der Typ ist ein klassischer Verlierer. Als erstes muss ich aber mal raus aus der Bude, die kopfinterne Zentrifuge zum Stillstand bringen und endlich auf andere Gedanken kommen. Ausloggen, zuklappen, fertig machen. Gesagt, getan. 35 Minuten später sitze ich in der Bahn gen Rathenauplatz, als mich eine weitere Nachricht ruhenden Herzschlags erreicht. Von Michael:

»Du sorry, hätte voll Lust… schon mit Anja verabredet. Karten fürs Millowitsch-Theater. Komm übermorgen wieder nach Hause. Frauenfußball? Bin beim letzten Heimspiel der Saison auf jeden Fall am Start!!! ☺ Vorher wenig Zeit ☹ Tut mir übrigens Leid mit Sophie… Scheiße! ☹ ☹ ☹ Kopf hoch und trotzdem viel Spaß heut Abend! M.«

Das überrascht mich aber jetzt, dass er nicht mitkommen kann. Grollend schiebe ich das Handy zurück in meine Hosentasche, während ich Anja vor meinem geistigen Auge mit einem gezielten Faustschlag die Nase breche.

Sturmlauf

Ben bestellt noch dreimal das Gleiche. 0,3 Liter gezapftes Kölsch. Ich bin schon ziemlich angetrunken, aber entsprechend gute Laune will trotz des lauschigen Plätzchens im Biergarten nicht in mir aufkommen. Sophie geistert in meinem Kopf herum, als gäbe es keinen Morgen. Zu jeder Minute, zu jeder Sekunde. Jeder Gedanke, aber wirklich jeder Gedanke befasst sich mit ihr. Oder mit ihrem möglichen neuen Freund, der sicherlich nicht *Dome Peepunkt* heißen wird. Ben und Malte mussten mich schon mehrmals aus meiner verlorenen Gedankenwelt zurückholen. Als ich völlig verträumt und geistesabwesend den goldenen Gerstensaft in meinem Glas anschaue, anstelle des prallen Hinterns unserer attraktiven afroamerikanischen Bedienung, ohrfeigt mich Malte mit halber Kraft, meint ich solle bloß nicht in das Licht gehen und amüsiert sich nachfolgend köstlich über mein hilfloses Gesicht. Ja, das Licht. Da muss ich gleich wieder an Sophie denken.
»So Jungs. Um es in den Worten von Johannes zu sagen, der uns leider heute ebenso wenig wie Frauenheld Michael mit seiner Anwesenheit beehren kann: Prost, ihr Säcke!«
Ben übernimmt das Kommando, Malte steigt gleich ein. Als letztes bin dann auch ich dabei. Mit ruhiger Stimme, recht sachlich:
»Ja… Prost, du Sack!«
»Jo Mikka, ich hab da was für dich. Was macht eine Frau nach dem Sex?«
Ich schaue Malte mit hervorgeschobener Unterlippe an. Ben kichert bereits in sich hinein. Den Kalauer kennt er wohl schon. Als meine zuckenden Schultern Malte zu verstehen geben, dass ich die Antwort auf seine witzige Frage nicht zu kennen scheine, haut er mit beiden flachen Händen auf den hölzernen Tisch und prustet ein feuchtes »Stören« aus sich hinaus, so dass kleine mit Bier durchmischte Speichelproben zum Glück an mir vorbei in die sommerliche Abendluft flie-

gen. Dann lacht er. Über seinen eigenen Witz. Sophie hat nach dem Sex manche Male tatsächlich gestört. Es ist ja hinlänglich bekannt, dass sich Frauen nach postkoitalen Streicheleinheiten sehnen, während Männer durch die ejakulationsbedingte Ausschüttung des Hormons Prolactin gerne mal in einen entspannten Schlaf fallen. Auf mich hat Prolactin indes eher eine sauberkeitschaffende -als eine schlaffördernde Wirkung. Sophie drückte mich immer ganz fest an sich, kuschelte mich grün und blau, während ich nur darum bemüht war, möglichst keine Flecken auf dem Bett zu hinterlassen. Herrje, diese Störvariable fehlt mir schon jetzt.

»Leute, wisst ihr was? Ich hatte gestern Nachmittag Sex.«

»Wow«, entgegne ich Ben.

»Ja, und zwar in einer Umkleidekabine.«

Er schaut Malte und mich stolz nickend an. Er erwartet offensichtlich ein Nachhaken, das von Malte auch zügig durchgeführt wird.

»Nein! Mit Tessa? Bei *H&M*? Da gab's doch mal diesen Porno.«

»Oh ja, mit Tessa. Ich sag's euch, die ist echt versaut. Und nein, nicht bei *H&M*.«

»Wo denn? *Sportscheck*? *C&A*? *Kaufhof*? *Mäcces*?«

»Bei *McDonalds* gibt es Toiletten, aber keine Umkleidekabinen, Malte.«

Ich nehme einen tiefen Schluck und schaue den Absender der geistig umnachteten Frage mit ernstem Lehrerblick an, ehe Ben begeistert fortsetzt:

»Nein, nein. Wir waren bei *Ulla Popken*.«

»Was ist das denn?«

»Das ist ein Geschäft«, antwortet er nüchtern. »So Mode für Mollige. XXL Entertainment.«

»Wart ihr da für dich oder für Tessa?«, frage ich amüsiert.

»Haha, witzig. Nein, wir waren da nur wegen der Umkleidekabinen. Die sind nämlich größer.«

Ach so, na klar. Ben schildert uns das sexuelle Spektakel in der

Kabine des Übergrößen-Geschäftes bis ins kleinste Detail. Weil Tessa nicht nur unglaublich versaut ist, sondern während des besagten Koitus Interruptus auch entsprechend laut war, handelten sich die beiden Liebestollen mindestens ein lebenslanges Hausverbot ein. Die Polizei wurde von der spaßbremsenden Verkäuferin verständigt, die - wenn auch mindestens genauso intensiv - auf eine ganz andere Art erregt war und lauthals über irgendein »Sodom und Gomorra« schimpfte. Bei Eintreffen der Polizei, waren Ben und Tessa natürlich schon längst über alle Berge. Abgefahrene Story von einem angehenden Anwalt. Macht sich sicherlich gut in seinem Lebenslauf. Vollidiot. Und trotzdem lenkt mich Bens Anekdote kaum ab, ich muss noch immer an Sophie denken. Wir hatten nie Sex in einer Umkleidekabine. Wir sprachen da zwar mal drüber, hatten aber weder Mumm noch Gelegenheit, den Worten Taten folgen zu lassen. Und nun ist es zu spät dafür. Oder doch nicht? Mann, ich will doch noch so vieles mit Sophie erleben. Teufel noch eins. Sophie hat ihr Kriegshandwerk gut gelernt. Auch Russland kann - wenn nicht gerade Winter ist - im Blitzkriegverfahren überrannt werden. Super, wir haben angehenden Sommer und ich bin schon längst weich geklopft. Heimlich und vorsichtig zücke ich unter dem Tisch mein Handy und beginne zu schreiben:

»Hey! Wie geht es dir? ...«

Nicht die Oberkracher-Nachricht, die ihr zeigt, dass ich sie unter allen Umständen wieder haben möchte, aber zumindest ein kleiner Anfang meines von Michael und Anja empfohlenen Bemühens. Sie zeigt ihr immerhin diskret, dass mir die Trennung nicht total am Arsch vorbeigeht. Zack! Verschickt. Mehr kann sie wirklich nicht erwarten. Der erste Schritt ist getan. Jetzt ist sie am Zug.

»Äh, Mikka? Was machst du da?« Malte schaut mich misstrauisch an.

»Ich...«, beginne verlegen zu lächeln, »ähm…«, ach was soll's, »ich hab Sophie geschrieben.«
»Du hast *was*? Doch nicht heute Abend, du Vogel! Du wolltest feiern gehen, um auf andere Gedanken zu kommen. Weswegen sind wir denn hier?«
»Ja, ich weiß. Das tun wir doch auch, oder? Noch einmal das Gleiche bitte!«
Drei meiner Finger geben bei der zufällig vorbeilaufenden Bedienung unsere Bestellung auf.
»Ja, wie man's nimmt, ne? Du kommst sicherlich nicht auf andere Gedanken, wenn du Sophie schreibst. Den Rest des Abends wirst du nämlich jetzt auf dein scheiß Handy schauen und Antwort erwarten.«
Verdammt, so weit habe ich in meiner momentanen Bierlaune gar nicht gedacht. Da hat Ben Recht. Aber selbst wenn. Das muss ich wohl in Kauf nehmen, wenn ich Sophie wieder haben und mit ihr mein Leben verbringen will.
»Jungs?«
Ich rücke den Stuhl nach hinten.
»Malte? Ben?«
Dann stehe ich auf und hebe beide Arme mit offenen Handflächen leicht in die Höhe.
»Es gibt Zeitpunkte im Leben eines Mannes, da muss ein Mann tun, was ein Mann eben tun muss.« Malte und Ben grinsen mit ihren Mündern und rollen mit ihren Augen, was ich mit meiner begonnenen pathetischen Rede nicht unbedingt bezwecken wollte. Da muss ich wohl noch eine Schippe drauflegen und intensiviere sowohl Mimik als auch Gestik.
»Ich *will* Sophie wiederhaben. Sie ist *mein* Mädchen und ich *werde* sie wiederhaben. Haltet mich ruhig für verrückt. Haltet mich für naiv. Für hilflos und verloren. Wenn das der Preis ist, dann werde ich keine Sekunde des Zögerns dulden und ihn zahlen.«
Ich stelle mir gestandene Männer mit feuchten Augen vor, die in ihrem Leben zu viel erlebt haben. Applaus und Begeisterung,

wir ziehen mit wehenden Fahnen in den Krieg. Für Vaterland, Ehre und Unendlichkeit. Doch meine Vorstellung trügt. Vermutlich, weil ich als selbst ernanntes Russland den Krieg längst verloren habe. Und seine Soldaten wissen das auch. Mir sitzen zwei betrunkene Gaukler gegenüber, belustigt und kopfschüttelnd zugleich. Dann halt nicht. Nach einem kurzen unbehaglichen Augenblick der Stille, schließe ich meine Ansprache mit einem spontanen »witzig, ne?« ab und setze mich wieder hin. Die neue Bierbestellung wird geliefert, und während Ben und Malte vergeblich Blickkontakt mit unserer hübschen Kellnerin provozieren, landet der Fokus meiner Augen auf dem Display des Handys. So ein Mist. Komm schon Sophie, antworte mir!

Nach der x-ten neuen Runde beschließen wir zu zahlen, um weiterzuziehen. Mal sehen, wohin uns der Rausch der Nacht noch führt. Ben und Malte legen nach nur knapp zehn Metern Fußweg einen obligatorischen Zwischenhalt am Kiosk ein, um den ohnehin schon beachtlich hohen Blutalkohol mit Kölsch und *Jägermeister* weiter nach oben zu treiben. Ich warte vor dem Büdchen, das den sowohl kreativen als auch nachdenklich stimmenden Namen *Kiosk* trägt und warte leicht schwankend mit den Händen in der Hosentasche, als es in der selbigen plötzlich anfängt zu vibrieren. Sophie? Es klopft wieder intensiv in meiner linken Brusthälfte und als ich das Handy aufgeregt und mit unsicher zitternden Händen aus der Tasche ziehe, merke ich, dass mein Herz nun seine Arbeit völlig zu Recht in hyperaktiver Variation aufgenommen hat. Sophie hat mir geantwortet:

»Ist alles so komisch…«

Eine gefühlte Ewigkeit starre ich auf ihre verfassten Worte. Vier Worte: *Ist alles so komisch.* Komisch ist nicht gut. Komisch ist nicht richtig. Es ist nicht so, wie es sein sollte, wenn man eine langjährige Beziehung aufgibt. Ein Hauch von Zufriedenheit schleicht sich in mein Gesicht und das hat nichts mit dem Alkohol zu tun. Komisch ist nicht gut. Wenn alles komisch ist, kann Sophie nicht glücklich sein. Sophie ist unglücklich. Ja Mann! Und ich kann ihr das Glück noch heute Nacht zurückbringen. Ben und Malte kommen gackernd mit reichlich Alkoholika aus dem Kiosk.

»Mikka, süßer Mikka. Warum grinst du denn wie ein gerade hinterrücks beglücktes Honigkuchenpferdchen?«

Mein Lächeln muss inzwischen genauso breit wie die beiden geworden sein, wenn es aus der Entfernung schon auffällt.

»Leute, Sophie hat mir gerade geschrieben. Ich glaub, ihr geht's nicht so gut. Sie findet das alles komisch so.«

»Jaja, komm her, trink erst mal, du komischer Typ!«

Ben drückt mir 0,02 Liter *Jägermeister* in die eine und 0,5 Liter Kölsch in die andere Hand.

»Nee, Leute. Ich kann das nicht. Ich muss zu Sophie.«

»Na klar.«

»Nein, im Ernst. Tut mir mega Leid. Das mach ich wieder gut.«

»Du willst was? Jetzt ehrlich?« Malte riecht den Braten als Erster und ist etwas außer sich. »Du willst zu Sophie? Jetzt?«

»Ja, jetzt. Wann denn sonst?«

»Bist du jetzt total bescheuert?« Nun scheint auch Ben mein Vorhaben realisiert zu haben.

»Nein, sie ist unglücklich. Das muss ich ändern. Heute. Jetzt.«

»Jetzt?«

»Ja. Jetzt. Sofort.«

Ich fackle nicht lange und glaube in diesem Augenblick, dass ich das in der Vergangenheit schon viel zu oft getan habe. Ich erhebe kurz meine beiden Flaschen zum Wohl und beginne erst den kleinen *Jägermeister* zu exen, gefolgt von der große Flasche Kölsch, die ich jedoch nicht in einem Zug leer bekomme und dreimal kurz absetzen muss. Den Trick mit dem Entspannen der Luftröhre konnte ich noch nie. Deswegen

kam auch Trichtertrinken nie für mich in Frage. Ich wische mir den Mund ab und gebe einen nur allzu männlichen Rülpser von mir, den Ben und Malte mit zusammengekniffenen Augen erleben. Dann stelle ich die leeren Flaschen auf den Fußweg, falte die Hände wie im Gebet zusammen, verbeuge mich mehrmals flehend und sage:
»Leute, ihr seid die Besten. Vielen Dank. Ich mach das wieder gut, versprochen.«

Dann drehe ich mich um und laufe nicht unbedingt geradlinig die Straße hinunter in Richtung Köln Nippes. In Richtung Sophie. In die Richtung meiner großen Liebe, der ich beweisen muss, dass ich sie wieder haben will und bereit bin, für sie zu kämpfen.
»Aber doch nicht heute Abend« und »Das ist ein Fehler« höre ich noch Ben hinter mir her rufen, ehe meine Sinne für keine weiteren Außenreize mehr verfügbar sind.

Einen 25-minütigen Dauerlauf später stehe ich vor Sophies Haustür und blicke auf jenes Klingelschild, das den Namen Lommers trägt. Ich schwitze, mir ist schlecht und komme erst jetzt auf die Idee, dass ich auch mit der Bahn hätte fahren können. Ich klingle, aber nichts passiert. Ich klingle ein zweites Mal und merke, dass mir gerade so *richtig* schlecht wird. Ein Glas Bier oder Wein, eventuell auch verdünnt, soll *nach* dem Sport ja in Ordnung sein, da es schnell resorbierbare Kalorien und Mineralien liefert. Das war aber beiweiten nicht nur *ein* Glas. Der Konsum erfolgte zudem auch nicht *nach* meiner spontan eingelegten Laufeinheit, sondern davor. Mir wird kurz schwarz vor Augen, fange mich aber wieder und klingle ein drittes Mal. Die verbreitete Meinung, man könne den Alkohol beim Sport einfach ausschwitzen, ist nichtig. Im Gegenteil: Sport unter Alkoholeinfluss belastet den Körper zusätzlich, da die Herz- und Leberfunktion bereits durch den Abbau des Alkohols beeinträchtigt sind.

Kommt eine sportliche Belastung hinzu, ist zusätzlich eine Unterzuckerung des Bluts möglich. Das weiß ich so genau, weil mir das Michael mal vor einer gefühlten Ewigkeit während eines Bierchens im Südstadion erzählte. Zu jener Zeit war er noch eigener Herr seiner Eier, und Anja wusste nicht einmal was ein Schraubstock ist, in dem mittlerweile Michaels Männlichkeit bis zum Bersten eingequetscht ist. Es passiert noch immer nichts, daher klingle ich ein viertes Mal. Und diesmal bleibt mein Zeigefinger gedrückt. Sophie, komm schon. Mach auf! Oh Gott, ist mir schlecht. Über die Niere ist eine Dehydration möglich, da der Flüssigkeitsmangel dadurch steigt, dass weniger Hormone, die den Harndrang mindern, freigesetzt werden. Als ich den Zeigefinger von der Klingel nehme, registriere ich ein altbekanntes Geräusch. Das Rauschen der Gegensprechanlage. Ich bin am Ziel. Sophie ist zu Hause. Endlich.

»Hallo?«

Ihre Stimme ist süße Musik in meinen Ohren und lässt es in meinem Magen kribbeln. Ich will gerade antworten, Sophie meine Liebe und meine Absichten gestehen, nämlich sie ihr Leben lang auf den Händen tragen und *Grey's Anatomie* schauen zu wollen, sie dabei zu massieren, zu küssen, zu knuddeln und zu kuscheln, als sich das kürzlich erwähnte Kribbeln in meinem Bauch als fatale Fehlinterpretation offenbart. Ich übergebe mich in der Folge über sämtliche Klingelschilder, Tür und Türgriff und was noch übrig ist, landet auf dem Treppensims unmittelbar vor der Haustür. Oh nein, das viele Bier.

»Äh, hallo?«

Was soll ich denn jetzt sagen? Wäre ich noch klaren Verstandes, würde ich wohl nichts sagen und mich heimlich wieder davon machen. Bin ich aber nicht. Ich bin über beide Ohren verliebt. Besessen und betrunken. Und ich bin auch nicht den langen Weg gelaufen, um jetzt einfach wieder zu gehen. Ich habe eine

Mission zu erfüllen. Die Liebe meines Lebens ist da oben und vielleicht fünf Meter Luftlinie von mir entfernt. So nah war ich Sophie seit zwei Tagen nicht mehr und ich will ihr noch viel näher kommen.

»Halloho? Jemand zu Hause?«

»Mikka?«

»Hey!«

»MIKKA? Bist du betrunken?«

»Quatschi, quatschi.«

Höchstens liebestrunken, denke ich.

»Was soll das, Mikka? Hast du mal auf die Uhr geguckt? Ich muss morgen arbeiten. Hast du gerade… gekotzt?«

»Ähm… nein?«

»Ist klar, hat sich aber so angehört… Mann, was willst du denn?«

»Ich bin nur etwas aus der Puste, das ist alles. Sophie. Ich bin den ganzen Weg zu dir hergelaufen, um… na ja, ich bin gekommen, weil du unglücklich bist. Und das bin ich auch. Lass uns das wieder ändern. Also ich kann mich ändern.«

»Wer sagt denn, dass ich unglücklich bin?«

»Du. Also die Nachricht. Sophie, es tut mir Leid. Komm zurück und lass uns wieder glücklich sein. Das ist doch alles Quatsch. Ich will mit dir *Grey's Anatomie* schauen und dich allen meinen Freunden vorstellen. Ich will dich zurück, Sophie. Mir tut das alles so Leid, ehrlich. Ich liebe dich! Ich liebe dich so sehr. So sehr, dass es weh tut.«

Stille auf der anderen Seite. Die Gegensprechanlage rauscht leise vor sich hin. Tja, das muss sie jetzt erst einmal schlucken. So ehrlich und emotional war ich ihr gegenüber in meinem ganzen Leben noch nicht. Mein Bemühen ist soeben in unbekannte Gefilde vorgestoßen. Bei dem, was ich gerade alles raus haue, sollte ich aufpassen, dass der Motor des Bemühens nicht überhitzt. Aber das war es doch, was sie hören wollte. Jetzt muss sie wieder zu mir zurückkommen. Da wird sie jetzt gar nicht anders können. Meine Ohren vernehmen noch im-

mer nur das leise Rauschen.
»Sophie? Machst du mir die Türe auf? Sophie?«
Noch immer nichts. Sophie, komm schon. Mach mir die Tür auf. Zum Türöffner und damit zu unserem gemeinsamen Glück ist es nur eine kleine Handbewegung. Jetzt verzeih mir, trau dich und lass mich rein zur dir!
»Sophie? Ich liebe dich. Machst du mir die Türe auf?«
»Mikka. Mensch.«
Gott sei Dank, sie ist nicht eingeschlafen.
»Ich sagte, dass alles komisch sei und nicht, dass ich unglücklich wäre. Das war ich viel zu lange. Es ist schon alles gut so, wie es ist.«
»Willst du mich verarschen? Du warst viel zu lange unglücklich?«
»Ja. Nein. Es gab auch glückliche Zeiten.«
»Es gab auch glückliche Zeiten? Es ist noch gar nicht lange her, da hast du mir gesagt, dass ich toll sei und du gerne mit mir zusammen seiest.«
»Ja, was sollte ich denn machen? Ich dachte, es wird wieder.«
»Es wird wieder?«
»Ja, ich dachte, es wird wieder.«
»Wurde es aber nicht. Und jetzt findest du alles komisch.«
»Genau. Mikka, ich bin aber sicher, dass es so besser ist.«
»Komisch ist aber nicht gut.«
»Komisch ist aber auch nicht schlecht.«
»Aber Sophie…«
»Es ist komisch, weil wir fast drei Jahre zusammen waren. W-A-R-E-N. Das ist komisch, weil das jetzt eine neue und ungewohnte Situation ist. Es ist schon gut so.«
»Sophie… das kann nicht…«
»Du bist betrunken.«
»Nein. Sophie… ich will…«
»Mikka, ehrlich. Ich muss in vier Stunden schon wieder raus.«
»Sophie…bitte…«

»Es tut mir Leid. Lass uns da die Tage noch mal in Ruhe drüber reden, okay?«
»Sophie…«
»Okay?«
»…o…kay.«

Das Rauschen der Gegensprechanlage verstummt. Sophie hat einfach aufgelegt. Säuerliche Luft steigt mir von der Türe hinauf in die Nase. So eine arschgefickte Scheiße. Was geht hier vor sich? Ich schwanke rückwärts die Stufen vom Treppensims hinunter, stolpere dabei und lande mit dem Hintern auf dem geteerten Boden. Fassungslos und emotional überfordert schiele ich auf Sophies Haustüre und mache eine bemerkenswerte Feststellung: mein momentanes Seelenleben ist in ihrem Hauseingang manifestiert. Dehydriert und unterzuckert, mit Bauch- und stechenden Kopfschmerzen mache ich mich torkelnd auf den Weg in mein rechtsrheinisches zu Hause, wo mich ein leeres Bett und eine verlassene Wohnung erwarten. Während ich rauche und die ein oder andere Träne auf die Reise in die Freiheit schicke, fallen mir Bens Worte wieder ein, die er mir vorhin noch hinterher gerufen hat. Klar, nicht heute Abend. Natürlich war das ein Fehler. *Ich liebe dich so sehr, dass es weh tut?* Noch nie habe ich ihr gegenüber solch lächerliche Worte in den Mund genommen. Überhaupt, es war das erste »Ich liebe dich.« Es gab bessere Momente als diesen, durch die rauschende Gegensprechanlage, halb in Kotze stehend, halb verzweifelt. Ich habe im Affekt und sternhagelvoll wie eine Haubitze mit viel zu viel Pulver um mich geschossen. Wie soll ich die Sache jetzt noch würdevoll retten?

Wie dumm. Wie peinlich. Wie traurig.

Gelbe Karte

Wie großartig! Es besteht wieder Hoffnung. Zwar hat sich Sophie per Kurzmitteilung sehr erbost über mein Erbrochenes geäußert, weil sie auf ihrem morgendlichen Weg zur Arbeit nicht ganz trockenen Fußes die Hürde vor der Haustüre schaffte, aber was meine gestern noch rot verheulten Augen *nun* zu sehen bekommen, lässt mich wieder hoffen. Sophie hat mir eine weitere Nachricht geschrieben:

»Wenn du noch mal drüber reden willst, können wir uns heute um 19 Uhr im Waschsalon treffen. Sophie«*

Das hört sich nach einer weiteren Chance für mich an. Der *Waschsalon* ist ihr Lieblings-Café, in dem wir früher häufiger gemeinsam waren. Ich bin ihr nicht egal, sonst hätte sie mir kein klärendes Gespräch an ausgerechnet diesem Ort in Aussicht gestellt. Das Sternchen hinter ihrem Namen suggeriert mir zudem noch ein wenig mehr. Es könnte zum Beispiel stellvertretend für einen Kuss stehen. Ist das so abwegig? Nein. Vielleicht haben sie meine Worte in der vergangenen Nacht doch mehr berührt als sie sich zunächst einzugestehen traute und ihr eine ähnlich schlaflose Nacht wie mir beschert. Mit Ben und Malte habe ich bereits gesprochen und mich für mein egoistisches Verhalten demütigst entschuldigt. War ja schließlich meine Idee, mit ihnen feiern gehen zu wollen.
»Alles halb so wild«, sagte Ben. Sie hätten dennoch einen tollen Abend gehabt, müssten aber zur Stunde erstmal auf den Kater klar kommen. Der Kater, richtig. Der quälte mich auch. Nach zwei *Paracetamol* ist ihm aber der 30-Pfund-Hammer, mit dem er mir konstant auf dem Schädel herumdonnerte, aus der Hand gefallen. Ben pflichtete mir obendrein bei, dass er nun verstehe, wie wichtig mir die Sache mit Sophie sei. Gelungen fand er außerdem die Leerung meines Magens und meinte lachend, dass Sophie ja nun irgendwie doch noch was von der

vegetarischen Bolognese gehabt habe. Das fand ich dann auch lustig. So sehr, dass ich mich sofort im Internet informieren musste, wie lange man so ein Essen überhaupt verdaut und wie lange es sein Dasein in den entsprechenden Eingeweiden fristet, bis es schließlich als Stoffwechselendprodukt ausgeschieden wird. Gestern Mittag hab ich noch die letzten Reste vertilgt. Ich bin auf das Ergebnis gestoßen, dass die Bolognese für die vollständige Darmpassage 60 bis 120 Stunden benötigen würde, was ihre jetzige Daseinsfristung an Sophies Haustüre durchaus wahrscheinlich macht. Apropos Darmpassage: Da wird Naschschub gefordert. Ich werfe mir eine Tiefkühlpizza *Diabolo* in den Ofen und beginne mich für den richtungweisenden Abend in Schale zu werfen, die aus jenen Kleidungsstücken des gestrigen Abends besteht. Hose und T-Shirt sind noch tragbar, haben keine Kotze abbekommen und riechen durch die dauerhafte Frischluftzufuhr ganz okay. Auch von Schweißgeruch ist keine Spur. Seit ich mit Michael eine seit Tagen anhaltende wohngemeinschaftliche Debatte darüber führe, wer mit dem Kauf neuen Waschmittels an der Reihe ist, beheimatet mein Kleiderschrank keine frische Wäsche mehr. Michael kann's egal sein, er ist ja ohnehin kaum zu Hause und Anja wäscht seine Wäsche auch ganz gerne. Mit frühlingsfrischen Weichspülern, die seiner Kleidung eine sieben Wochen lange Frische bescheren. Eigentlich lustig, dass sich Sophie ausgerechnet im *Waschsalon* heute mit mir treffen möchte. Im Badezimmer bemerke ich, dass neben dem Waschmittel auch mein Deodorant zur Neige gegangen ist. Beim Betätigen des Druckknopfs gibt die Flasche nur ein quälendes und jämmerliches Geräusch des Zischens von sich. Mehr als lauwarme Luft kommt da nicht mehr raus. Wie gewollt und nicht gekonnt. Jetzt weiß ich, wie sich sterilisierte Männer beim Höhepunkt des Geschlechtsverkehrs fühlen müssen. Prima. Ausgerechnet heute. Michael hat in seinem Regal natürlich auch kein Deo, was ich sogar nachvollziehen kann, da er ständig bei der Alten übernachtet. Beim

Durchwühlen sämtlicher Schubladen und Regalböden, stoße ich zu meiner spontanen Freude, der ich mit einem »HA!« Ausdruck verleihe, auf eine rosafarbene Sprühdose mit der Aufschrift *Active Pearls Rose Fresh*. Von *Fa*. Ich sprühe kurz damit in die Luft und rieche Sophie. Krass, da hat sie ihr Deo bei mir vergessen. Meine Sachen hat sie mir wiedergebracht, aber die Ihren einfach liegen lassen. *Active Pearls Rose Fresh* soll laut Flaschenaufdruck angenehm frisch und dezent nach Rose riechen.
»Also was soll's?«, sage ich zu mir selbst und sprühe das feminine Rosenwässerchen ordentlich unter meine beiden maskulinen Arme, wobei »maskulin« natürlich sehr subjektiv ist. Rosenduft ist mir allemal lieber als Schweißgeruch, und wer weiß, vielleicht wittert Sophies Nase ja so etwas wie Vertrautheit, wenn sie mich beziehungsweise sich selbst riecht.

Der Waschsalon ist bereits gut besucht. Draußen vor der Türe sind alle Plätze belegt, von Sophie gibt es noch keine Spur, weswegen es mich nach drinnen verschlägt, wo ich auch ohne Mühe ein gemütliches Plätzchen nahe der Toiletten für Sophie und mich in Besitzanspruch nehme. Den Kellner verweise ich auf einen späteren Zeitpunkt der Bestellung und beginne wippenden Knies auf Sophie zu warten. Das macht sie bestimmt auch wieder mit Absicht. Sophie hat sich in den gesamten letzten drei Jahren nicht einmal verspätet. Als ich mir nach langen zwölf Minuten überlege, doch schon mal ein Bier zu bestellen, betritt das seit einigen Wochen schönste Mädchen mit den schönsten suchenden Augen Kölns den Waschsalon. Ihre Augen suchen erst die vorderen und dann die hinteren Plätze ab und werden einen Tick größer als sie mich finden. Sophie lächelt und sieht trotzdem irgendwie mitgenommen aus. Meine Worte haben es ihr also doch angetan. Ich habe es gewusst. Und ich bin von großer Nervosität erfüllt, denn ich stehe ihr das erste Mal seit der Trennung vor drei Tagen von Angesicht zu Angesicht gegenüber. Ich versuche sie zur

Begrüßung zu umarmen, aber sie setzt sich sofort und ohne Anstalten der körperlichen Kontaktaufnahme mir gegenüber. »Hey«, sagt sie, und »wie geht es dir?« Meine Wangen füllen sich mit Luft. Tja, wie soll es mir gehen?
»Ja, muss halt. Wie geht es *dir*?«
»Ich hab ungefähr drei Stunden geschlafen, zehn Stunden gearbeitet und eine Stunde zuhören dürfen, wie sich meine Nachbarn im Flur über die Kotze an der Haustüre aufregten, für die ja allem Anschein nach mein Ex-Freund verantwortlich ist.«
Sie hat *Ex-Freund* gesagt und ich könnte sofort losheulen.
»Die wissen aber nicht, dass die von deinem… Ex-Freund ist, oder?«
»Ne, keine Sorge. Sonst hätte ich die noch selber wegmachen dürfen. So hat das dann der Hausmeister erledigt. Mensch, Mikka. Was war denn da los, letzte Nacht? Und was du gesagt hast, das war…«
»Wahr«, unterbreche ich sie. Anstatt den Spieß umzudrehen, um sie mit ihren Verfehlungen - der Verschmähung der vegetarischen Bolognese - zu konfrontieren, erkläre ich ihr, dass ich mit Ben und Malte gemütlich ein abendliches Bier getrunken habe und dann den ganzen Weg zu ihr innerhalb rekordverdächtiger zehn Minuten gespurtet sei, was ja unter Alkoholeinfluss sowieso schon mal ganz schlecht ist, aber das hätte ich gewusst und in Kauf genommen, weil ich ihr unbedingt alles sagen wollte. Und was ich sagte, hat alles der Wahrheit entsprochen, nur in der Formulierung halt unangemessen und ich hätte ihr schon viel früher alles sagen sollen und überhaupt, ich wüsste, dass ich viel zu viele Fehler gemacht habe, dass ich egoistisch war und sie als selbstverständlich hinnahm und ich alles in der Welt tun würde, um das ungeschehen machen zu können, weil ich ja wirklich große Gefühle für sie habe und unsere gemeinsame Zeit so einmalig und wunderschön war und wir als Pärchen ja immer so gut zusammengepasst hätten und sie mir fehlt und

uns beiden unbedingt noch eine Chance geben müsse, weil sie das ja - wenn auch nicht *mir* - dann doch *uns* schuldig sei.

Sophie bekommt feuchte Augen und schaut mich aus diesen lange und musternd an. Nun komm schon, du musst gar nichts sagen, beug dich nur ein kleines Stück nach vorne, ich komm dir entgegen, wir küssen uns und alles ist wieder in Ordnung.

»Mikka… das geht jetzt nicht so einfach.«

»Darf es *jetzt* was für euch sein?«

Ausgerechnet *jetzt* geht der Kellner wieder seiner Arbeit nach. Sophie bestellt einen Milchkaffee, ich mir einen Pfefferminztee. Keine Ahnung, warum ich mir einen Pfefferminztee bestelle. Vielleicht will mein Unterbewusstsein auch einen Beitrag dazu leisten, Sophie zurückzugewinnen, indem es ihr mit der Bestellung zeigt, dass ich mich bereits geändert habe. Hat leider nichts gebracht, Sophie nimmt das gar nicht zur Kenntnis und spielt an der vor sich liegenden Getränkekarte herum.

»Was meinst du damit, das geht jetzt nicht so einfach?«, will ich von ihr wissen.

»Mikka, ich komm jetzt nicht so einfach wieder zurück zu dir.«

Mist. Genau das hatte ich gehofft.

»Glaub mir! Für mich ist das auch alles wahnsinnig schwer, darum sollten wir beide vielleicht erst mal ein wenig Abstand voneinander gewinnen.«

»Abstand? Nein!«

»Doch. Weißt du, meine Gefühle fahren total Achterbahn. Wir waren jetzt drei Jahre zusammen, Mikka. DREI JAHRE. Ich mach Schluss und dann sagst du mir zum ersten Mal, dass du mich liebst und jetzt noch das ganze andere Zeug.«

»Ja… blöder Zeitpunkt, nicht wahr. Aber besser später als nie.«

»Ich glaub, mir wär's lieber gewesen, wenn du es niemals gesagt hättest.«

Das tut weh. Klar, die Art und Weise ist indiskutabel, aber

warum hätte ich ihr nicht sagen sollen, was ich für sie empfinde? Das hat *sie* doch drei Jahre lang getan. Ohne, dass ich es hören wollte.
»Also ist es mit uns beiden endgültig aus?«
»Ja… nein. Ich mein, ich weiß es nicht.«
»Wie, du weißt nicht? Du musst doch wissen, ob du Gefühle für mich hast und ob du wieder mit mir zusammenkommen willst oder nicht. Ich bin ja auch bereit so einiges an mir zu ändern.«
»Das würde jetzt dennoch zu schnell gehen. Klar hab ich noch Gefühle für dich, aber wenn wir irgendwann noch mal zusammenkommen sollten, dann braucht das Zeit… und erst einmal brauche ich Abstand, um mir über so manches bewusst zu werden. Wie gesagt, meine Gefühle fahren Achterbahn.«
Blöde achterbahnfahrende Gefühle. Ist das nicht was Positives, wenn sich Gefühle die Freiheit nehmen, eine Runde auf einem solchen Fahrgeschäft zu drehen. Achterbahnfahren macht doch Spaß. Frische Luft, kreischende Frauen, gefahrlose g-Kräfte bei um die 200 Stundenkilometern. Also ich bin immer gerne Achterbahn gefahren und ich würde mich freuen, wenn meine Gefühle sich dort auch mal vergnügen würden. Stattdessen stehen sie in der Warteschlange zur Geisterbahn. Aber noch stehen sie nur an.
»Also wenn du wirklich Zeit brauchst… dann kriegst du von mir alle Zeit der Welt.«
»Danke, Mikka.«
»Sophie?«
»Ja?«
»Weil ich dich liebe.«
»Lass gut sein, Mikka.«

Etwas Überwindung hat es schon gekostet, ihr zum zweiten Male innerhalb nur kurzer Zeit meine Liebe zu gestehen, aber es ist ein gutes Gefühl dies nun mit nüchterndem Kopf unter adäquateren Umständen getan zu haben. Und es hat aus unerfindlichen Gründen die verkrampfte Stimmung gelockert, denn wir unterhalten uns in der Folge sehr entspannt und ungezwungen, lachen manchmal sogar, und als ich Sophies Hand auf dem Tisch liegend erblicke und ergreife, um ihren Handrücken zu streicheln, lässt sie es ungehindert geschehen. Ich bin so was von wieder im Spiel. Ich zahle und wir verabreden uns fürs Kino am kommenden Wochenende. Draußen vor der Türe verabschieden wir uns und nun ist Sophie auch für eine Umarmung zu haben. Ich drücke sie fest und lange, während ich mit geschlossenen Augen an ihrem blonden wohlduftenden Haar rieche. Auch sie riecht an mir.

»Hast du Frauen-Deo benutzt?«

Das hatte ich ganz vergessen. Ich rieche nach *Active Pearls Rose Fresh*. Genau wie sie. Meine Trumpfkarte wurde ausgespielt, denn unterbewusst muss sie sich durch den Geruch die ganze Zeit zu mir hingezogen und nah gefühlt haben. Ich beginne zu lächeln.

»Ja, mein Deo war leer. Da musste ich deins nehmen.«

»Meins?«

»Ja. Das, was du bei mir hast liegen lassen.«

»Mikka, ich hab kein Deo bei dir liegen lassen und das riecht auch nicht so als sei es mein Deo.«

»Echt? Oh. Dann muss das von Lena… oder Anja sein.«

Ups! Das habe ich jetzt nicht wirklich laut gesagt, oder? Vor allem, weil das gar nicht sein kann. Lena hat nur einmal bei mir übernachtet und das war spontan und ungeplant. Und da sie offensichtlich nicht an Hyperhidrose leidet, hatte sie dort auch bestimmt kein Deo bei sich.

»Ach. Von Lena?«

»Nein, also nicht von *der* Lena.«

Ich schwimme etwas.

»Das wäre ja witzig. Wo denkst du hin?«

»Von welcher Lena denn dann?«

»Von einer *anderen* Lena?«

»Wie viele Lenas kennst du denn?«

»Zwei. Ich kenne genau zwei Lenas. Meine Kommilitonin Lena und… Michaels Kommilitonin… Lena.«
»Mikka, du machst dich lächerlich.«
»Nein, ganz ehrlich. Die haben sich letztens zum Lernen bei uns getroffen, da muss sie das bei uns vergessen haben. Keine Ahnung. Ich weiß es auch nicht. Ich dachte, das sei deins. Mit meiner Uni-Lena hab ich außerhalb der Uni rein gar nichts am Hut.«
»Klar. Und dann vergisst sie ihr Deo nach dem Lernen?«
»Ja. Die… leidet nämlich an Hyperhidrose. Außerdem haben die nicht nur gelernt, sondern waren auch noch ein kleines Ründchen laufen. Lena läuft nämlich, wie Michael auch, beim Köln-Marathon mit.«
»Also laufen tut sie auch zufällig? Ich vermute, dann hat sie auch bei euch geduscht?«
»Ja. Aber alleine. Ohne Michael. Und natürlich auch ohne mich. Ich hab nämlich lernen müssen und hatte zu dem Zeitpunkt noch eine Freundin. Hört sich jetzt alles verrückt an, aber genauso ist's gewesen.«
»Und die andere Lena?«
»Welche andere Lena?«
»Deine Kommilitonin. Die, mit der du dich treffen wolltest.«
»Was ist mir der?«
»Habt ihr euch getroffen?«
»Nein verdammt, das haben wir nicht. Die war bei unserer Referatsvorbereitung doch krank. Das hatte ich dir erzählt.«
»Ich weiß nicht… du solltest dir überlegen, was du wirklich willst.«
Wenn sie nur wüsste, wie lange und intensiv ich genau das in den letzten Wochen getan habe.
»Das hab ich, Sophie. Ich will dich und was anderes stand nie zur Debatte. Lena interessiert mich nicht die Bohne. Ich weiß gar nicht, wieso das immer noch ein Thema sein muss.«
»Keine Ahnung. Vielleicht, weil sie mich noch immer eifersüchtig macht. Ihren Fotos auf Facebook nach zu

urteilen, ist sie ja recht hübsch.«
Ich wusste nicht, dass Lena bei Facebook ist.
»*Das* sagst du.«
»Ach, ich weiß auch nicht. Vielleicht sollten wir das mit dem Kino einfach lassen, Mikka.«
»Nein! Auf gar keinen Fall. Was ist denn jetzt los mit dir? Sophie, es geht mir nur um dich. Du und keine Andere. Glaub mir!«
Sophie sieht enttäuscht und zutiefst skeptisch aus, glaubt mir aber letztlich. Scheinbar. Vorerst. Irgendwie. Bis hierhin bin ich noch mal mit einem blauen Auge und einer letzten Verwarnung davon gekommen. Wofür auch immer. Ich werde den Namen *Lena* niemals wieder in den Mund nehmen dürfen. Die Stimmung ist nach dem zwischenzeitlichen Höhenflug ins Bodenlose gekippt und ich fühle mich nun am Ende unseres Treffens wieder genauso mies, wie zu Beginn. Mit einem Unterschied: ich habe ein Date. Mit Sophie im Kino. Freuen kann ich mich trotzdem nicht so richtig, denn ich bin gerade auf die einzig mögliche Lösung gekommen, wem das rosafarbene Rosen-Deo gehören muss, wenn nicht Sophie und auch nicht Lena: Anja. Wie konnte mich meine Nase nur so sehr hinters Licht führen? Ich rieche nach ANJA. Nach jener Frau, die ich am meisten hasse. Wenn ich jetzt noch gelbe Deospuren unter den Achseln am T-Shirt bekomme, bringe ich sie um.

»Alle Mann einsteigen», höre ich in Gedanken einen Ordner sagen. Meine Gefühle fahren Geisterbahn. Noch auf dem Rückweg nach Hause kaufe ich mir ein neues, markant nach Moschus riechendes Männer-Deo.

Elfmeter

«Zusammen?«, fragt eine hoch motivierte Kinokassiererin mit piepsiger Stimme überfreundlich und schaut Sophie und mich im Wechsel an.

»Nee, nicht mehr«, erwidere ich ihr trocken und bemerke im Augenwinkel, wie Sophie schüchtern lächelt.

Ich hätte es besser wissen müssen, als ich Sophie in Aussicht stellte, den Film aussuchen zu dürfen. Jetzt steh ich hier und muss 18 Euro für einen weiteren peinlichen *Til Schweiger*-Film ausgeben, in dem jede zweite Szene mit kommerzieller Chartmusik wie *Timbaland* oder *One Republic* unterlegt ist und alle wichtigen Charaktere denselben Modeberater zu haben scheinen.

»Ja, doch«, sage ich schnell aufklärend, noch bevor sich der dümmlich fragende Gesichtsausdruck der Kassiererin verfestigen kann, und schiebe ihr einen Zwanziger durch die Glasöffnung über den Tresen, der sie wieder freundlich erstrahlen lässt.

Ein Date im Kino ist wie ein Elfmeter im Fußball. Eine hundertprozentige Chance. Zumindest dann, wenn die Frau des Begehrens keine ihrer Freundinnen zur seelischen Unterstützung mitbringt. Da kann man mit einem Mädchen soviel Kaffee trinken gehen, wie man will. Ein Kinobesuch hat da einen ganz anderen Charakter. Allein schon vom Klischee her: sich unauffällig aneinander herantasten, Händchen halten, knutschen im Dunkeln. Ich bin wahnsinnig aufgeregt.

Der Kinosaal ist gut gefüllt. Nur wenige Plätze in den vorderen Reihen sind noch unbesetzt. Auf den Übrigen tummeln sich entweder verliebte Pärchen oder kleine Cliquen bester Freundinnen. Sophie und ich sprengen das Klientel, denn beste Freundinnen sind wir genauso wenig, wie ein verliebtes Pärchen. Letzteren Zustand gilt es jedoch an diesem Abend wiederzuerlangen. Wie ich das anstelle, weiß ich augenblicklich noch nicht, denn ich bin unsagbar nervös und schweige

Sophie, die ebenfalls an Wort- und Satzfindungsstörungen zu leiden scheint, bereits viel zu lange an. Ein bisschen fühle ich mich so, wie damals im Kino mit *Doppel-D-Denise.* Manche Jungen nannten sie auch *Triple-D.* Die unnahbare Denise besuchte die 10 B und war nicht nur der Schwarm meiner Jugend, sondern jener aller hetero- und bestimmt auch homosexuellen Jungen der Klassen 8 bis 13. Sie hatte nämlich nicht nur die größten Brüste, sondern war auch das erste Mädchen, das *Dickies*-Hosen trug und T-Shirts diverser Skateboard-Labels. Vermutlich lag es an meinem T-Shirt von *Hook Ups,* dass ich es tatsächlich schaffte, sie auch einmal außerhalb der Schule zu treffen. Nach diversen Brief-Aktionen, entschied sich Denise dazu, mit mir *Titanic* im Kino zu schauen. Hier musste ich es jedoch gründlich vermasseln. Meine Aufregung hatte übermenschliche Dimensionen erlangt, sorgte für einen trockenen Mund, zittrige Hände, schlechte Scherze und ausbleibende Gesprächsthemen. Und als ich es aufgrund der ausbleibenden verbalen Kommunikation auf dem nonverbalen Level mittels unbeholfenem Küssen und Brüste-Anfassen versuchte, drückte sie mich belustigt mit jenem Hinweis zur Seite, dass sie bereits mit Juri aus der 13 gehe und bei mir lediglich an einer Freundschaft interessiert sei, was wegen meines kindischen Verhaltens aber nun auch hinfällig sei. Kindisches Verhalten, ganz genau. Nur, weil ich sie im Kino küssen und anfassen wollte. Mein Gott, wir haben *Titanic* geguckt und keinen spannenden Actionkracher. Diese Signale konnten gar nicht fehlinterpretiert werden. Und Juri aus der 13? Ich habe sie noch nie zusammen gesehen. Ein proletarischer Vollhorst, der einen tiefergelegten *Golf 4* mit Renngurten und einer 4000 Watt starken HiFi-Anlage fuhr. Beim Einbiegen auf den Schulparkplatz wummerte immer die aktuellste *Thunderdome* und er glaubte allen Ernstes, dadurch cool zu wirken. Denise? Hilfe! Aus einer möglicherweise bevorstehenden Freundschaft, von der ich im Kino erstmalig erfuhr, wurde demzufolge nichts. Denise und ihre Freundinnen kicherten nach dem Date - das letztlich zu keiner Zeit eines war - immer blöde, wenn sie mich sahen und hörten erst wieder damit auf, als ich anfing allerorts herumzuerzählen, Denise im Kino geküsst und zum Höhepunkt gefingert zu haben. Und dann zog sie mit ihren Eltern irgendwann in den Norden Deutschlands und ließ auf diesem Wege sowohl ihren Ex-Freund Juri, der sich schnell anderweitig mit Boxenludern aus dem Hinterwald vergnügte, als auch ihren durch mich hervorgebrachten Ruf als Schlampe und Stadtmatratze, hinter sich. Aber *Doppel-D-Denise* ist nicht Sophie. Die ganze Aufregung im Kino war damals umsonst. Das darf sie heute auf keinen Fall schon wieder sein.

Sophie und ich greifen mindestens fünf Minuten lang im Wechsel schweigend in die extragroße Popkorn-Kiste und erst als ein geistig verwirrter Kinobesucher einen Videopiraterie-Hinweis mit »Tanja, mach die Kamera aus!« kommentiert, fühlen wir uns bereit, die verbale Kommunikation wieder aufzunehmen.

»Peinlicher Volltrottel«, sage ich mit vollem Mund.

»Voll affig«, ergänzt Sophie kopfschüttelnd den ausgelutschten Kommentar. Wir lächeln uns dabei an, und ich für meinen Teil verspüre ein Gefühl tiefster Zusammengehörigkeit, weswegen ich sofort nach Sophies Hand greife, um sie vorerst nicht mehr loszulassen. Obwohl sie kalte Hände hat, fühlt es sich gut an. Heute ist meine Chance. Heute werde ich Sophie zurückerobern, so bescheuert der Film auch sein mag. Dieser siecht dann auch schnell vor sich hin. Mindestens 70 Minuten fiktives Seelenstreicheln steht mir jetzt noch bevor. Schön. Würde ich Sophies Hand nicht halten, wäre ich wohl längst eingeschlafen. Ich verstehe einfach nicht, was alle Welt an diesem *Schweiger* und seinen Filmen findet. Mit seinem zugekifften Ausdruck im Gesicht, macht er ja vielleicht einen lässigen Eindruck, aber das ist in seinem Alter doch echt nicht mehr cool. Und dann diese Aussprache. Er sieht ja nicht nur bekifft aus, sondern hört sich auch noch so an. Welcher Mensch spricht denn so? Das hört sich doch total ekelig an. Als Frau würde mich das wahnsinnig machen. Zudem haben seine Figuren keinen wirklichen Tiefgang, da ändert auch die üppige musikalische Untermalung in seinen Filmen nichts dran. Die Figuren bedienen vielmehr Klischees. Ganz ehrlich: der gutaussehende Frauenheld mit unreifer Attitüde? Der Heißsporn, der sich keinen Hierarchien unterordnet und vor nichts und niemandem Respekt hat? Gab es schon zuhauf. Die Dialoge und Witze sind flach und leider Gottes oftmals typisch deutsch. Es hat schon einen Grund, warum deutsche Filme international nicht viel zu melden haben. Wobei es sie ja gibt, die guten deutschen Filme. Nur eben nicht von *Til Schweiger*.

Das Popkorn ist leer. Durch das plötzliche Wegfallen der gustatorischen Ablenkung, werde ich nun trotz des Haltens von Sophies Hand ein wenig müde. Ich muss gähnen. Etwas zu laut, was einen männlichen Zuschauer irgendwo in den Reihen hinter uns leise auflachen lässt, ehe er von seiner vermeintlich weiblichen Begleitung mit einem Lippenschnalzer zu mehr Diskretion verurteilt wird. Gut zu wissen, dass es noch anderen männlichen Zuschauern so geht, wie mir. Weiter vorne drehen sich beste Freundinnen um oder gucken sich gegenseitig irritiert an. Wie viele unterschiedliche Reaktionen doch ein spontan ausgelöstes Gähnen verursachen kann.
»Mikka«, stupst mich Sophie flüsternd von der Seite und drückt meine Hand, als wolle sie mir mittels Morsezeichen möglichen Tadel zum Ausdruck bringen.
In Ihrem Gesicht deutet darauf allerdings nichts hin. Sie lächelt und macht einen geradezu vergnügten Eindruck.
»Entschuldigung«, sage ich dennoch präventiv reumütig, denn Desinteresse wollte ich ihr keineswegs suggerieren. »Ich hab letzte Nacht nicht so viel geschlafen.«
Sophie wendet sich wieder der Leinwand zu. Das Licht des *Schweiger*-Films schmeichelt ihrem Teint. Ihre Gesichtshaut ist glatt und schön und sieht aus, als sei sie aus Marzipan. Als

ich wieder einzuschlafen drohe, sehe ich im Halbdunkel des Raums vor uns ein Pärchen knutschen, was mich schlagartig wieder erwachen lässt, da es mich daran erinnert, eine Mission erfüllen zu müssen.
»Sophie?«, frage ich im Flüsterton und morse gleichzeitig auf ihrer Hand die Anzahl der Silben ihres Namens. Dabei komme ich ihren Ohren und ihrem Gesicht bedrohlich nahe.
»Was denn?«, flüstert sie zurück, ehe sie ihren Kopf zu mir dreht und mich mit funkelnden Augen anschaut, die gerade vom Himmel gefallen zu sein scheinen.
»Ich finde es sehr schön, mit dir hier zu sein.«
»Das finde ich auch. Ich dachte immer, du hasst *Til Schweiger*-Filme.«
»Das tue ich auch. Aber noch mehr hasse ich es, nicht mit dir zusammen zu sein.«
Wir schauen uns tief in die Augen und ich bemerke, wie ich eine Gänsehaut bekomme. Dieses Tief-in-die-Augen-schauen habe ich nie gemocht, aber jetzt fühlt es sich aus unerfindlichen Gründen seltsam gut an.
»Jetzt oder nie«, denke ich mir und setze einfach mal zum Kuss an. Nur wenige Sekunden später durchströmen unendlich viele Neuropeptide meinen Körper und versetzen ihn in einen Zustand berauschten Glücksgefühls, das mich in diesem Moment dazu bringt, die gesamte Welt zu umarmen und selbst *Til Schweiger* unglaublich toll zu finden. Es ist ja so, dass beim Küssen ganz allgemein ein ungeahntes Spektrum an Hormonen, Nerven und Muskeln zum Leben erwacht. Dank Michael weiß ich, dass sich der Pulsschlag bei einem leidenschaftlichen Kuss auf den Mund, von 60 bis 80 pro Minute, auf 110 und mehr erhöhen kann. Mein Puls muss im Augenblick bestimmt bei 190 liegen. Verdammt, Sophie und ich küssen uns und ich laufe Gefahr aus meinem platt gesessenen Kinosessel hinaus-, empor- und davonzuschweben. Als ich gerade das Gefühl habe, tatsächlich vor Leichtigkeit in der Luft neben Sophie zu schweben und mir ziemlich sicher bin,

nun wieder mit ihr zusammen zu sein - da man nach ihrer Definition bekanntlich nach einem Kuss zusammen *ist* - zieht Sophie ihren Kopf und damit auch leider ihre popkorngesüßten Lippen von den Meinigen weg und öffnet langsam ihre glitzernden Augen.

»Mikka, da gibt es etwas, das du wissen musst.«

Feinfühlig streichle ich über ihre weiche Wange und möchte am liebsten zu einem erneuten Kuss ansetzen, als Sophie im Flüsterton und wenig Feingefühl »Es gibt da noch jemand Anderen« ergänzt. Schwebte ich soeben noch auf Wolke 7, so falle ich nun aus allen Wolken, kann dies durch Worte aber nicht zum Ausdruck bringen, da mein Körper durch das Feuerwerk der Neuropeptide noch hormonell übersättigt ist und mich, wie im Wachkoma dasitzend, nur auf weitere Erklärungen warten lässt.

»Mikka, ich hab dir doch gesagt, dass meine Gefühle Achterbahn fahren.«

Stimmt, das sagte sie mir. Na, wenn das so ist. Jetzt weiß ich wenigstens, wie es ist, wenn Gefühle Achterbahn fahren. Eben noch auf dem emotionalen Höhepunkt, einem Herzorgasmus nahe, befinde ich mich nun schon wieder in den Tiefen der erstickenden Depression. Warum tut sie mir das an? Warum lässt sie um sich kämpfen, trifft sich mit mir zu Kaffee und Kino und küsst mich? Wenn es einen anderen gibt. Das erinnert mich irgendwie an… mich.

»Warum?«, hauche ich stimmlos aus meiner Kehle hinaus, was sich so anhören muss, also würde ich jeden Moment losheulen. Traurig bin ich aber nicht. Nur wütend und enttäuscht. 18 Euro für so einen dämlichen *Til Schweiger*-Film. Wenn das hier nun auch ein *Til Schweiger*-Film wäre, würde ich unter musikalischer Begleitung von *Bloc Party* aus dem Kino rennen, heulend die Straßen hinunterlaufen, bei flüchtigen Blicken in Restaurants und Cafés glückliche Pärchen küssen sehen, während es anfängt zu regnen und mir Autofahrer schimpfend ihre Flüche hinterher rufen, weil ich ohne zu schauen, befahrende Straßen überquere. Dies ist hier aber kein Film. Und schon gar kein *Til Schweiger*-Film. Zum Glück. Die derzeitige Szenerie setzt sich rational und realistisch fort.

»Keine Sorge, Mikka. Wir sind ja nicht zusammen oder so. Wir haben uns vor ein paar Wochen kennengelernt, als es mir wegen dir nicht so gut ging. Das ist alles.«

»Wegen mir?«

»Ja nun. Wegen dir.«

»Läuft da was?«

»Ist das das Einzige, was dich interessiert?«

»Nein, natürlich nicht. Wie heißt er und wo hast du ihn kennengelernt?«

»Ach, Mikka. Das ist doch ganz egal. Ich weiß im Moment einfach nicht, was ich will und was gut für mich ist. Und nein, da läuft auch noch nichts.«

Was meint sie denn mit *noch* nichts? Plant sie etwa, dass in naher Zukunft noch was laufen wird? Und warum zum Teufel küsst sie mich überhaupt, wenn sie doch weiß, dass es noch einen anderen gibt, mit dem noch was laufen wird? Sie ist hier nicht die verkackte Bachelorette.

»Wenn es einen anderen gibt, also… warum küsst du mich dann?«

»Du hast *mich* geküsst.«

»Ach, komm schon. Da gehören immer Zwei zu.«

»Na vielleicht, weil ich mir einfach unsicher bin, Mikka. Keine Ahnung. Das hat sich jedenfalls nicht falsch angefühlt.«

»Du hast mal gesagt, wenn man sich küsst, ist man zusammen.«

»Ja, das war früher mal. Mal ehrlich, mit wie vielen war man denn dann schon zusammen?«

Ich glaube mein Mund steht offen. Während sie das sagt, lacht sie leicht abfällig. Sophie scheint, an meiner Wahrnehmung vorbei, heimlich erwachsen geworden zu sein. Und gemein. So kenne ich sie nicht. Wir werden von hinten angetippt und von einem blonden Mädchen mit schwarzer Hornbrille freundlich darum gebeten, unsere Unterredung doch bitte nach dem

Film fortzuführen. Ich akzeptiere ihre Bitte, denn sie hat ja schließlich auch 9 Euro Eintrittsgeld gezahlt, sofern sie nicht von einem total verliebten Freund oder Verehrer - wie ich einer bin - eingeladen wurde. Ich schaue Sophie kopfschüttelnd an, ehe ich rasenden Herzens im Sessel versinke, mit Zorn und Ärger erfüllt, um die noch ausbleibenden dreißig Minuten dieses fürchterlich harmonischen Films, der selbstverständlich ein Happy End hat, zu Ende zu schauen. Die Stimmung ist hin, die Laune ohnehin. Sophie heute noch zurückzuerobern ist nun trotz dieser einmaligen Gelegenheit, die sich hier im Kino darbieten sollte, utopisch und folgerichtig nicht mehr umsetzbar. Kein Happy End für mich. Und an den Vergleich mit dem Elfmeter will ich auch nicht mehr denken. Versenkt habe ich ihn ja. Es war nur leider kein Siegtreffer. Fühlt sich auch nicht so an wie ein Anschlusstreffer. Eher so wie ein Ehrentreffer.

Auf dem Weg zur Straßenbahn greift Sophie dann nach meiner Hand und entschuldigt sich noch einmal für ihre achterbahnfahrenden Gefühle. Achterbahn. Ich kann es nicht mehr hören. Sie habe ja gesagt, dass es zurzeit alles komisch und schwierig sei.
»Aber nicht, dass es noch einen anderen gäbe«, erwidere ich ihr. »Wie lange gibt es den denn jetzt schon wirklich?«
»Wen?«
»Den Anderen.«
»Weiß nicht. Wir kennen uns schon ein paar Monate. Ist ein Arbeitskollege von mir aus der Verwaltung. Und als es mir nicht so gut ging, weil du immer unterwegs warst und dann auch noch die Sache mit dieser Lena…«
»Da war er für dich da.«
Ich könnte kotzen.
»Ja, genau.«
»Und ihr seid euch dann natürlich auch näher gekommen.«
»Quatsch. Wir haben nur viel miteinander geredet. Ich sag mal so: wir mögen uns. Du hast also keinen Grund so ein langes

Gesicht zu ziehen.«
»Hallo? Ihr mögt euch immerhin. Was ein Scheiß! Und wie heißt der Vogel?«
»Warum willst du das denn wissen? Das ändert doch nichts. Wir Beide mögen uns doch auch und du bist mir nach wie vor sehr wichtig. Den heutigen Abend fand ich außerdem wirklich schön.«
»Bis zu dem Zeitpunkt, an dem du mir von dem Anderen erzähltest, fand ich den Abend auch sehr schön. Also komm, wie heißt er?«
»Dominic.«
»Dominic? Wer heißt denn Dominic?«
»... Dominic.«

Anstelle eines Kusses in den Dimensionen des vorherigen Kinokuss-Infernos, gibt mir Sophie zum Abschied einen langweiligen und kurzen Schmatzer auf die rechte Wange und verschwindet nachfolgend in der Linie 15 in Richtung Köln-Nippes. Da stehe ich nun. Wie bestellt und nicht abgeholt. Die Dominanz vergangener Jahre eingebüßt, als Spielball meiner bezaubernden Ex-Freundin, die ich heute während des sehr innigen Kusses schon sicher zurück erobert fühlte. Jetzt muss ich nicht einfach nur um sie kämpfen und ihr zeigen, dass ich es wirklich ernst mit ihr meine, sondern muss auch noch einen stinkenden Nebenbuhler aus der Verwaltung ausstechen, der auf den Namen Dominic hört. Ich meine mich daran zu erinnern, dass sie mir vor einigen Wochen bereits von ihm indirekt erzählte. Die Empfehlung des Dr. Grosche geht nämlich auf einen Dominic zurück. Und Dominic ist im Vorteil. Sie arbeiten zusammen und sehen sich daher mindestens fünf Tage die Woche. Allein auf der Arbeit. Freizeitliche Gestaltung ausgenommen. Ich selbst hab es allein in dieser Woche nur auf zwei Tage geschafft. Und das ist für meine Verhältnisse schon viel. Als wir noch zusammen waren, haben wir uns in manchen Wochen gar nicht gesehen. Als wir noch zusammen waren, habe ich das genossen. Jetzt nicht mehr.

Ich hasse Dominic.

Als ich kurze Zeit später selbst in der Bahn in Richtung des rechtsrheinischen Köln-Deutz sitze, vibriert es mal wieder in meiner Hosentasche, weil mein Handy mir diskret signalisieren möchte, dass mir Sophie geschrieben hat:

»Es war wirklich sehr schön heute Abend. Vielleicht bis bald? Würde mich freuen«*

Ich muss sofort beginnen zu lächeln, weil mich ihre Worte wieder hoffen lassen. So ein bisschen Hoffnung ist schon was Tolles. Andererseits frage ich mich, warum sie abschließend noch einmal den schönen Abend wiederholend hervorheben muss. War nicht bereits alles gesagt? Vielleicht will sie mich einfach bei der Stange halten und spielt auf Zeit. Die Sache mit Lena muss sie doch mehr mitgenommen haben als ich dachte. Dabei kann sie gar nicht wissen, ob und was da mit mir und Lena lief. So wie ich eine kurze Phase meines Lebens in hilfloser Unentschlossenheit zweigleisig gefahren bin, tut sie es mir wohl nun spießumdrehend gleich. Leicht durchschaubar und doch ein fieser Zug, da sich diese Lage aus der devoten Position heraus nicht gut anfühlt. Auf einmal kann ich Sophie verstehen. Ein kleines bisschen, denn im Gegensatz zu ihr, habe ich sie niemals bewusst in der Schwebe zwischen zwei Stühlen stehen lassen. Sie war immer etwas ambivalent veranlagt, hat entweder gemeckert oder mir in die Ohren gesäuselt, wie toll es doch mit mir sei. Und das bis zuletzt, wo es von ihr nur so daher gesagt wurde. Sophie spielt. Ich habe bisher ein ganz anderes Bild von ihr gehabt. Das finde ich nicht in Ordnung. Aber gut, wenn sie dieses Spiel haben will, dann soll sie es auch bekommen. Diesen Wunsch werde ich ihr nicht ausschlagen. Dominic hat keine Chance und tut mir jetzt schon Leid. Er wird sich schon bald wünschen, nicht mehr mit Sophie zusammenarbeiten zu müssen.

SC Fortuna Köln – FFC Heike Rheine

»Leute, Leute. Das war im Leben kein Abseits«, beschwert sich Johannes, weil er unter Alkoholeinfluss eine bessere Wahrnehmung zu haben scheint, als geschultes Schieds- und Linienrichterpersonal der Frauen-Regionalliga. Darüber hinaus hätte eine andere Schiedsrichter-Entscheidung auch nicht viel am Spielverlauf ändern können. Die Fortuna-Damen haben einfach einen rabenschwarzen Tag erwischt und würden heute das Runde selbst vom Elfmeterpunkt aus nicht ins freistehende Eckige unterbringen. Folgerichtig steht es nach 35 Minuten bereits 0:3 aus Kölner Sicht, was der Stimmung auf unserer jeweils dreißig Quadratzentimeter großen Sitzschalenfläche aber keinen Abbruch tut. Obwohl Johannes' Lieblingsspielerin mit der Nummer Neun von der Rheiner Abwehr komplett abgemeldet ist und bei etwaigen Ballannahmen eine etwas unglückliche Figur macht, ist dieser, genau wie Malte und Ben, gut gelaunt und fiebert trinkend, trotz offensichtlicher Ausweglosigkeit einer Niederlage unserer Mannschaft, mit.

»Spielen die Damen im Frauenfußball eigentlich in einer *Mannschaft*?», frage ich in die Runde.

»Warum denn nicht?«

»Naja, wegen des Wortes *Mann* in *Mannschaft*. *Frauschaft* hört sich irgendwie blöd an.«

»Boa, Alter! Keine Ahnung.«

Niemand der anwesenden Jungs kann mir meine Frage beantworten. Das stimmt mich jetzt noch unzufriedener als ich ohnehin schon bin. Der einzige Schlechte-Laune-Pol wird heute von meiner Person repräsentiert. Sophie will mir einfach nicht aus dem Kopf gehen. Wie seit Tagen schon. Wenn ich nicht aufpasse, verliere ich mich noch in meinen Sophie'schen Gedanken und werde verrückt. Ich sehe mich bereits an einem Tisch im Gesellschaftsraum einer Geistesheilanstalt sitzen, die Arme in der Zwangsjacke fixiert, den Kopf in konstanten Intervallen auf den Tisch schlagend, so dass die Steine des Mühlespiels, welches ich mit meinem sabbernden Zimmernachbarn schon seit Tagen spiele, vibrierend ihre Spielpositionen verlassen. Dabei bemühe ich mich ja um Abwechslung und Besserung. Ich trinke viel Bier, rauche Zigaretten, verschließe mich keiner Unterhaltung und stimme auch ausnahmslos jeder gesellschaftlichen Unternehmung begeistert zu, da ich nicht letzten Endes doch noch in sozialer Isolation dem Wahn- und Irrsinn verfallen möchte. In der Uni, die ich zurzeit - allen Ernstes - regelmäßig besuche, habe ich vergangene Woche an drei langweiligen Umfragen im Zuge diverser Bachelor-Arbeiten teilgenommen. Für meine Bereitschaft gab es drei Tafeln Schokolade sowie die Teilnahme an einem Gewinnspiel für Bücher-Gutscheine. Schokolade soll ja glücklich machen. Ich habe allerdings nur eine Tafel selber verzehrt, den Rest Michael ins Zimmer gelegt, da ich nicht glücklicher geworden bin und mich das ganze außerdem zu sehr an *Bridget Jones* erinnerte. Mit Jessica, die ich vor einigen Wochen bei meinem letztlich überflüssigen Spurt zu Herrn Gremberg auf dem Weg zur Uni noch wortkarg abschütteln musste, hab ich mich zu Kaffee und Kuchen im *Café Schmitz* getroffen. Es war im Großen und Ganzen ganz nett und doch war ich froh als ich hinterher wieder nach Hause fahren durfte, um mich nach zwei Stunden Playstation in den Schlaf zu weinen. Jessica hat leider einen Freund, sie kann mich nicht trösten, drückt mir aber die Daumen und meint, dass Sophie ziemlich doof wäre, wenn sie mich nicht zurücknähme. Jessica hat ja so Recht. Auf Sophies Nachricht, die sie am Ende des Kinoabends schrieb, antwortete ich ihr, dass ich es auch sehr schön gefunden habe und einen derartigen Abend gerne in naher Zukunft wiederholen würde. Meine Antwort blieb aber ohne jede Resonanz. Gehört habe ich erst Tage später wieder von ihr, nachdem ich ihr über einen von Fachzeitschriften prämierten Internet-Floristen einen großen Blumenstrauß mit der kitschigen Botschaft »Komm zurück«

habe zukommen lassen. Ich sei ja verrückt und auch süß und vielleicht schafften wir es ja in der kommenden Woche noch einmal zu einem gemeinsamen Treffen. Sie müsse zudem viel an mich denken. Blablabla. Erst in kommender Woche. Da sind wieder viel zu viele Tage dazwischen, an denen dieser Dominic seine Süßholzraspel schwingen kann.

»Oje, ist das ein Trauerspiel.«

Wenn Ben wüsste, dass er da nicht nur in dem einen Kontext Recht mit hat.

»Nur gut, dass wir Bier haben. Nüchtern muss das ja noch schlimmer und damit schlichtweg nicht mehr ertragbar sein.«

»Ja, ist halt Frauenfußball, ne?«, erklärt uns Malte.

»Sei mal nicht so ein Chauvi, Alter«, lenke ich vorwurfsvoll ein.

»Okay, okay. Aber ich kapier nicht, was da los ist. So gut ist Heike Rheine ja nun auch nicht.«

»Hm… du, Mikka?«, schmatzt Ben und wischt sich mit dem Ärmel überschüssiges Bier von den Lippen.

»Ben?«

»Du hast mich vorhin ins Grübeln gebracht. Die Herrenmannschaften vom FFC Heike Rheine, ne?«

»Ja, was ist mit denen?«

»Meinst du, die nennen sich *Heiko* Rheine?«

»Keine Ahnung. Das müsste man mal recherchieren«, antworte ich belustigt und lache nachhaltig laut auf.

Von Herzen. Das war lange her.

»Auf den FFC *Heiko* Rheine!«, fordert Malte.

»Prost, ihr Säcke!«, ergänzt dann auch Johannes mit seinem stereotypen Trinkspruch.

»Prost, du Sack!«

Michael fehlt am heutigen Tag mal wieder. Er bereitete mich ja vor kurzem schon mit seiner Nachricht darauf vor. Zuviel Stress im Studium. Er will erst beim letzten Heimspiel der Saison wieder mit von der Partie sein. Seine Abstinenz ärgert mich zu diesen Zeiten mehr denn je. Jetzt, wo ich ihn nach der herzzerreißenden und nicht vorhersehbaren Trennung von Sophie ganz gut gebrauchen könnte, straft er mich mit maximierter Abwesenheit. Nach eigener Aussage wegen eines enormen Lernpensums, das er auf jeden Fall noch bis zum Ende des Semesters beibehalten und bewältigen müsse. Okay, der Mann wird Arzt. Durch den Frauenfußball wird er anderen Menschen niemals das Leben retten könnten. Dass er aber heute Abend mit Anja ins Kino gehen wird, um den neuen *Til Schweiger*-Film zu schauen, geht gar nicht, weswegen er es uns auch raffiniert verschwieg, weil er nicht konkret danach gefragt wurde. Die Rechnung hat er aber ohne das soziale Netzwerk gemacht. Ich weiß nämlich wie der Hase läuft. Seit ich nicht mehr mit Sophie zusammen bin, surfe ich viel zu viel auf diversen Facebook-Seiten herum und habe dabei zufällig herausgefunden, dass Anja heute Abend »mit Schatzi ins Kino« gehen wird. Ich hasse Anja. Und *Schatzi* so langsam auch. Vielleicht hole ich mir die zwei Tafeln Schokolade doch wieder zurück. Michael hat die gar nicht verdient.

»Wie läuft's denn bei dir und der Nummer Neun?«, fragt Ben einen konzentrierten Johannes, der dem wenig guten Spiel eine lächerlich hohe Aufmerksamkeit zukommen lässt, und daher etwas Zeit benötigt, sich vom Gekicke loszueisen, um auf die Frage zu antworten.

»Wie soll's schon laufen? Gar nicht. Wir müssen uns beim nächsten Spiel vielleicht mal was näher ans Spielfeld setzen. Ganz nach vorne am besten. Von hier oben ist ja gar keine Interaktion möglich. Nur vom Lächeln und Anfeuern ist sich noch niemand näher gekommen, oder?«

»Vom Lächeln schon«, antworte ich ihm. »Hätte mich Sophie einst nicht so toll angelächelt, wäre ich nie mit ihr zusammen gekommen.«

Oje, sie hätte mich niemals anlächeln dürfen.

»Ja, ist hier von der Tribüne aus trotzdem doof. Und dann immer der Alkohol.«

»Och… der floss bei uns einst auch nicht zu knapp.«
»Ist trotzdem nicht das Gleiche.«
»Du kannst ja nach dem Spiel vor der Kabine auf sie warten«, schlägt Ben mit wenig überzeugender Ernsthaftigkeit vor.
»Sicherlich, vor allen Dingen. Wie läuft's denn bei dir und Sophie?«, fragt Johannes unverhofft revanchierend und hebt seine beiden Augenbrauen, als würde er mit mir flirten wollen. Schon lustig, wie wir uns immer wieder gegenseitig den schwarzen Peter zuschieben müssen.
»Genauso, wie bei dir. Nämlich gar nicht«, antworte ich ihm ohne eine Miene zu verziehen. »Und wenn doch irgendwann wieder was laufen sollte, dann muss ich zum Erbrechen viel Geduld haben. Mein Vorhaben, wieder mit Sophie zusammenzukommen, scheint gegenwärtig genauso unmöglich, wie die Aussicht der Fortuna heute noch drei Punkte einzufahren.«
»Jetzt echt? Hast du's denn überhaupt schon probiert?«
»Was probiert?«
»Wieder mit ihr zusammenzukommen.«
»Natürlich hab ich's probiert, du Volltrottel.«
»Er hat ihr vor die Türe gekotzt und ist im Kino mit ihr fast eingeschlafen«, sagt Ben süffisanten Untertons, den Blick auf das Spielfeld gerichtet und nippt lässig an seiner Bierflasche.
»Danke auch, Ben. Nein, ich hab viel mehr noch gemacht. Zum Beispiel hab ich für sie eine vegetarische Bolognese gekocht.«
»Die sie skrupellos verschmäht hat«, fügt Malte neunmalklug hinzu.
»Ja, das hat sie. War ziemlich scheiße und unterste Schublade. Das hätte ich mal lieber mit ihrer Quiche tun sollen. Sophie hat mich aber ganz nebenbei auch im Kino geküsst. Sehr leidenschaftlich übrigens. Und Blumen hab ich ihr auch schicken lassen. Sie wird wissen, dass ich es ernst meine und was ich für sie empfinde. Es gibt nur noch so'n beschissenen Anderen.«
Im Nu habe ich die ungeteilte Aufmerksamkeit von al-

len Dreien. Das Fußballspiel ist nun vollständig in den Hintergrund gerückt. Aber da würde man ohnehin höchstens ein weiteres Tor der Gäste verpassen. Mit großen Augen werde ich neugierig angeschaut.

»Wie? Einen Anderen?«, fragt Johannes.

»Sophie hat echt einen Anderen?«, möchte auch Ben gerne wissen.

»Einen Arbeitskollegen«, antworte ich. »Der Pisser heißt Dominic.«

»Kennst du den?«, fragt Malte.

»Nee, woher soll ich den kennen?«

»Haste mal bei Facebook geguckt?«

»Joa, aber da gibt's nichts. So ein *Dome Peepunkt* hat ihr vor ein paar Wochen mal geschrieben. Die Hohlfrucht hat dabei Sophies Namen falsch ge…«

»HA!», unterbricht mich Ben. »Das passt doch.«

»Was passt?«

»Bist du blind, Mikka? *Dome Peepunkt* ist Dominic. Dome? Dominic? Klingelts?«

Es klingelt. Nicht nur bei mir. Auch im Tor der Fortuna, die mit einem 0:4 nun kopfschüttelnd und gesenkten Hauptes in die Halbzeitpause gehen muss. *Dome Peepunkt* ist Dominic? Warum ist mir das nicht eher aufgefallen. Vermutlich, weil das schlichtweg nicht sein kann. *Dome Peepunkt* ist das reinste Opfer. Mit seinem gebräunten Gesicht und seinen gezupften Augenbrauen sieht er wie ein lernbehinderter Pin Up-Boy für wenig renommierte Teenager-Magazine aus. Sophie würde sich niemals in einen solchen Menschen verlieben.

»Nein, Jungs. Das kann nicht sein. *Dome Peepunkt* ist der totale Spacken. Der hätte bei Sophie keine Chance, selbst wenn er sich beim Schönheitschirurgen kernsanieren lassen würde. Ganz ehrlich, das glaub ich nicht.«

»Ja eben«, vermerkt Ben enthusiastisch. »Die will dich ja auch nur eifersüchtig machen. Es gibt gar keinen Anderen.«

»Doch Ben, *Dome Peepunkt* beziehungsweise Dominic gibt

es ziemlich sicher und arbeitet in Sophies Firma in der Verwaltung. Er hat mir sogar den Arzt fürs Attest empfohlen, als ich die Sache mit dem Gremberg hatte.«

»Ja, natürlich gibt es den irgendwie schon. Verstehst du nicht? Den gibt es als Arbeitskollegen und vielleicht als Kumpel, aber eben nicht als Liebhaber, nicht als *Anderen.*«

Das kann natürlich sein und würde durchaus Sinn ergeben. Zudem würde es beweisen, dass Sophie an keiner schlimmen Geschmacksverkalkung leidet. Aber warum sollte sie mich eifersüchtig machen wollen, wo sie mich doch schon längst weich gekocht hat und ich ihr bedingungslos zu Füßen liege.

»Weißt du was, Mikka?«, fragt Malte forsch und knabbert an seiner Unterlippe.

»Nee, was denn?«

»Wir zünden ein Gegenfeuer.«

Malte schlägt vor, Sophie mit ihren eigenen Waffen zu schlagen. Ich solle ruhig weiterhin Gas geben und um sie werben, gleichzeitig aber auch eine Möglichkeit finden, Sophie ihrerseits eifersüchtig zu machen.

»Nee, Malte. Den Quatsch lassen wir. Sophie ist bereits tierisch eifersüchtig auf Lena. Und das, obwohl sie gar keinen Grund hat. Also zumindest nach *ihrem* Wissensstand.«

»Macht nichts. Dann geben wir ihr halt einen Grund. Nach *ihrem* Wissensstand.«

»Das könnten wir schon tun«, mischt sich Ben von der Seite ein, um die Idee von Malte mit Praxismöglichkeiten zu unterstützen. »Ich könnte Tessa sagen, dass du nach Lena gefragt hättest, sie solle sich doch mal bei dir melden und das dann am besten für Jedermann sichtbar auf deiner Facebook-Seite, weil du dass dann am ehesten siehst. Oder so ähnlich halt, keine Ahnung. Sie muss dir nur irgendwie irgendwas schreiben.«

»Wir sind nicht einmal bei Facebook befreundet, wie soll sie mir da was schreiben?«

»Mein Gott. Dann schick ihr doch eine Freundschaftsanfrage.

Ist auch viel subtiler und authentischer. Dann kann Sophie sehen, dass du ab sofort mit Lena befreundet bist, was du vorher nicht warst. Alter, das ist richtig gut.«
»Nein, Ben«, konsterniere ich. »Das ist ziemlich dämlich.«
»Nein, das ist super. Mach das!«, sprudelt es aus Malte heraus.
»Schaden kann es nichts, Mikka. Sie sollte ruhig merken, dass du solo bist und sich deine Welt nicht unweigerlich ausschließlich um sie drehen muss«, pflichtet mir sogar der sonst so bodenständige und vernünftige Johannes mit einem verschmitzten Blick bei.
Ich glaube er hat die falschen Freunde. Wir verderben ihn langsam aber sicher vollends.
»Vorausgesetzt«, ergänzt Ben, »Sophie ist überhaupt regelmäßig online und interessiert sich für dein Profil, so wie du dich für das ihre interessierst.«
»Nein, Leute. Hört bloß auf mit dem Scheiß! Ich mach das schon auf meine Art. Und wenn's nichts wird, dann soll es halt so sein. Scheiß drauf!«
»Komm schon, Mikka!«
»NEIN! Scheiß drauf!«
Pünktlich zur zweiten Halbzeit, als die Rheiner Damen anstoßen, beginnt es leicht zu regnen. Das Wetter passt sich somit dem Spiel an. Von Fritz-Walter-Wetter haben unsere Mädels scheinbar noch nichts gehört, denn bereits nach wenig gespielten Minuten steht es 0:5. Eine Spielerin mit schicker Kurzhaarfrisur schießt aus 16 Metern fast unbedrängt halbhoch in die rechte Ecke. *Olivia Kahn* im Fortuna-Torhüterinnen-Dress schimpft schon gar nicht mehr, sondern schüttelt nur resignierend und kraftlos ihren großen Kopf. Als sie den Ball nach vorne werfen möchte, rutscht er ihr aus den Händen und titscht über ihre Schulter zurück ins Tor. Gut, dass das Spiel noch nicht wieder angestoßen wurde. Sah aber trotzdem blöd aus. Erst hat man kein Glück und dann kommt auch noch Pech hinzu. Der legendäre Spruch von Ex-Bayer *Uwe Wegmann* passt glaub ich ganz gut zu dem,

was die Augen der Zuschauer hier mit ansehen müssen. Als das halbe Dutzend nach einem Eckball voll ist, gelingt in der letzten Spielminute ausgerechnet der Nummer Neun der Ehrentreffer zum 1:6, der nur von Johannes in absurd übertriebenem Euphemismus als »Anschlusstreffer« betitelt wird. Kurz darauf wird das Spiel nämlich abgepfiffen und während viele Fortuna-Damen schnurstracks in der Kabine verschwinden, schafft es die Kölner Torschützin noch kurz in Johannes' Richtung zu winken. Da freut er sich und da staunen die Anderen. Das Winken galt sicherlich nicht ihm, aber zumindest die Richtung stimmte. In zwei Wochen ist das nächste Heimspiel. Das letzte dieser Saison. Auch wenn es nach dem heutigen Spiel nicht mehr um den Aufstieg gehen wird, ist es immerhin das letzte Spiel vor der Sommerpause. Gegen die Union Blau-Weiß Biesfeld. Und ich weiß auch schon, wo wir dann wieder sein werden.

»Was hast du denn jetzt vor, Mikka?«, fragt mich Ben.

»Wie, was hab ich vor?«

»Na bezüglich Sophie. Du meintest, du würdest das auf deine Art machen.«

»Mal sehen, hab da schon eine Idee. Dazu könnte ich aber eure Hilfe gebrauchen.«

Totale Offensive

War eine geile Idee mit diesem Lieferservice für botanische Aufmerksamkeitsbekundungen. Dem Blumenstrauß sei Dank: Sophie trifft sich heute endlich wieder mit mir. Sie weiß noch nicht, wo wir hingehen und auch nicht, was ich mit ihr vorhabe, dafür weiß *ich* das aber alles ziemlich genau. Nach zwei Tagen intensiver Vorbereitung, werden der heutige Nachmittag und der daran anschließende Abend sich nachhaltig in Sophies Gedächtnis einbrennen und ihr Herz nachhaltig so sehr rühren, dass sie gar keine andere Wahl mehr haben wird, als Dominic - wenn es ihn denn wirklich gibt - auf seinen Asi-Toaster zurückzuschicken und mich wieder in ihr Herz und Leben zu lassen.

Die Sonne scheint und der Wetterbericht gibt grünes Licht für eine auch weiterhin stabile Wetterlage ohne überraschende Regenfälle bei um die soliden 25 Grad. Perfekt also, um meinem Vorhaben, Sophie endgültig wieder zurückzugewinnen, den finalen Schliff zu verleihen. Ich schreibe Sophie eine Nachricht, in der ich ihr mitteile, dass wir uns um 16 Uhr vor der *McDonalds*-Filiale am Bahnhof Köln Messe/Deutz treffen. Gleitzeittechnisch war heute schon 15.30 Uhr für sie möglich, aber 16 Uhr reicht mir allemal, da der Schwerpunkt meines Planes ja ohnehin auf dem heutigen Abend und nicht auf dem Nachmittag liegt. Nachdem ich ohne weitere Diskussionen mit Michael klein beigab und neues Waschmittel für die WG kaufte - jedoch vor ihm gut versteckte und auch nichts vom Neuerwerb erzählte - stehe ich nun um kurz vor vier in frischen kurzen Hosen, T-Shirt und einem bis zum Rand voll bepackten Rucksack auf dem Rücken vor einer us-amerikanischen Fastfood-Kette am Deutzer Bahnhof und beobachte die zahlreichen Reisenden, die zum Teil aufgrund ihres schon aktuellen Körpergewichts besser eine andere Zwischenmahlzeit zu sich nehmen sollten. Wie ein Reisender muss ich wegen meines Rucksacks auch aussehen. Er schränkt mich in meiner Bewegungsfreiheit arg ein und lässt meinen Rücken schwitzen. Wegen seines Inhaltes ist er allerdings am heutigen Tage obligatorisch und unersetzlich. Um kurz nach vier ist von Sophie noch immer keine Spur zu sehen, was mich dazu veranlasst, den Rucksack abzunehmen, um meinen Rücken trocknen zu lassen. Währenddessen spiele ich ein wenig mit meinem Handy herum, denn einfach nur so dastehen und warten finde ich doof.

Just als ich mit einem einzigen Wurf rot gefiederter Vögelchen, drei außerirdische grüne Schweine abwerfe und mir ein zufriedenes »Bäm« herausrutscht, werde ich von hinten durch zwei kleine Hände in die Seite gekniffen. Erschreckt drehe ich mich um und sehe in ein vergnügtes Frauengesicht, das zwar wunderschön anzuschauen ist, aber keineswegs zu Sophie gehört. Sondern zu Lena. Und das um kurz nach vier. Liebes Schicksal, das kann unmöglich dein Ernst sein. Sophie kann jeden Augenblick hier aufkreuzen, weswegen mir mein Herz in die Hose rutscht und sämtliche Schweißdrüsen ihre Pforten öffnen. Jetzt wäre ich auch sehr gerne ein grünes außerirdisches Schweinchen. Dann wäre ich nämlich einfach explodiert und würde nicht in peinlicher Bredouille stecken und nass anlaufen. Seit Wochen meide ich jeglichen Kontakt und habe es erfolgreich geschafft, Lena aus dem Weg zu gehen und sie damit ja auch letztlich (zumindest ein Stück weit) aus dem Kopf zu kriegen und ausgerechnet heute, jetzt und hier – da läuft sie mir über den Weg. Erst gestern bekam ich von ihr eine Freundschaftsanfrage via Facebook. Etwas böse auf Ben, weil dieser die virtuelle Kontaktaufnahme initiierte, habe ich ihre Anfrage stillschweigend angenommen, ohne auch nur ein einziges niedergeschriebenes Wort mit ihr auszutauschen. Eigentlich blöd, aber es ist ja nur eine Facebook-Freundschaft und wir sind alle erwachsen und können uns auch im realen Leben miteinander unerhalten. Also zumindest grundsätzlich. In diesem speziellen Fall meide ich jedweden Kontakt. Gestern noch im virtuellen Leben und heute und hier im Echten. Welch beschissener Zufall und schicksalhafte Begegnung werden mir da zuteil. Ich sehe in Gedanken schon wieder diese Schicksalsgöttin, wie sie sich kichernd ihre Hände reibt. Bekacktes Miststück!

»Na«, begrüßt mich eine zur Abwechslung super aussehende Lena, etwas außer Atem und in kurzen engen Laufshorts, auf der Stelle trabend. Ich bekomme auf Anhieb keinen gescheiten Ton heraus, wische mir stattdessen den Schweiß von der Stirn und den Wangen und schaue mich nach möglichen Sophies um. Rechts, links, vorne, hinten: Sophie ist noch nicht in Sichtweite. Das kann sie aber jeden Augenblick sein. Ich bete heimlich in Gedanken, dass es in unmittelbarer Zeit nicht dazu kommen möge und sie sich entgegen ihrer früheren Tugenden jetzt noch mehr verspätet. Den Schweiß wische ich an meiner Hose ab.
»Mikka, alles klar?«
»Hm? Entschuldigung. Ich... ich war gerade so in das Spiel vertieft«, stammle ich und deute auf mein Handy, immer noch vorsichtig um mich schauend. »Klar... ist alles klar. Und selbst? Sportlich, sportlich. Große Runde durch den Rheinpark? Wow, find ich gut.«
»Ja danke. Alles gut. Von nichts kommt nichts, richtig? Fährst du in den Urlaub?«
»Nee, warum?« Sophie schaut auf den zwischen meinen Beinen stehenden Rucksack.
»Ach wegen des Rucksacks? Nein, ich... übe nur für die Semesterferien. Genau, ich geh da... wandern... also mit den Jungs... wandern... in den... Alpen.«
»Hört sich ja spannend an. Du, ich muss dann auch mal weiter«, entschuldigt sich Lena etwas patzig, tippt auf ihren Pulsmesser am Handgelenk und beginnt, weiterzulaufen. »Viel Spaß noch beim Übungswandern. Vielleicht sieht man

sich ja mal wieder?«
Weil ich in der jetzigen Situation an akuter Paranoia leide, versäume ich es ihr zu sagen, dass wir uns im Optimalfall eben nicht wiedersehen werden.
»Ja, das will ich doch hoffen. Wäre cool«, rufe ich ihr stattdessen hinterher und hoffe, dass sie mögliches noch immer bestehendes Interesse an mir, bei ihrem wieder aufgenommenen Dauerlauf ausschwitzt.
»Ciao. Ja, meld dich!«, ruft sie in vorwurfsvoller Stimmlage zurück, ehe sie mit ihrem Wahnsinns-Po in einem durchaus imposanten Tempo aus meinem Sichtfeld verschwindet.
Hätte ich mich vor einigen Wochen für Lena und nicht für Sophie entschieden, würde ich nun hechelnd an ihrer Seite laufen. Und ich könnte selbst nicht sagen, ob ich wegen Lena oder wegen meiner vernachlässigten Kondition hechle. Das wäre vermutlich so viel einfacher gewesen als die gegenwärtig ungeplante Rückholaktion mit Sophie. Ich wäre aller Voraussicht nach glücklich, hätte guten Sex, ein Vorzeige-Mädchen zur Freundin, das den Neid anderer Jungen provozierte. Mit ein wenig Glück hätte ich dann auch emotionale Ruhe und Gewissheit. Warum einfach, wenn es auch schwer geht. Aber nein, genug des Abwägens. Sophie ist das Mädchen meines Herzens. Zu der Erkenntnis bin ich in vergangenen Wochen, nach langem Kampf, dann oft genug gekommen. Nach dem heutigen Tage werde ich schließlich auch mit Sophie in geklärten Fronten und wieder auflebender Gewissheit glücklich sein können. Ich mache im Grunde nur einen kleinen, unangenehmen Umweg. Einen Umweg ins Glück.

Das erwähnte Mädchen meines Herzens lässt mich dann noch 13 weitere Minuten am Bahnhof Deutz inmitten der vielmals dicken oder rauchenden Pendler warten, ohne ihre Verspätung per Kurzmitteilung kundzutun. Gleitzeittechnisch wird das in ihren Augen wohl in Ordnung sein, aber das ist mir gerade

alles egal. Ich schaue über ihre verfehlten Manieren lächelnd hinweg und freue mich stattdessen, dass das ultimative Date nicht durch Lenas Anwesenheit endete, bevor es überhaupt beginnen konnte. Sophies Entschuldigung bleibt auch von Angesicht zu Angesicht aus. Sie weiß wahrscheinlich gar nicht, dass sie zu spät ist, umarmt mich selbstbewusst lächelnd - was auch viel schöner ist - und ein betörendes Duft-Gemisch aus Parfüm und Deodorant steigt mir in die Nase, das bei genauerem Riechen tatsächlich keine Essenzen des *Active Pearls Rose Fresh* aufzuweisen scheint. Mir kommt es vor, als rieche ich ihren Duft das erste Mal. So vollkommen und betörend.
»Willst du mit mir verreisen?«, fragt mich Sophie etwas abfällig wirkend, während sie auf den immer noch am Boden stehenden Rucksack blickt.
Oh ja, wie gerne. Etwa nach Venedig. Oder besser noch nach Paris, wo ich ihr in der Folge unter dem Eifelturm inmitten klassenreisender Schülerinnen und Schüler und anderer Touristen einen Heiratsantrag mache. Dort wische ich dann Sophie die Freudentränen aus ihrem Gesicht und wir küssen uns. Und dann laufen wir Hand in Hand lachend nach Hause ins Hotel und ziehen uns glücklich und vergnügt aus. Diese blöden rhetorischen Fragen, erst von Lena und jetzt von Sophie, sind auf den zweiten Blick gar nicht mehr so rhetorisch. Ein großer Rucksack, Treffpunkt Bahnhof. Ein Verreisen wäre nur allzu plausibel. Und wenn ich könnte, würde ich. Aber nicht heute. In der kommenden Woche vielleicht. Für heute werde ich sie zunächst einmal zurückerobern.

Phase Eins meiner Mission des laufenden Tages startet auf der Aussichtsplattform des Kölner Triangel-Turms, zu der ich Sophie und mir mit jeweils zwei Euro Eintritt verschaffe. Im Aufzug nach oben herrscht eine klimatisierte Luft, die meinen verschwitzten Körper unter der Kleidung trocknen lässt. Sophie und ich reden im Fahrstuhl kein Wort miteinander, lauschen stattdessen amüsiert dem Gespräch eines rüstigen

Ehepaares, das mit uns im Aufzug fährt und über die viel zu kühlen Temperaturen jammert, da es befürchte sich »einen Fips zu holen« und die kommenden sonnenreichen Tage im Bett verbringen zu müssen. Oben angekommen, bleiben Sophie und ich mit Blick auf das linksrheinische Ufer vor der schützenden Glaswand stehen und schauen tief ein- und ausatmend in unterschiedliche Richtungen. Ich habe meine Hände in die Hüfte gestemmt. In Kombination mit meinem dicken Rucksack muss ich den Eindruck erwecken, als habe ich gerade einen hohen Gipfel erklommen. Dabei war es nur der Kölner Triangelturm, den ich via Aufzug erschlossen habe. Unterm Strich bin ich heute doch mehr Tourist als Bergsteiger. Sophie und ich schlendern gen Süden und können durch eine fabelhafte Weitsicht das Siebengebirge ganz klar erkennen. Ich stelle mich hinter sie und massierte vorsichtig ihren Nacken.

»Gefällt es dir?«, will ich von ihr wissen.

Sie beginnt empört zu lachen und dreht sich zu mir um.

»Klar gefällt mir das. Ich wollte schon immer mal mit dir auf diesen Turm. Ich hab dich gefühlte tausend Mal gefragt. Du meintest dann immer, dass wir das irgendwann schon machten. Haben wir aber nicht.« Ich bin erschrocken. Eigentlich wollte ich nur wissen, ob ihr meine kleine Massage gefällt. Den Triangelturm wählte ich heute vielmehr wegen seiner logistischen Lage und nicht, um Sophie einen vermeintlich langjährigen Wunsch zu erfüllen. Aber gut, das kann mir ja eigentlich nur Pluspunkte einbringen und spielt mir in den Plan. Nach dem schlimmen Moment mit Lena scheint mir das Schicksal nun wieder wohl gesonnen zu sein. Danke.

»Warum erst jetzt, Mikka? Ich finde es falsch von dir, erst jetzt mit mir hier hin zu gehen, wenn es vorbei ist.«

Sie hat *vorbei* gesagt. Die Sache mit den Pluspunkten muss ich noch mal überdenken. Und das Dankeschön auch.

»*Ist* es denn vorbei?«, frage ich sie, und bin bemüht darum, selbstbewusst zu wirken.

»Weiß ich nicht.«
Ich nehme Sophie seitlich in den Arm und schiebe sie so in Richtung der rechtsrheinischen Seite neben mir her. Sie lässt es geschehen, auch wenn die Umarmung einseitig bleibt. Dann schiebe ich sie ganz nah an die Glaswand heran und zeige mit dem Finger nach unten.
»Da, schau mal!«
Johannes und Ben waren unter anderem so freundlich mir für den heutigen Tag behilflich zu sein. Es sind meine einzigen Freunde, die ein eigenes Auto besitzen. Die dunklen Dächer ihrer beider Autos haben wir gemeinsam mit billigem Kreppband aus dem Baumarkt bearbeitet. Von hier oben lassen sich die aufgeklebten Schriftzüge ganz gut lesen. Blöd nur, dass die beiden keine zwei Parkplätze nebeneinander finden konnten. So steht Johannes' *VW Passat* drei Reihen weiter als Bens *Seat Ibiza*. Nicht schön für die Dramaturgie, aber ausreichend für eine fehlerfreie Übermittlung der Botschaft. Die Autos wurden bereits gestern Nachmittag geparkt, für die immensen Parkkosten bin ich selbstredend aufgekommen.
»Ach, Gott. Bist du süß«, platzt es aus ihr heraus.
Sie hält sich ihre Hand vor den Mund und muss lachen. Es ist allerdings kein Lachen, mit dem man einen anderen Menschen auslacht. Nein, sie lacht vor emotionaler Überforderung. Damit hat sie nicht gerechnet. Sie ist über beide Ohren amüsiert.
»*S + M = best sex ever*? Du bist ja witzig.«
Ich erschrecke. Ben! Dieser Idiot muss abends noch mal sein Autodach überarbeitet haben. Von wegen witzig. Was hat er sich bei der Aktion nur gedacht? So ein Scheiß. Wir sind doch nicht im Kindergarten. Eigentlich hat da nur ein Herz gestanden. Also *S+M* auf dem einen Dach und ein Gleichzeichen und Herz auf dem Anderen. Eigentlich an und für sich schon ganz furchtbar und peinlich, aber Sophie mag solche Sachen. Zumindest mochte sie das. Zumindest glaubte ich das. Bei dem momentanen Wandel, den Sophie durchläuft, kann ich

das gar nicht mehr wissen. Dank Bens kleinen Scherzes, bekomme ich wieder Hitzewallungen, akklimatisiere mich jedoch schnell wieder, da es Sophie allem Ärger zum Trotz tatsächlich gefällt.
»Du bist ja echt bescheuert«, sagt sie mit einem bezaubernden Strahlen in ihrem Gesicht.
Ich muss mich sammeln und versuche ihr unter einem Anfall von Wortfindungsstörungen das Missverständnis zu erklären.
»Da stand eigentlich… ähm, dass ich… weil die Jungs mir dabei geholfen haben… hier… eigentlich wollte ich dir mit dem… Dingensband nur sagen, dass ich…«
Sie boykottiert zum Glück meinen erbärmlichen Erklärungsversuch, umarmt mich und gibt mir einen zärtlichen zungenlosen Kuss auf den Mund.
»Du kannst echt süß sein, Mikka.«

In der Folge wandern wir in inzwischen beidseitig initiierter Umarmung über die Hohenzollernbrücke und machen uns gemeinsam über die vielen Liebesschlösser lustig, die durch ihr Gewicht eines Tages die Brücke zum Einsturz bringen werden. Weit mehr als 155.000 verliebte Pärchen brachten hier schon - im Schatten des Kölner Doms - ein Schloss an den Brückenzaun, das ihre ewige Zuneigung symbolisieren soll. Bis der Bolzenschneider sie scheidet oder so ähnlich. Totaler Quatsch.
»Wenn der Liebe zuviel Gewicht zuteil kommt...«, denke ich nach einem Anflug melancholisierter Ironie und wünsche mir insgeheim das Gewicht der Brücke um nur wenige Gramm zu erhöhen, indem auch ich ein Schloss von Sophie und mir hier aufhänge und damit unsere wieder gefundene Liebe symbolisch manifestiere.

Auf der anderen Rheinseite spazieren wir mit einem üppigen Eis in der Hand über die Rheinpromenade und passieren die Stelle mit jener großen Linde von einst, die nunmehr im satten Grün steht und einfach nur noch eine große Linde ist. Vor wenigen Wochen habe ich hier den vielleicht romantischsten Moment meines bis dahin emotional eher ärmlicheren Lebens erlebt. Die Linde stand stellvertretend für eine überschäumende Leidenschaft. Es ist erschreckend, mit wie viel Distanz ich nun auf jenen Moment zurückblicken kann. Ich zeige weder ein schlechtes Gewissen noch Respekt und lasse mich genau an diese Stelle mit Sophie nieder, damit wir in Ruhe unser Eis zu Ende schlecken können. Ganz nebenbei startet von hier aus jeden Augenblick Phase Zwei. Wir liegen etwas hinter dem Zeitplan. Wegen Sophies anfänglicher Verspätung ist daher unser Eis nur zur Hälfte aufgeschleckt, als sich uns ein gemütlich daherradelnder Rikschafahrer nähert. Er trägt eine abgeschnittene und ausgewaschene Cargohose, die vor langer Zeit mal khakifarbend und lang war. Seine mittellangen blonden und ungepflegten Haare wehen dazu leicht im Wind. Ich pfeife ihm mit zwei Fingern zu und winke ihn heran.

»Entschuldigung?«
Der Rikschafahrer lenkt ein und radelt freundlich lächelnd auf uns zu.
»Bist du gerade frei?«, will ich von ihm wissen.
»Jep, bin ich. Wo soll's denn hingehen?«
»Was kostet bei dir eine Fahrt in den Rosengarten am Fort X?«
»In den Rosengarten? Hm, also grundsätzlich zahlt ihr nach Stunden und nicht nach Kilometern. Die halbe Stunde kostet bei mir 32 Euro. Nur hin schaff ich noch, zurück wird aber nicht mehr hinhauen, da ich gleich frei hab.
»Ach so…«, sage ich, während ich eine gespannte und ahnungslose Sophie fragend anblicke. »Wir würden danach aber ganz gerne noch weiter. Sagen wir zum Aachener Weiher?«
»Ist klar. Zum Aachener Weiher«, lacht der Rikschafahrer gekünstelt. »Das ist noch mal komplett in die andere Richtung. Wie gesagt, ich hab nur noch ne halbe Stunde. Für 32 Euro

fahr ich euch zum Rosengarten. Und bis dahin noch schön gemütlich am Rhein entlang, wo es auch was zu sehen gibt, okay?«

Ich blicke wieder zu Sophie. Sie zieht ihre Schultern nach oben und knabbert an ihrer Eiswaffel. Ich tue so, als sei ich unschlüssig, überlege simuliert und reibe mir mit der eisfreien Hand über den Oberschenkel. Dann kratze ich mich an der Schläfe.

»Und wenn wir dir mehr geben? Ich gebe dir… sagen wir 100 Euro, wenn du uns zum Rosengarten bringst, uns eine Stunde später wieder abholst und an den Aachener Weiher fährst.«

»Bist du bescheuert?«, empört sich Sophie.

»Bar auf die Kralle?«, fragt der Rikschafahrer.

»Basti«. So stellt sich uns der Rikschafahrer vor, als wir uns samt meines dicken Wanderrucksacks hinter ihn auf die Plätze kuscheln. Ich kenne ihn natürlich. Basti studiert Sonderpädagogik auf Lehramt und veranstaltet immer lustige Erstsemesterpartys, auf denen es Alkohol für unter einen Euro zu trinken -und kleine Mädchen für weniger als zehn Minuten Aufwand zu küssen gibt. Basti fährt neben seinem Studium tatsächlich - meist Tagestouristen - mit der Rikscha quer durch Köln. Ganz umsonst fährt er uns natürlich nicht durch die Gegend. Allerdings machten wir im Vorfeld einen Freundschaftspreis von 40 Euro aus. Das heißt, er wird mir die zu viel bezahlten 60 Euro irgendwann in der Uni wiedergeben. Sophies Kopf schüttelt sich noch immer, auf den Rhein und an vorbeiziehende Passanten gerichtet. Sie zeigte mir einen Vogel und weigerte sich anfänglich in die Rikscha zu steigen, aber ich sagte ihr lächelnd, dass das schon in Ordnung ginge und ich mich zutiefst auf die gemeinsame Rikschafahrt freue. Was nicht einmal gelogen war. Ich streiche ihr mit meinem kleinen Finger einen Rest Stracciatella-Eis aus dem Mundwinkel, als etwas Ungeplantes passiert: sie küsst mich. Diesmal mit Zunge. Der Fahrtwind erfrischt uns durch seine frühabendlichen Brisen. Wie käuflich doch die Liebe am heutigen Tage zu sein scheint.

Durch den Rosengarten spazierend, erzähle ich Sophie einige Fakten über das Fort X sowie weitere Überbleibsel preußischer Befestigungsgürtel. Sie scheint sich jedoch weniger für mein historisches Halbwissen als vielmehr für die in voller Blüte stehenden Rosen zu interessieren, die seit den 1920-er Jahren in einem prächtigen Garten im Innenhof des Forts ihre Faszination auf die vornehmlich weibliche Menschenwelt ausüben.

»Das war eine wirklich schöne Idee hierher zu kommen, Mikka. Hier war ich noch nie.«

»Gefällt's dir?«, frage ich eigentlich überflüssig. »Das freut mich.«

»Es ist total schön hier. Aber mal ohne Scheiß, 100 Euro für *den* Idioten?«

»Kann der Idiot sicher gut gebrauchen. Lass uns aber bitte jetzt nicht über das Geld reden, ja? Das soll heute ausnahmsweise keine Rolle spielen.« Sophie guckt mich misstrauisch an. Aber sie wird nichts ahnen. Sie erkennt mich lediglich nicht wieder. Das ist alles.

»Glaubst du, dass es zwischen uns wieder so werden kann wie früher?«, fragt sie mich mit nüchternder Stimme.

»Ich denke nicht, Sophie. So wie früher wird es nie mehr werden. Was aber auch nicht schlimm ist, da du ja selber sagtest, dass du schon lange nicht mehr glücklich warst. Es wird besser. Besser als es jemals war. Und weißt du warum? Weil ich nun ganz ehrlich weiß, was ich drei Jahre über hatte und was ich durch mein nicht immer nettes Verhalten verloren habe.« Sophie schaut nachdenklich in das Blütenmeer der Rosen hinein. Sie sagt nichts, aber ich kann von der Seite aus sehen, dass sie ganz leicht lächelt. Sie streichelt meinen Handrücken. Heute zum ersten Mal. Ich genieße diese intime Geste, die wieder einige Endorphine in mir freisetzt, ehe ich von Sophie zu dem Fortgang unseres Dates erinnert werde. »Komm, lass uns mal weiter. Der Vollidiot wartet sicher schon mit seiner Rikscha unten vor dem Fort.«

Unterwegs zum Aachener Weiher, hole ich aus meinem Rucksack zwei Dosen *Chocomel* - holländische Schokomilch - die Sophie abgöttisch liebt. Irgendwann in den vergangenen Jahren sprach sie mal davon, dass sie sich wünsche, eines Tages in dem Dosen-Kakao zu baden. Und ich erinnerte mich daran. Den Badewunsch kann ich ihr zwar heute nicht erfüllen, aber diese kleine Geste sollten die Türen ihres Herzens ein weiteres Stück für mich öffnen. Nun schlürfen wir zufrieden aus der kleinen Dose und Sophie schüttelt nicht zum ersten Mal unglaubwürdig ihren Kopf. Nachdem Basti über einen fiesen Hubbel fährt und sich große und nasse Schokoflecken auf mein T-Shirt begießen, tue ich es Sophie gleich. Das ist dann wohl der erste Rückschlag am heutigen Tag. So ein Scheiß. Sophie muss lachen. Und dann lachen wir zusammen.

Phase Drei: der Aachener Weiher. Eine durch und durch langweilige Grünfläche mit Biergarten. Und eben diesem Weiher. Ein künstlich angelegter, vier Hektar großer Tümpel, der aussieht, wie eine überdimensionale Viehtränke und in guten Wintern zum Schlittschuhlaufen einlädt. In den Sommermonaten tummeln sich hier Studenten und andere junge Völker. Ich habe hier in den ersten Semestern meines Studiums häufig gesessen. Mit Kommilitonen und mit noch mehr Kommilitoninnen. Auch mit Ben, Malte und Johannes. Zu dieser Zeit sogar auch noch mit Michael. Wir grillten, rauchten, tranken, lachten. Inmitten des Hiroshima-Nagasaki-Parks, so heißt er nämlich. Ich will gar nicht wissen, wie viele Nutzer der grünen Spaß-Oase sich des geschichtlichen Hintergrundes bewusst sind. Sophie wollte ich nie mit hierher nehmen. Sie musste sich bis zum heutigen Tage gedulden. Und jetzt fühle ich mich eigentlich zu alt für den Aachener

Weiher. Nebeneinander steigen wir einen kleinen Hügel hinauf, abseits der Grillschwaden, des Mülls und Alkoholgeruchs. Jetzt kommt endlich der eigentliche Inhalt meines Rucksacks zur Geltung. Ich falte eine große kuschelige und rot karierte Baumwolldecke auf, lege sie auf den weichen Rasen und zeige Sophie an, sich bitte schon mal darauf niederzulassen. Das tut sie auch und amüsiert sich über die sichtlich gelungene Überraschung. Als ich noch Pappbecher, eine Flasche Rotwein, grüne kernlose Weintrauben, Tomaten-Mozarella-Spieße, Ciabatta, Briekäse und Oliven auspacke, hält sie sich vor Unglauben die Hände vor den Mund.

»Mikka…« ist alles, was sie derzeit zu sagen in der Lage ist.

Ihre Stimme hat Sophie aber bald wieder. Sie hat einen ganz gesunden Appetit und lässt mich nach gefühlt jeder verspeisten Weintraube wissen, wie »cool« sie das findet, dass wir am Aachener Weiher picknicken. Jedes Mal, wenn sie das tut, balle ich in Gedanken eine jubelnde Faust und erfreue mich an der Tatsache, dass dieses Date so sehr nach Plan verläuft. Später liegen wir uns mit unseren Plastikgläsern Wein gegenüber und reden sehr sachlich ganz normal miteinander, wie wir es sehr lange nicht mehr getan haben. Sophie berichtet mir von ihrer Arbeit. Dass sie sich gar nicht mehr so glücklich in der Branche fühle und am liebsten ihre Ausbildung abbräche, um sich irgendeinem Studium widmen zu können.

»Jura oder Medizin«, sagt sie in achselzuckender Naivität.

Der prestigeträchtige Traum eines jeden jungen Mädchens.

»Ansonsten halt ein Lehramt«, ergänzt sie.

Das wäre dann die Notlösung, wenn es mit Medizin oder Jura nicht klappte. Als überzeugter Lehramtsstudent fühle ich mich gerade sehr herabgestuft, lasse es mir aber nicht anmerken. Ich erfahre zum ersten Mal, dass Sophie sich in ihrem Job unglücklich fühlt. War ich da in der Vergangenheit tatsächlich so wenig an ihrem Leben interessiert. Mir kommt spontan Sophies Arbeitskollege Dominic in den Sinn. Er wird sicherlich eine Teilschuld daran haben, dass sie sich nicht mehr wohl in der kaufmännischen Branche fühlt. Deswegen will sie bestimmt die Ausbildung abbrechen. Raus aus dem Büro, weg von Dominic. Hin zu Mikka, hinein in die Universität. Das klingt nach meinem Mädchen. Eigentlich logisch.

Als der Wein leer und der Himmel dunkel ist, küssen wir uns. Wir küssen uns so intensiv und gefühlvoll, dass ich eine Erektion bekomme. Ich weiß, dass sie heute noch funktionslos bleiben wird und verstecke sie umständlich zwischen meinen übereinander geschlagenen Beinen. Ich schlage vor aufzubrechen, da ich schließlich noch einen weiteren Programmpunkt geplant habe, muss aber vorher im Sitzen noch unauffällig abwarten, bis meine Erektion wieder abgeklungen ist. Als dies nach endlos wirkenden Minuten der Gesprächsimprovisation geschehen ist, packen wir sämtliches Picknick-Arsenal wieder in meinen Rucksack und fahren mit der Linie 1 zum Neumarkt.

Wir liegen gut in der Zeit. Ich führe Sophie durch eine nach Ladenschluss nunmehr leere Schildergasse, in der jeden Augenblick Phase Vier beginnen wird. Auf Höhe der Antoniter Kirche wartet er bereits auf uns. Ein übertrieben breit grinsender Inder mit strahlend weißen Zähnen und einem opulenten roten Rosenstrauch in den Händen. Er ist gut und teuer gekleidet und kommt strahlend auf uns zu als er uns erblickt. Es handelt sich um Vikram beziehungsweise Viki, wie ihn seine Freunde nennen. Eigentlich mag ich ihn nicht. Er studiert gemeinsam mit Ben Jura und ist wahnsinnig von sich überzeugt. Es gibt viele Menschen, die von sich überzeugt sind, aber viele Menschen haben auch guten Grund dazu. Das hat Viki meiner Meinung nach nicht. Zumal er auch Fan von Bayer Leverkusen ist, was seine Sympathiewerte im Vorhinein schon kategorisch herabsetzt. Viki kommt aus Euskirchen und hat indische Wurzeln. Ben musste ihn zwei Tage am Stück bequatschen, für uns den Klischee-Inder zu spielen, der Rosen verkauft. Vikram fand das überhaupt nicht lustig, ließ sich aber letzten Endes kaufen. Sein kleiner Auftritt wird ihm 50 Euro und einen Kasten Bier einbringen. Zudem bekommt er noch die Materialkosten ersetzt. Den Strauß Rosen streckte er nämlich freundlicher Weise vor. Sollte er auf verbaler Ebene noch ein wenig Akzent einsetzen, steigert sich sein Erlös automatisch auf zwei Kästen Bier. Den Spielraum wollte Ben ihm schon lassen. Die Sache sei ja schließlich auch unmoralisch und unter der Würde eines aufstrebenden Junganwalts mit Migrationshintergrund.

»Oh nein. Bitte nicht«, sagt Sophie zu mir gerichtet, als sie den für sie fremden Vikram erblickt. In kluger Voraussicht, dass ich an einem Tag wie dem Heutigen vermutlich zugreifen werde.

»Hallo, wollen Lose kaufen?«, fragt mich Vikram mit einem derart treudoofen Blick, dass ich mir das Lachen verkneifen muss. Sophie geht es ähnlich, obwohl sie sich der Inszenierung ja gar nicht bewusst ist. Den zweiten Kasten Bier hat Vikram sicher. Wo hat er nur auf die Schnelle gelernt, so flüssig so bescheuert zu reden. Fantastisch.

»Eine Lose?«, frage ich grinsend und betrachte den großen roten Strauch.

»Ja! Eine Lose. Fül die schöne Flau an Ihlel Seite.« Sophie muss laut loslachen. Wie respektlos das gerade von ihr ist. Vikram kann doch nichts dafür, dass er einen lustigen Dialekt hat. Zumindest im Rahmen dieses Schauspiels. In der Realität kann er wegen seiner Vorliebe für deutsches Bier selbstverständlich was dafür.

»Was kostet denn eine Lose?«, frage ich ihn gleicher Sprache, was Sophie noch herzhafter auflachen lässt.

»Eine Lose, Dlei Eulo. Abel fühl dich und deine schöne Flau mach ich dalaus zwei Eulo, okay?«

»Zwei *Eulo* sind okay, ja.« Sophie beginnt vor Lachen zu weinen.

»Du kannst auch haben fünf Losen fül nul zehn Eulo.«
»Ja, das wäre ja dann auch…« Ich rechne kurz nach. »Der normale Preis, wenn eine Lose, also eine Rose zwei Euro kostet.«
»Ja… stimmt.« Jetzt muss sich auch Vikram das Lachen verkneifen. Hoffentlich fliegen wir nicht auf.
»Sagen wil, fünf Losen fül nul acht Eulo. Oder zehn Losen fül zwanzig Eulo. Kannst auch haben ganzen Stlauch fül nul dleißig Eulo.«
»Dreißig Euro?«, frage ich sicherheitshalber nach.
»Ja. Dleißig Eulo! Schau Dil dies wundelschöne Mädchen an. Ist sie Dil das nicht welt?«
»Doch, schon«, antworte ich, während ich in Sophies fröhliches, rot angelaufenes Gesicht schaue und mein Portemonnaie aus der Hintertasche meiner Hose zücke.
Ich drücke Vikram passend dreißig Euro in seine hellbraunen Handflächen und kriege im Austausch den üppigen Rosenstrauß übergeben, den ich an eine peinlich berührte, jedoch zutiefst vergnügte Sophie weitergebe.
Wir verabschieden uns lachend mit einem »dankelschön« und setzen unseren Weg Richtung Rhein fort. Sophie schnuppert an ihrem Rosenstrauch und trocknet ihr Gesicht, das beim Lachen deutlich nass geworden ist.
»Danke Mikka, das ist total süß von dir. Sag mal, hat der uns eigentlich verarscht?«
»Hä? Warum?«
»Das war ein totaler Vogel. Kein Mensch redet so übertrieben. Der hat sich angehört wie *Bastian Pastewka* in seiner Rolle als indischer Rosenverkäufer. Außerdem waren es doch die Chinesen, die kein *R* sprechen können, oder?«
»Keine Ahnung«, antworte ich ihr um Gleichgültigkeit bemüht.
»War auf jeden Fall ein super Preis. Findest du nicht?«

Wieder an der Rheinpromenade angekommen, setzen wir uns auf eine Mauer und schauen wie ein zufriedenes altes

Ehepaar auf den glitzernden Rhein, der die Lichter unserer allzu kleinen Großstadt reflektiert und uns so einen besinnlichen Tages-Abschluss beschert.
»Sophie, das war heute ein sehr schöner Tag mit dir.»
»Ich fand es auch schön, Mikka. Danke für alles. Du bist total verrückt.«
Sie umfasst dabei wieder meine Hand und streichelt sie mit ihrem Daumen.
»Ich würde gerne noch mehr solcher Tage mit dir verbringen, Sophie.«
»Warum?«
»Wie, warum? Na, weil ich…«
»Dich so sehr liebe, dass es wehtut?«, führt Sophie meinen begonnenen Satz lächelnd zu Ende.
»Ja, so in etwa. Nein, mir ist einfach vieles klar geworden.«
Ich schaue auf die Uhr meines Handys. Phase Fünf hätte schon längst beginnen müssen.
»Gib uns noch eine Chance, Sophie. Und vergiss diesen Dominic. Dieser Schön-Gespritzte hat dich doch gar nicht verdient.
»Schön-Gespritzte?«
»Ja, du weißt schon. Sonnenbank, Augenbrauen und so.«
»Ich weiß nicht was du meinst, Mikka.«
In diesem Augenblick gibt es einen lauten Knall. Der Rhein reflektiert urplötzlich weitere Lichter. Grüne, Gelbe, Blaue und Rote. Phase Fünf hat endlich begonnen. Ben und Malte haben mich nicht enttäuscht. Auf der Deutzer Brücke sind zwei dunkle Gestalten zu erkennen, die fröhlich Raketen in den Nachthimmel feuern. Es war gar nicht so einfach, zu dieser Jahreszeit auf die Schnelle an Silvesterraketen zu kommen. Aber Johannes hat glücklicherweise Beziehungen zu polnischen Feuerwerk-Schmugglern beziehungsweise zu einem Kommilitonen polnischer Herkunft. Totales Klischee, aber manchmal stimmt es halt. Und eben dieser Kommilitone hatte noch ein paar in Deutschland nicht ganz legale Reste des

vergangenen Silvesters im Schrank geparkt. Dadurch wurde es auch gar nicht so teuer. Nach einem kurzen Trommelfeuer des Lichterspektakels verschwinden die zwei Gestalten im Vollsprint von der Brücke in Richtung Deutz. Das perfekte Ende eines perfekten Tages. Sophie schaut mich fragend an.
»Das ist jetzt aber nicht auch noch auf deinem Mist gewachsen, oder?«
»Wer weiß das schon«, antworte ich ihr ziemlich cool.
Wir küssen uns. Und ich bekomme in Sichtweite zu der großen Linde von damals eine erneute Gänsehaut. Und zum erneuten Male eine Erektion. Dieser Moment ist perfekt. Dieser ganze Tag. Er war perfekt. Inszeniert. Aber perfekt. Als ich abends alleine im Bett liege, empfange ich eine Nachricht von Sophie:

*»Du machst es mir echt nicht leicht… *«*

Ich schlafe lächelnd ein und schlafe diese Nacht so gut, wie ich lange nicht mehr geschlafen habe. Ohne auch nur ein einziges Mal wach zu werden. Ich bin glücklich. Nach sehr langer Zeit. Vielleicht zum ersten Mal überhaupt. Weil ich auf meinem mir auferlegten Weg kurz vorm Ziel stehe.

Rote Karte

»Expelliarmus», schreien wir im Kollektiv aus unseren Zauberumhängen heraus.

Sophie hält einen hölzernen Zauberstab der stürmenden Zombie-Armee entgegen, was der wilden Horde nichts auszumachen scheint. Ihr Zauber zeigt keine Wirkung. Die Untoten klappern mit ihren faulen Zähnen und verlieren im holprigen Lauf schleimiges Sekret aus ihren Mündern. Ich selbst halte in meinen Händen keinen Zauberstab, sondern ein Flasche Bier. Es ist eine Flasche mit rosarotem Etikett. An der Seite hat sie einen Henkel, so wie es Bierkrüge haben. Mein Mantel ist aus Leder. Und schwer. Ich ziehe ihn bei unserer Flucht durch die Gemäuer müßig hinter mir her. Er bremst mich aus, weswegen ich ihn schließlich ablege und im Weiterlauf einen großen Schluck meines Bieres nehme. Es schmeckt weniger nach Bier als nach Himbeere. *Him-Bier* also. Jetzt sehe ich es auch auf dem Etikett. Abgefahren. Es schmeckt sonderbar gut. Zumindest glaube ich das im Eifer der lebenserhaltenden Flucht.

»Schnell, schnell« schreit mir Sophie entgegen.

Während sie das tut, flattert ihr Zaubermäntelchen im Wind und lässt erkennen, dass sie unter dem Mantel nackt ist. Ihre Brüste sind größer als sonst und ihr Intimbereich vollständig unrasiert. Ein Tribal-Tattoo schmückt ihren weiblichen Waschbrettbauch und ziert auch große Teile ihres Venushügels. Wir laufen immer weiter, die Schreie und das Grölen der Untoten im Nacken. Unsere Verfolger sind ganz nah. »Expelliarmus« und »Expecto Patronum«, wiederholt Sophie immer wieder, geradezu der Verzweiflung nahe. Während ich im Lauf weitere Schlücke meines Himbeer-Bieres genieße, packt mich eine verwesende, brüchige Hand von hinten am Arm. Sie haben uns eingeholt. Ich drehe mich geistesgegenwärtig um und schlage dem Zombie, der ein altes, löchriges Bayer Leverkusen Trikot (der alte Sponsoren-Schriftzug von

Talcid ist noch zu erkennen) trägt, meine Flasche über den Kopf. Dieser berstet, schwarzes Blut spritzt in mein Gesicht. Für eine kurze Zeit bin ich blind. Während mein Verfolger zu Boden sinkt, schafft er es noch irgendwie schäbig zu lachen. Unsere Flucht geht währenddessen ungehindert weiter.
»Was hast du getan, Mikka? Das Bier war der Schlüssel. Du hättest es nicht trinken dürfen. Unglückseliger!«
Sophie rennt schneller als ich. Es kommt mir inzwischen fast so vor, als würde ich auf der Stelle laufen. So sehr ich mich auch anstrenge, ich komme kaum voran und der Abstand zu ihr wird immer größer. Ich kann sie nicht einholen und verliere sie schließlich. Dafür kommen die stinkenden Konzern-Zombies wieder näher. Ich bleibe resignierend stehen, probiere nicht mehr weiterzulaufen, drehe mich um und schreie der Horde mit geöffneten Armen entgegen: »Expelliarmus, ihr Hurensöhne. Expelliarmus.«
Meine Zaubersprüche wirken nicht, genau wie sie bei Sophie schon nicht wirkten. Ich wiederhole meine Sprüche dennoch. Irgendetwas muss ich ja tun. Immer und immer wieder, bis sich eine zweite Stimme zu der Meinigen gesellt. Ist Sophie etwa zurückgekommen, um mich zu retten?
»Expelliarmus!«
Die Stimme wird klarer und ich erkenne, dass sie nicht zu Sophie gehört. Das ist schade. Sie hat mich tatsächlich im Stich gelassen. Derweil wird mir mein rechter Arm abgerissen. Es tut gar nicht weh, ich verliere allerdings fontänenartig rosafarbenes Blut. Mein untoter Schlächter lacht mir laut und sabbernd ins Gesicht. Da ich keine Schmerzen verspüre, steige ich in Ermangelung an Handlungsalternativen einarmig in das Lachen mit ein.
»Helicobacter, Legimentum.«
Die Stimme kenne ich doch.
»Sibutramin«, sagt sie nun.
Es ist Michael. Ganz sicher. Stöhnend drehe ich mich um und öffne die Augen. Ich liege in meinem heimischen Bett.

»Spondylitis ankylosans.«
Ich werd doch nicht geträumt haben? Gott sei Dank. Reflexartig fühle ich mit noch geschlossenen Augen nach meinem Arm und stelle beruhigt fest, dass er noch dran ist.
»Cholelithiasis.«
Es IST Michael. Wie er in unserem Wohnzimmer auf und ab geht und sein komisches Mediziner-Fachwissen lernstrategisch festigt. Ein Blick auf meine Uhr und ich erfahre, dass es halb eins mittags ist. Seit es mit Sophie wieder aufwärts geht, schlafe ich so gut. Vorgestern habe ich sie mit einem nahezu perfekten Date verzaubert. Sie bittet noch immer um Zeit, wird sich meiner Anziehung aber kaum mehr widersetzen können. Dominic hat erwartungsgemäß versagt. Mikka obsiegt. Wir schreiben uns viel und sind heute Abend erneut verabredet. Bei ihr. Zu Hause. Zum DVD-Gucken. Ich schiebe mich kraftlos aus meinem Bett und trabe ins Wohnzimmer. Dort bleibe ich mit einer morgendlichen Erektion in der Boxershort direkt vor Michael stehen und schaue ihn mit müden Augen und krausem Haar vorwurfsvoll an. Michael sitzt inzwischen mit übereinander geschlagenen Beinen auf der Couch. Er knabbert an einem Bleistift. Auf seinem Schoß ein Medizinbuch, das so dick ist, wie ein mystisches Buch voller geheimnisvoller Zaubersprüche. Oder auch wie eine altertümliche Bibel. Ich bin noch immer nicht richtig wach.
»Expelliarmus, du Lutscher«, begrüße ich salopp meinen fleißigen Mitbewohner.
»Expelliarmus?«
»Ja, expelliarmus. Du hörst dich an, als würdest du für die Abschlussprüfung der Zauberschule lernen.«
»Zauberschule?«
»Ja, Hogwarts oder so.«
»Hog was?«
»Egal«, seufze ich. »Hättest ruhig was leiser lernen können.« Ich trabe weiter in Richtung Küche. Ich will mir einen Kaffee aufsetzen und ergänze:

»Andererseits hast du mir gerade das Leben gerettet.«
»Hä?« schallt es erneut fragend aus dem Wohnzimmer.
»Schon gut«, beginne ich zu lachen. »Ich hab nur ziemlichen Quatsch geträumt.«
»Das kann ich mir bei dir gut vorstellen.«
Eine in meinen Ohren widerlich klingende Frauenstimme mischt sich in Michaels und meine morgendliche Unterhaltung ein. Es ist die von Anja. Sie kommt gerade aus dem Bad. Zum Glück ist meine Erektion längst abgeklungen.
»Guten Morgen, Mikka. Auch schon wach?«
Na toll, ich wäre besser im Bett geblieben und hätte mir von der Leverkusener Zombie-Armee auch noch die übrigen Gliedmaßen ausreißen lassen sollen. Ein Tag, der so startet, kann nur beschissen werden. Die beiden Turteltauben verbrachten wohl schon den gesamten Vormittag in unserer Wohnung, weil sie nachher im Deutzer *Vapiano* zu einem Geburtstagsessen eingeladen sind. Mittags. Klingt eher nach einem Kindergeburtstag. Oder einem Geschäftsessen. Anja macht sich gerade schön. Das heißt, sie probiert es. Vergeblich. Ich messe den Wasserstand der Kaffeemaschine ab, als sie unruhig zwischen Bad und Michaels Zimmer umherläuft.
»Ach Schatz«, blökt sie wie ein verhaltensgestörtes Schaf. »Findest du, ich kann echt so gehen?«
Michael hat seinen Blick auf die medizinischen Lettern seiner Bibel gerichtet und antwortet genervt, dass »Mausi« heute wie eine Frühlingsblume aussähe.
»Ja«, antworte ich während ich die Kaffeemaschine anschalte. »Wie eine Frühlingsblume im Herbst.«
Michael lacht kurz auf, bemüht sich aber schnell wieder um Fassung.
»Nein, Schatz. Du siehst wirklich toll aus.«
»Ja, finde ich auch«, lüge ich zustimmend, um jegliche Rachegelüste Anjas gleich im Keim zu ersticken.
Sie nimmt es patzig nickend zur Kenntnis und verschwindet mitsamt ihres angezogenen, unmöglichen Outfits, das

mich wegen seiner orangefarbenen Dominanz stark an die Technoszene der 1990-er-Jahre erinnert, erneut ins Badezimmer.
»Äh, ich müsste aber mal auf Toilette«, rufe ich durch die Tür.
»Kann sich nur noch um Stunden handeln«, schallt es unfreundlich zurück. Ich hasse Anja.
Als ich mit einer heißen Tasse Kaffee, toilettenbedingt unverrichteter Dinge, zurück in mein Zimmer gehen möchte, hält mich Michael auf.
»Ach übrigens…«
»Ja?«
»Sophie schrieb mir heute Morgen und wollte wissen, ob ich mit einer Kommilitonin namens Lena joggen ginge. Du hättest nämlich neulich nach ihr gerochen.«
Mein Herz beginnt zu rasen. Mir wird warm.
»Was hast du… gesagt?«, frage ich vor Angst und Spannung fast zitternd.
Ich lasse mich samt Kaffee auf die Couch neben Michael nieder und stiere ihm mit halb geöffnetem Mund ins Gesicht.
»Die Wahrheit?«
»Die da wäre?«
»Na, dass ich keine Kommilitonin namens Lena habe und daher auch nicht mit ihr joggen gehen könne. Was soll der Quatsch denn?«
»Das war alles?«
»Ja, das war alles. Sophie meinte, dass sie sich das schon gedacht habe. Hab ich da irgendwas nicht mitbekommen?«
Ich lasse mir den Nachrichtenverlauf von Michael zeigen und berichte ihm im Anschluss daran, nüchtern von meiner Notlüge. Er lacht. Ohne zu vergessen, mir mehrmals mitzuteilen, wie doof ich doch sei. Ich finde, dass er der Doofe ist. Weil er eine beschissene Freundin hat, die ihr beschissenes Anti-Transpirations-Mittel einfach in unserem Badezimmer liegen lässt. Er hätte außerdem prophylaktisch aus freundschaftlicher Solidarität mitlügen müssen. Vielleicht fehlt ihm

dazu inzwischen die Bindung zu mir. Wir verlieren uns nämlich mehr und mehr, was bewirkt, dass sich ein einst blindes Verständnis aufzulösen beginnt. Soweit hat es Anja jetzt schon geschafft. Und das sage ich ihm auch. Ich hasse diese widerliche Pottsau Anja.

Als Michael ziemlich angefressen, wegen meiner Vorwürfe, provokant händchenhaltend mit seiner verwelkten Frühlingsblume das Haus verlässt, verschwinde ich zwecks längst überfälliger Morgentoilette im Badezimmer. Ich habe mir nichts vorzuwerfen. Michael setzt seine Prioritäten falsch. Anja ist der Teufel und ihr Deospray der Duft des Todes. Egal, was Sophie aktuell zu denken scheint, sie wird mir meine seltsame Lüge verzeihen müssen. Ich war halt im *Waschsalon* neulich… nervös. Nicht mehr und nicht weniger. In nervösen Situationen, sich der Bedeutung und Wichtigkeit der Lage bewusst, neigen Menschen manchmal zu Fehlern. Es ist nicht unehrenhaft. Nur menschlich. Ich habe nur ein allzu menschliches Verhalten gezeigt. Total dumm. Aber hey, menschlich.

Es ist ein lauer Sommerabend. Obwohl das Wetter viel zu schön ist zum DVD schauen, kann ich mir gerade nichts Schöneres mit Sophie vorstellen. Ich setze gerade zum zweiten Klingeln an, als sich der Tür-Summer knatternd meldet und mir Eintritt in Sophies Treppenhaus verschafft. Der Hausmeister hat gute Arbeit geleistet und den Eingangsbereich so sauber gemacht, wie er vermutlich noch nie war. Nichts erinnert mehr an meinen nächtlichen Fauxpas im Liebes- und Alkoholrausch. Ich steige die Stufen leise vor mich hersummend hinauf, um mir selbst und Sophie ein reines Gewissen vorzuspielen. Ich bin gespannt, ob sie mich auf die Deo-Geschichte ansprechen wird. Ich selbst werde nämlich - weil ich zumindest dahingehend nach langem Überlegen tatsächlich ein reines Gewissen habe - gar nichts dazu sagen.

»Hi Mikka«, begrüßt mich meine Traumfrau mit offenen Haaren.
Sie öffnet mir die Türe, dreht mir aber ohne Umarmung oder Begrüßungskuss gleich wieder den Rücken zu, um sich auf ihre Couch zu pflanzen. Im Fernsehen läuft die Tagesschau im Lautlosmodus. Mist. Da hat die Deo-Lügen-Geschichte doch mehr Spuren hinterlassen, als es auszumalen war. Dann wird eben umgeplant und doch von mir aus drüber gesprochen. Da hab ich ja mittlerweile Übung drin.
»Hey Kleine«, antworte ich leicht verunsichert und schließe hinter mir die Tür. »Ähm, wegen des Deos von neulich…«
»Ja?«
»Das war Anjas Deo. Die dumme Kuh lässt häufiger Sachen von sich bei uns liegen.«
»Soso.«
»Ja, wollte ich dir nur noch gesagt haben. War gar nicht von Lena.«
»Mikka, ich mache Schluss.«
Wäre ich eine Zeichentrick-Figur, würde jetzt sämtliche Farbe aus meinem Gesicht weichen. Im völligen Weiß, so wie eine Skizze auf Blankopapier, stünde ich mit großen, leeren Augen vor ihr. Ich bin aber keine Zeichentrickfigur, weswegen ich mich auf den Sessel gegenüber setze und mich ausschließlich darauf konzentriere, nicht loszuheulen. Ich wage es nicht, etwas zu sagen, da ich eine jämmerliche Brüchigkeit meiner Stimme befürchte. Vor Sophie sitzt ein überraschtes Häufchen Elend in zitternder Schockstarre. So war das nicht geplant. Was ist hier jetzt schon wieder schief gelaufen? Was hab ich übersehen?
»Naja«, sagt sie in einer beängstigenden Selbstsicherheit. »Ich hab ja schon längst Schluss gemacht. Ich mein, ich will dir keine Hoffnung mehr machen. Ich kann das nicht. Mit uns.«
Ich lasse in Gedanken die letzten Tage - ach was, die letzten Wochen - Revue passieren und kann Sophies plötzlichen Sinneswandel partout nicht nachvollziehen. Sie will mir keine

Hoffnung machen? Sie hat mir in jüngster Vergangenheit mehr als Hoffnung gemacht. Wir waren praktisch schon wieder zusammen. Ihren Sinneswandel nur auf die Deo-Geschichte zurückzuführen, wäre absurd.
»Es tut mir Leid, Mikka. Hallo? Sag doch was!«

Von wegen »es tut mir Leid«. In ihrem Gesicht ist von Mitleid keine Spur. Wir küssten uns, umarmten uns, streichelten uns und hielten Händchen, wie ein verdammt verliebtes Teenie-Pärchen. Und zu alledem habe ich enorme Energien für Sophie aufgebracht und ein halbes Vermögen an finanziellen Mitteln geopfert. Die Schockstarre beginnt sich nur allmählich zu lösen. Und an ihrer Stelle überkommt mich nun eine gewaltige Wut. Die Feuchtigkeit in meinen Augen weicht, Zornesfalten schmücken nun meine schweißnasse Stirn.
»Ich soll was sagen?«, frage ich Sophie mit zusammengekniffenen Augen.
»Ja«, lacht sie förmlich aus sich heraus.
Unsympathisch. So selbstsicher. Ich erkenne sie nicht wieder.
»Du willst mir keine Hoffnung machen? Warum dann die vielen Treffen? Die Dates? Die Küsse, die Umarmungen? Nicht zu vergessen die vielen scheiß Nachrichten, die du mir ständig geschickt hast.«
»Mikka, wenn du da was falsch verstanden hast, tut mir das Leid.«
»Wie bitte? DIR TUT ES LEID?«, schreie ich nun vor Empörung in hörbar erhobener Lautstärke.
Ich erschrecke mich gerade ein wenig vor mir selbst.
»Schrei mich nicht an, ja? Ich hab dir nie gesagt, dass wir wieder zusammenkommen werden. Alles was ich gesagt habe war, dass ich Zeit bräuchte und dass du es mir nicht einfach machst. Die Küsse und so... ich musste doch sehen, ob ich noch was fühle.«
»Und das hast du etwa nicht?«
»Nein, das hab ich nicht.«

»Ach komm! Du hast nur mit mir gespielt.«
»Nein.«
»Fick dich, Sophie!«
»Ja, vielen Dank auch. Was hätte ich denn an deiner Stelle machen sollen?«
»Vielleicht mit offenen Karten spielen?«
Als ich ihr dies vorschlage, zucke ich zusammen, da ich mir gerade selbst einen Spiegel vorhalte, ohne dass Sophie dies sehen kann. Mit offenen Karten habe ich auch nie gespielt. Scheiß Ironie. Scheiß Tyche. Scheiß Fotzen!
»So wie du, ja? Gut, legen wir die Karten auf den Tisch, Mikka! Ich glaube dir mit dieser komischen Lena nicht. Sie steht auf dich, soviel ist klar! Die Sache mit dem Deo ist mir total egal, komplettiert aber das Bild, das ich von dir habe. Viel schlimmer finde ich da ihre Nachricht auf deinem Facebook-Profil, seit jetzt dicke Freunde, ja?«
Meine Nervenstränge ziehen sich zusammen. Danke Ben und Tessa.
»Ich will einfach nicht mehr eifersüchtig sein. Verstehst du das nicht, Mikka? Unser Nachmittag, der Abend in Köln? Das war ganz schön. Genau wie das Kino und Kaffeetrinken. Aber das war irgendwie auch so erzwungen, es war einfach zu spät. Ich kauf dir das nicht ab. Ich glaube, du willst mich nur zurück, weil du genau weißt, dass du mich nicht mehr haben kannst.«
Kopfschüttelnd sitze ich mit geballten Fäusten unruhig auf dem Sessel. Nein, nein, nein! Ich bin im falschen Film.
»Ich bin mit Dominic zusammen«, haut Sophie noch so einen raus.
Und ich lasse mich wie angeschossen aus meiner aufrechten Position nach hinten fallen, starre an die weiße Decke und muss mir Sophies Spiel mit ihren offenen Karten weiter anhören.
»Also noch nicht so richtig«, ergänzt sie zwar ehrlich, aber in dieser Situation wenig empathisch. »Allerdings merke ich, dass er mir gut tut. Ich bekomme von ihm die Unterstützung und

die Aufmerksamkeit, die ich von dir erst bekommen habe, seit ich mit dir Schluss gemacht habe.»
»Weil er dich *ficken* will«, entgegne ich ihr fassungslos, erschüttert über Sophies infantile Naivität.
»Vielleicht hat er das ja schon?«
Ich lache laut auf, weil ich gerade mal wieder emotional überfordert bin.
»Das ist ja echt der Hammer.«
»Es tut mir Leid. Ich wünsche dir, dass du mit einem anderen Mädchen glücklich wirst. Wirklich.«
»Nee, ist schon in Ordnung«, versuche ich mich noch mal zu beherrschen, sitze wieder aufrecht und blicke Sophie in ihre verkackt blauen Augen. »Ich wünsche *dir*, dass *du* glücklich wirst. Wirklich.«

Als ich kurz überlege, auch auszupacken, um mit offenen Karten zu spielen, klopft es an der Türe.
«Oh nein, nicht jetzt«, sagt Sophie und geht mit rollenden Augen zur Haustüre.
Sie öffnet sie und ein schmieriger kleiner Junge mit gezupften Augenbrauen und sonnenbankgebräuntem Teint steht vor ihr.
»Hey Süße«, begrüßt er Sophie mit einer skrupellosen Selbstverständlichkeit, die mich erzittern lässt, küsst sie links und rechts auf die Wange. »Der Hoffstadt ist wieder da. Ab jetzt müssen wir uns wieder sehr leise verhalten, hihi.«
Ich kenne ihn von Facebook. Wie oft habe ich mir seine schmierige Visage in letzter Zeit immer und immer wieder auf seiner Seite anschauen müssen? Es ist *Dome Peepunkt.* Nachfolger meiner selbst und hässlicher Vollidiot. Jetzt reicht's.
»Das war nicht leise genug«, sage ich ungefragt, als ich vom Sessel aufstehe und zielgerichtet auf ihn zugehe.
»Oh, du hast Besuch?«, informiert er sich bei Sophie mit freudig überraschten Augen und will mir zur Begrüßung seine Hand hinhalten. So ein taktloses Arschloch.

»Nein, Mikka«, versucht mich Sophie noch zurückzuhalten, aber da ist meine Faust bereits mit ungebremster Wucht in Dominics Gesicht gelandet. Dieses landet daraufhin samt seinem dazugehörigen Körper auf dem Boden des Treppenhauses. *Dome Peepunkt* liegt nun halb angelehnt an der gegenüberliegenden Wand. Mit blutender Nase und weinerlichem, verständnislosem Blick.
»Bist du jetzt total bescheuert?«, keift mich Sophie an und kniet sich besorgt neben Dominic auf den Boden, der bereits einige Bluttropfen aus seiner verletzten Nase abbekommen hat. Das Mosaik des Fußbodens und Dominics Hämoglobin bilden eine visuell kunstvolle Symbiose. Sophies jämmerlicher neuer Freund hält sich mit seiner zitternden Hand die Nase und schluchzt wie ein kleines Mädchen, dem gerade seine mit bunten Streuseln verzierte Eiskugel aus der Waffel gefallen ist. Meine Faust tut weh, ich habe mich zuvor noch nie geschlagen.
»Hallo Dominic. Ich bin Mikka, Sophies Ex-Freund. Ich wünsche euch beiden alles Glück der Welt« ist alles was ich antworte. Meinen Mittelfinger zeige ich beiden noch und gehe dann die Stufen hinunter. Dann darf auch ich endlich weinen.
»Das ist nicht Dominic, du blödes Arschloch«, höre ich Sophie noch hinter mir herrufen. »Das ist Doman, mein Nachbar.«
Als ich aus der Haupttüre austrete, erkenne ich bei überprüfendem Blick aus meinen nassen Augen auf dem Klingelschild unter anderem die Namen »Hofftstadt« und auch »Pajak«. Ich habe sie schon einmal gelesen. Sehr oft sogar. Ist *Dome Peepunkt* in Wirklichkeit Doman Pajak? Und dieser Hoffstadt in Wirklichkeit auch nur ein Nachbar Sophies und gar nicht der Chef ihrer Firma?

Das wäre dann wohl ziemlich dumm gelaufen. Ihr könnt mich alle mal! Mikka ist raus.

Auswechslung

»Ach verdammt. Dann war das alles umsonst? Scheiße noch eins. Mal sehen... ich check mal die Lage und versuch die Jungs zu mobilisieren. Ich müsste zwar morgen früh in die Uni, aber es handelt sich schließlich um einen Notfall, richtig? Ja. Mist. Wo bist du jetzt? Ach egal. Sagen wir in einer halben Stunde im... ähm am... Zülpicher Platz. Genau, das ist glaub ich heute das, was du brauchst. Okay... dann halt die Ohren steif, Dicker! Scheiße, bis gleich.«
Ich höre Bens Monolog am Telefon nur halbherzig zu, da ich gerade einen inneren Dialog mit Sophie führe. Ich verstehe nur »Zülpicher Platz«, »halbe Stunde« und »bis gleich«. Als ich traurig auch »bis gleich« sage, hat Ben am anderen Ende bereits aufgelegt. Er hat nicht mal gefragt, wie es mir geht. Den Zülpicher Platz schaffe ich aus Sophies Viertel zu Fuß in keiner halben Stunde. Laufen tue ich die Strecke nicht mehr. Nie mehr. Bis zum Friesenplatz fahre ich mit der Straßenbahn. Dort steige ich aus, kauf mir ein Wegbier am Kiosk und trete den verbliebenen Kilometer freiwillig zu Fuß an.

Ich habe aufgehört zu weinen, dafür bin ich derweil einfach zu sauer. Meine Augen müssen trotzdem rot und verheult aussehen. Die Menschen auf der Straße gucken mich mitleidig an. Ich rauche im Akkord und entzünde mir die vierte neue Zigarette durch Löten mit der Alten. Das spart Zeit und Feuerzeuggas. Und verursacht Kopfschmerzen. Früher in der Schule erzählte mir mal ein pubertierendes Alphamädchen - eines von den älteren und vermeintlich coolen - dass man vom Zigarettenlöten schwule Kinder bekäme. Ich wusste damals schon, dass es sich um ausgemachten hirnlosen Quatsch handelte. Heute schmunzle ich bei dem Gedanken und muss an Doman Pajak denken. Das nennt man dann wohl Galgenhumor. Auf halber Strecke kommt mir ein ziemlich von sich überzeugter Kerl

in grauer Jogginghose tänzelnd und federnd entgegen. Sein Gang wirkt derart aufgesetzt, dass es in meinen Augen nicht mehr viel mit Gehen zu tun hat. Sein im Hobbykeller falsch trainierter Oberkörper wirkt zwar wenig furchteinflößend, dennoch verleiht ihm seine Optik den Eindruck, als sei er spontaner Gewalt gegenüber nicht abgeneigt. Ein drahtiger Bursche, der seiner Umwelt mittels seines Gangs suggeriert, einen ganz besonders großen Penis zu haben. Ein Tattoo in altdeutscher Schrift schmückt seine Brust, die durch ein weißes Tanktop nur halbherzig verdeckt ist. Als wir uns passieren, muss ich einen großzügigen Schritt zur Seite machen, da wir uns sonst angerempelt hätten. Ich bin bekanntlich ein Platzmacher und ärgere mich gerade *sehr* darüber. Rauchend bleibe ich stehen und schaue ihm hinterher, wie er den Fußgängerweg entlang hüpft. Gerade heute bin ich doch zu allem bereit. Ich hätte mich gerne mit ihm geschlagen, denn er wird es sicherlich mehr verdient haben, blutend und jammernd am Boden zu liegen als der bemitleidenswert weiche Doman Pajak. Der Typ mit der Jogginghose tut es mir gleich und schaut sich ebenfalls um, sieht dass ich ihn mit meinem tödlichen Blick fokussiere.
»Hast du ein Problem, Alter?«, fragt er mit einer derartigen Aggressivität in seiner Stimme, dass mir der Qualm in den Lungen stecken bleibt.
Ich gehe stillschweigend weiter, ohne mich ein weiteres Mal umzudrehen. Es ist doch arg kindisch, sich zu schlagen.

Ben winkt mir bereits von weitem über die Straße zu. Vor der Herz-Jesu-Kirche stehend, trägt er in jeder Hand eine noch ungeöffnete Flasche Kölsch, als sei Alkohol das Heilmittel in meiner aktuellen Lebenssituation. Da meine Flasche praktisch leer ist, nehme ich den schmerzbetäubenden Nachschub gerne an. Ben umarmt mich und erklärt mir währenddessen, dass ich scheiße aussähe, alles wieder gut werde, Sophie eine blöde Schlampe und Malte auf dem Weg zu uns sei. Johannes würde später nachkommen, Michael auch. Wenn er denn Zeit fände.

»Prost, mein Bester», sagt Ben sehr fürsorglich, als er die Umarmung löst. »Tut mir ehrlich Leid. Hätte ich im Leben nicht gedacht. Ich hoffe nur, dass das nichts mit dem Klebeband auf unseren Dächern zu tun hat.«

»Nein«, antworte ich fast schmunzelnd. »Das war ja ganz witzig irgendwie. Hat ihr gefallen… Sophie ist mit diesem Ficker Dominic zusammen, der übrigens nicht *Dome Peepunkt* ist. Die hat die ganze Zeit über nur mit mir gespielt und die Aufmerksamkeit genossen.«

»Nein«, empört sich Ben und nimmt einen tiefen Schluck. »Diese blöde Fotze.«

»Richtig«, pflichte ich ihm bei. »Blöde Fotze. Die fährt selbst die ganze Zeit zweigleisig und macht mir dann noch Vorwürfe wegen Lena. Sie meinte, sie habe mir bei Facebook geschrieben. Vielen Dank auch Ben.«

»Hat sie?«, erkundigt sich Ben nun neugierig, wie ein kleiner Junge, der auf einen hoffentlich korrekt angekreuzten Liebesbrief wartet. »Geil. Tessa meinte, dass sie Lena tierisch bearbeitet habe, sie sich aber partout weigerte, sich bei dir zu melden. Es sei ihr mittlerweile alles zu blöd und so. Jetzt hat sie sich also doch gemeldet.«

Er zückt sein Smartphone aus seiner Hosentasche, spielt mit seinen dicken Fingern kurz darauf herum und erklärt mir, dass er das bei Facebook mal eben überprüfen müsse.

»Das ist gut«, murmelt er kurze Zeit später vor sich hin, als er einen vorwurfsvollen Blick von mir erntet. Erst als er meinen Missmut registriert, holt er rülpsend Luft, schaut mich an und erklärt sich reumütig wegen meines klar ausgesprochenen Verbotes, Lena mit ins Boot zu holen. Ohne seine Entschuldigung zu kommentieren, greife ich ihm sein Handy aus der Hand, um mir von Lenas Eintrag selbst ein Bild machen zu können.

»Hey Mister! War schön dich zu sehen. Hoffe der Rucksack hat dich nicht umgebracht ☺ Wenn du noch mehr Übung brauchst, können wir ja auch mal zusammen wandern gehen.«

»Dafür, dass sie sich erst gar nicht melden wollte, hat sie da aber eine ordentlich offensive Nachricht hinterlassen. Kein Wunder, dass Sophie das in den falschen Hals gekriegt hat. Ich wusste von Anfang an, dass das eine scheiß Idee mit dieser Facebook-Sache ist.«
»So ein Quatsch«, korrigiert mich Ben. »Zu der Zeit als Lena dir geschrieben hat, hat sich Sophie doch schon längst von ihrem Neuen vögeln lassen. Die ist einfach nur mega pissig, weil sie jetzt weiß, dass du gar keinen Grund mehr hast, hinter ihr herzulaufen, sondern dich aller Voraussicht nach mit Lena vergnügst. Die, nur nebenbei vermerkt, noch immer ziemlich heiß ist. Und das weiß auch Sophie.«
Ein kleiner blauer Daumen, der nach oben zeigt, übermittelt mir die Botschaft, dass *Sophie Sinfonía* Lenas Eintrag gut findet. Von wegen. Das ist doch reine Ironie. Da zeigt sich wieder mal das typisch weibliche Strickmuster. Wenn Sophie den Eintrag wirklich gut fände, würde sie es niemals für nötig befinden, mir dies mitzuteilen. Pure Eifersucht und Unzufriedenheit ließen sie dies tun. Warum sollte sie sich auch sonst auf meiner Facebook-Seite verirren. Sicherlich nicht, um sich zu vergewissern, dass ich mit einem anderen Mädchen glücklich werde. So, wie sie es mir vorhin noch wünschte. Und dann noch Lena. Bis zuletzt erfüllte sie eine Eifersucht. Ben hat die richtigen Argumente und wahrscheinlich Recht. Verkackter Anwalt. Ich verzeihe ihm, indem ich mit ihm anproste. Irgendwie fühlt es sich gerade ganz gut an, Sophie auf diesem Wege doch noch einen reingedrückt zu haben. Denn egal wer dieser Dominic auch ist, Lena ist tausendmal geiler.

Mit Malte im Schlepptau schlendern wir inklusive neuen Bieres zu einer russischen Kneipe, vor der wir unser

Flaschenbier stehend leeren, um nachfolgend drinnen sitzend, unserer Blutlaufbahn russischen Büffelgras-Wodka beizumischen, der eigentlich so gar nicht aus Russland, sondern aus Polen kommt. Draußen ist es noch hell. Ein bisschen. Und Michael ist nicht da. Hat wohl keine Zeit gefunden. Nicht mal, um zu schreiben, dass er sie nicht fand. Malte, Ben und ich sind längst betrunken, als Johannes nüchtern dazustößt und mich tröstend in den Arm nimmt, als sei gerade meine gesamte Familie bei einem tragischen Autounfall ums Leben gekommen.

»Tut mir Leid Mikka«, sagt er mit der ruhigen Stimme eines Seelsorgers für Opfer häuslicher Gewalt und drückt mich noch immer feste an sich.

Ben und Malte grinsen doof mit halb geöffneten Augen und feuchten Lippen. Ich spüre, dass mir das Mitleid nicht gut tut. Melancholie und Traurigkeit drohen in mir auszubrechen, als ich Johannes freundlich aber bestimmend von mir wegdrücke und für alle eine Runde Honig-Wodka bestelle.

»Mikka, vergiss die Alte! So schnell wie möglich», spricht mir Ben ins Gewissen, als würde er mir das drohende Kippen der Stimmung ansehen. »Schreib Lena mal und hör auf zu jammern!«

»Ja, oder mach dir heute Abend irgendeine Andere klar«, ergänzt Malte. »Du hast jetzt lang genug auf dem Trockenen gesessen und um Sophie gekämpft. Haste nicht nötig, da draußen sind so viele schöne Frauen.«

»Ja, weiß ich«, antworte ich ein bisschen genervt. »Die Sache ist halt nur die, dass ich eigentlich keine Andere will.«

»Wollte«, berichtigt mich Ben. »Dass du keine Andere wolltest. Jetzt willst du wieder Andere. Bestenfalls willst du Lena. Vor nicht allzu langer Zeit wolltest du nämlich keine Andere als sie. Da hat dich Sophie so wenig interessiert, wie jetzt die vielen anderen Möglichkeiten. Reine Kopfsache.«

»Ja und? Was willst du mir damit sagen?«

»Ruf dir verdammt noch mal diesen Zustand wieder zurück.

So oder so, du braucht jetzt ein anderes Mädchen und sei es nur zur temporären Ablenkung. Der Fokus muss sich verschieben. Nimm Sophie vom Platz! Wechsel sie aus!«
Sechs Augen schauen mich im Einklang an, während ihre dazugehörigen Köpfe nach Bens Worten zustimmend nicken. Ich weiß, dass er Recht hat. Wenn das nur so einfach wäre. Kopf und Herz ziehen selten an einem Strang. Der Schoß eines anderen Mädchens kann mich zum jetzigen Zeitpunkt nur bedingt trösten. Ich habe Liebeskummer und fühle mich tief verletzt. Wie konnte Sophie mir das antun? Mir? Vor allem nach alldem, was ich für sie getan habe. Die Dinge, die ich drei Jahre lang nicht für sie gemacht habe, können nach den kräftezehrenden Wochen vergangener Zeiten nicht mehr überwiegen. Sophie war in der Bringschuld, nicht ich. Sie hat mich abserviert, belogen und verarscht. Sie hat es in vollen Zügen genossen, wie ich alles im Rahmen meiner Möglichkeiten und darüber hinaus unternommen habe, um sie zurückzugewinnen. Und ich liebestrunkener Vollidiot musste ihr dabei ahnungslos zusehen.
»Prost, ihr Säcke!«, ruft Malte wie so oft peinlich laut in unsere kleine Runde, die sich kurz umschaut und dann weniger laut antwortet.
»Prost, du Sack!«
Ich zücke mein Handy - bringt ja alles nichts - und schreibe Lena eine Nachricht, während mir Karl Marx von einem Pappplakat an der Wand stolzen Blickes auf das Display schaut.

»Lust, die Tage mal zu wandern?«

Voll gut. Sollte sich Lena meiner Selbst tatsächlich noch nicht überdrüssig sein, gilt es den Fischen nun Butter beizumischen. Nach weiteren Wodka-Runden verabschiedet sich Ben wankend, da er - wie im Vorfeld erwähnt - am morgigen Tage verhältnismäßig früh in die Uni muss. Er wünscht mir viel Spaß und alles Gute. Wieder einige Runden später finden Malte, Johannes und ich uns in einem Laden wieder, in dem man rauchen darf und es vor einsamen Männern und hässlichen Frauen nur so wimmelt. Wir trinken. Wir tanzen. Wir rauchen. Dann ziehe ich mich in eine dunkle Ecke zurück und schreibe Sophie eine Nachricht:

»Beschissene Dreckshure!!!«

Lena hat mir nicht geantwortet, was mich kurzzeitig verzweifeln und Sophie eine weitere Nachricht schreiben lässt:

»Ich vermisse dich…«

Kaum habe ich die Nachricht versendet, ärgere ich mich fürchterlich darüber, zünde mir die hundertste Zigarette an und ergänze »…*NICHTX!!!*«, was mindestens genauso peinlich ist, weil Sophie nun über meinen exorbitanten Alkoholkonsum Bescheid weiß. Typisch männliches Strickmuster, wird sie nun denken. Ich schalte mein Handy aus und lasse es in den Untiefen meiner Taschen verschwinden, als sich Johannes umarmend und schwitzend verabschiedet. Ich hole zwei neue Biere und leiste Malte auf der Tanzfläche Gesellschaft. Es läuft *Rednex* mit *Cotton Eye Joe.* Die Menschen hier jubeln und tanzen zu dem Song, werfen ihre Hände in die Luft, als hätten sie schon den ganzen Abend auf eben dieses Lied gewartet. Obwohl mir umgehend nach Kotzen zumute ist, schließe ich mich den vielen *DJ Bobos*, *Marushas* und *Dr. Albans* an und werfe auch meine Hände dem verrauchten Discolicht entgegen. Frauentechnisch sieht es hier wirklich mau aus. Wenn ich mich tanzend eines der wenigen annehmbaren Mädchen nähere, verschwindet es aus meinem Sichtfeld, wie ein aufgescheuchtes Reh im Unterholz. Auf der Flucht vor dem Jäger. Derer gibt es in dieser Diskothek viele. Zu viele. Als ich noch vergeben war, bin ich in solch ranzigen Läden im

Minutentakt angesprochen worden. Da war ich trotz des Männerüberschusses Beute und nicht Jäger. Ich glaube es ist einfacher, Frauen kennenzulernen, wenn man bereits vergeben ist. Als würden Frauen die Verzweiflung des alleingelassenen Mannes riechen können.

»Prost, du Sack!«, schreit mir Malte zu und zeigt im Rhythmus der Musik schräg hinter mich auf zwei blonde Mädchen, die uns tuschelnd beobachten, während sie sich eine Zigarette teilen. Sie sehen beide nicht schön aus. Und wenn sie es wären, wären sie kaum hier. Nicht in dieser Lokalität.

»Komm, wir gehen rüber«, bestimmt Malte und quetscht sich durch die warme, bewegende Masse zu den beiden Blondinen durch.

Anstatt ihm zu folgen, ziehe ich mich erneut an den Rand der Tanzfläche zurück und schalte mein Handy wieder an. Mir hat niemand geschrieben. Weder Lena noch Sophie. Dafür sehe ich, dass es viertel nach fünf ist. Ich könnte mich nach Hause verabschieden, die Kölner Bahnen fahren nach ihrem nächtlichen Ruhemodus wieder.

»Bist du Mikka?«, fragt mich dann eine zierliche Stimme, die sich wegen der Lautstärke der schlechten Musik richtig anstrengen muss, gehört zu werden.

Ich richte meinen Blick nach oben und schaue in das Gesicht einer der Blondinen, zu denen Malte vorhin wollte. Es ist rund und schlecht mit Make-Up abgedeckt. Braune Bröckchen auf Stirn und Wange geben mir Recht. Klare blaue Augen fixieren mich. Die Blondine hat einen schönen Wimpernaufschlag. Sie erinnert mich ein wenig an *Anett Louisan*. Ob sie auch nur spielen will?

»Ich bin die Conny«, erklärt sie mir, obwohl ich gar nicht frage. »Dein Kumpel meinte, du hättest eine Zigarette für mich?«

»Klar… hier«, biete ich Conny weder gesprächig noch begeistert eine meiner Zigaretten an. Sie hat einen großen Busen und trägt ein T-Shirt mit dem Aufdruck *I love New York*.

Ich bin mir sicher, dass sie dieses T-Shirt aus rein stilistischen Gründen trägt. Und nicht, weil sie New York wirklich liebt. Da war sie nämlich noch nie. Das ist wie mit den *I love Rock'n Roll*-T-Shirts. 95% ihrer meist weiblichen Träger hören gar keinen Rock. Sie wissen auch nicht, was Rock'n Roll ist. Sie hören *Bruno Mars*, *Olly Murs* und an wilden Tagen *Revolverheld* und *Silbermond*, tragen aber T-Shirts mit den entsprechenden Aussagen, weil es eben cool ist. Weil Rock cool ist. Deswegen fing die schwedische Modekette *H&M* auch eines Tages an, Shirts im Retro-Druck von *AC/DC*, *Metallica* oder den *Rolling Stones* auf den Markt zu bringen. *H&M* rockt halt.
»Warst du schon mal in New York?«, will ich dann aber trotzdem von ihr wissen und fange ungewollt eine Konversation an.
»Nee«, antwortet sie wie erwartet und zündet sich ihre jüngst erworbene Zigarette an meinem Feuer an. »Meine Schwester aber.«
»Echt?«, heuchle ich sehr ironisch Interesse an ihrem Leben und gebe ihr somit das Einverständnis weiterreden zu dürfen, was sich in der Folge als ein großer Fehler erweist. Auch ich zünde mir eine Zigarette an.
»Ja, die ist Flugbegleiterin bei *Air Berlin* und schon häufiger in New York abgestiegen. Im nächsten Jahr wollen wir zusammen in die USA fliegen und dort die Ostküste runterfahren. Ich versteh mich mit meiner Schwester richtig gut. Unsere Eltern haben sich vor zwei Jahren scheiden lassen, seitdem sind wir wie Pech und Schwefel. Hat uns echt zusammenschweißt, das war vorher nicht so. Mein Vater ist mit einer Arbeitskollegin durchgebrannt. Die ist 15 Jahre jünger als er. War keine einfache Zeit für die Familie. Naja, auf jeden Fall wollen wir dann von New York aus über Philadelphia und Washington bis ganz runter nach Florida. Da besuchen wir dann ne Kollegin von meiner Schwester. Auch eine Flugbegleiterin. Die hat sich mal in einen amerikanischen Passagier verliebt und lebt jetzt dort mit ihm zusammen. Krass, oder? Mit der wollen wir dann weiter nach Miami cruisen. Voll cool.»

OH MEIN GOTT. Ich bin entsetzt über diesen verbalen Dammbruch, die vielen Informationen, die sie mir mit ihrem eigentlich ganz süßen Stimmchen an den Kopf wirft. Wen interessiert das denn? Die Aussage auf ihrem T-Shirt ist als eine Art Vertrauensvorschuss zu verstehen. Das ist in Ordnung, mehr wollte ich gar nicht wissen. Doch obwohl sie mich weder kennt, noch zu Wort kommen lässt, redet sie immer weiter. Dann und wann lächelt sie und ich kann neben sehr viel Zahnfleisch, erkennen, dass sie ein glitzerndes Steinchen auf ihrem linken Eckzahn trägt. Als sie mir von der abgebrochenen Schwangerschaft ihrer Schwester und gleichzeitig liebsten Freundin berichtet, hake ich mit *»Bist du öfters hier in dem Laden?«* ein, um den Smalltalk wieder in klassischere, üblichere Bahnen zu lenken.

»Nee, heute zum ersten Mal. Ist ganz cool hier, findest du nicht?«

Nein, finde ich nicht und nicke ihr zu. Unsere Zigaretten sind zu Ende geraucht. Ich kann mich mit ihr gerade nicht weiter unterhalten, weswegen ich ihren Kopf mit meiner Hand zu mir ziehe und sie küsse. Auch wenn ich an Sophie denke, so habe ich doch meine heutige Pflicht erfüllt. Sophie schaut mir von der Bank aus zu, Laber-Conny steht nun auf dem Platz und somit im Fokus. Ben wäre stolz auf mich. Und meine Ohren freuen sich auch. Ich habe Angst das künstliche Edelsteinchen von Connys Eckzahn zu verschlucken und küsse sie daher sehr vorsichtig. Es muss in ihren Augen zärtlich wirken. Wenn ich nicht aufpasse, verliebt sie sich in mich. Zu spät.

»Wow«, stöhnt sie leise während des Kusses aus sich heraus und nimmt nun auch mein Gesicht in ihre Hände, die sodann durch meine Haare gehen, was ich überhaupt nicht mag. Außerdem schmeckt der Kuss nach Aschenbecher und alten Socken. Sie schmiegt sich immer enger an mich und berührt mich mit ihren Händen inzwischen nicht mehr nur am Kopf. Sie lässt sie langsam an meinem Rücken hinunter

gleiten. Als sie unten angekommen sind, greifen sie fest in meinen Po. Dort verweilen ihre Hände und drücken unsere Hüften aneinander, so dass sich unsere Geschlechtsorgane durch die Kleidung hindurch berühren. Unsere Münder haben sich derweil gelöst. Conny lutscht mir am Ohrläppchen als *Deichkind* läuft und ich durch die Rauchschwaden hindurch sehe, wie Malte der anderen Blondine an den Busen grabscht. Dann zieht sie mich auf die Tanzfläche, hinein in die feuchte Hitze ausdünstenden Publikums. Ich freue mich gerade zum wahrscheinlich ersten Mal in meinem Leben, entgegen meiner Gewohnheiten, tanzen zu dürfen. Dann muss ich nämlich weder knutschen noch Connys Gelaber zuhören. Sie tanzt mit geschlossenen Augen. Immer dann, wenn sie ihre Augen öffnet und zum Reden ansetzt, küsse ich sie. Präventiv. Drei Lieder hintereinander schaffe ich es so, ihre verbale Kommunikationsaufnahme schon im Keim zu ersticken. Und ausgerechnet als mit *L.E.S. Artistes* von *Santigold* das erste wirklich gute Lied des Abends läuft, passe ich einen kurzen Augenblick lang nicht auf. Conny nutzt jene Millisekunden, in denen das Zeitfenster geöffnet war.
»Wollen wir woanders hingehen?«, fragt sie mich und streichelt mit ihrem Handrücken über meine Wange. »Wir können zu mir nach Hause gehen.«

Ich schaue auf mein Handy. 6.08 Uhr und Sophie hat mir noch immer nicht geschrieben. Sie müsste schon längst wach sein. Sie ist ja berufstätig. Ich winke Malte von weitem zu, der aber nur kurz nickt, um sich nachfolgend mittels oraler Gesichts-Penetration seinem abendlichen Fang zu widmen. Laber-Conny zieht mich an der Hand hinter sich her nach draußen. Es ist hell und die ersten Arbeitnehmer sind längst unterwegs. Ich fühle mich schlecht. Zum einen, weil ich nach Hause gehe, wenn andere Menschen hart für ihr Geld arbeiten müssen. Zum anderen aber, weil mir Sophie fehlt und die wenigen attraktiven Attribute von Conny im hellen

Licht untergehen. Sie ist höchstens eine *Anett Louisan* für Arme. Für ganz, ganz Arme. Sie ist die *Anett Louisan*-Version in einer dämonischen Parallelwelt. Ich muss spontan an den Videospiel-Hit *Silent Hill* denken und der Traurigkeit dieser erlebten Szenerie zum Trotz schmunzeln. Selbst ihrem glitzernden Zahn-Steinchen wird im morgendlichen Schein der ersten Sonnenstrahlen die Show gestohlen. Das Gelb ihrer Zähne verschluckt einen jeden glitzernden Kristall. Und sie redet wieder. Erzählt mir von einer Freundin, die sich mal in der Achterbahn in die Hose pinkelte. Ich frage mich, warum zum Teufel sie mir das erzählt.
»Weil sie einen entzündeten Schließmuskel hatte«, gibt mir Conny sofort und ungefragt die passende Antwort. Ich will zu Sophie. Weit weg vom Plaque und verbalen Durchfall. Mir fehlt Sophies reine Haut. Ihre weißen und jungfräulich anmutenden Zähne. Ihr Geruch, ihre weichen Hände. Ich werde nie wieder ein so tolles Mädchen finden. Und bei Lena ist der Zug doch auch schon längst abgefahren. Conny zieht mich durch irgendwelche Straßen hinter sich her. Und redet. Um meinen Ohren eine sporadische Pause zu gönnen, stoppe ich immer wieder und küsse sie, was mir aber inzwischen auch keinen Spaß mehr macht. Einmal sagt sie:
»Da kann es aber jemand kaum noch abwarten« und kichert dümmlich. Sie hat nicht den blassesten Schimmer, dass meine Lust gen Nullpunkt sinkt. Als sie beginnt von ihrem Ex-Freund Phillip zu erzählen, wird es mir endgültig zu viel.
»Warte mal«, bitte ich sie, »ich muss grad auf Toilette.«
»Jetzt? Wir sind aber auch gleich da.«
»Nein, ich muss echt dringend.« Ich hüpfe auf der Stelle und reibe meine Beine aneinander, um den vermeintlichen Ernst der Lage bildlich zu unterstreichen. Ich muss gar nicht.
»Warte hier eben, ich flitz schnell um die Ecke.«

Das tue ich dann auch. In jenem Moment, in dem unser Sichtkontakt durch Kreuzung und Häuserfront unterbrochen ist, beginne ich torkelnd loszulaufen, zu flüchten. Erst geradeaus, dann in irgendwelche Richtungen, weit weg von Conny. Hauptsache weg. Es ist so peinlich und unwürdig. Ich darf Conny niemals in meinem Leben noch mal wieder sehen. Morgen wird sie genau wie ich einiges zu berichten haben. Vielleicht erzählt sie diese Geschichte ihrem nächsten Opfer, das sie abschleppt. Während sie dies tut, wird sie dann aber - gelernt aus ihren Fehlern - mit ihm im Taxi sitzen. Hechelnd und schwitzend irre ich durch Straßen, die ich bis zum heutigen Tage noch nicht kannte. Im Licht des Morgens sieht auch alles so fremd und ganz anders aus. Es ist fast sieben Uhr, als ich auf eine Bushaltestelle stoße, der sich zufällig ein Bus nähert. Ich nehme den Bus und fahre bis zum Rudolfplatz. Schulkinder schauen mich belustigt an und tuscheln miteinander, während sich drückende Schmerzen in meinem Kopf breit machen. Eine Oma schüttelt ihren Kopf. Ich muss ganz fürchterlich nach versiffter Eckkneipe riechen und bin froh, als ich den Bus mit seinen Insassen, denen ich offensichtlich ein Dorn in der Nase bin, verlasse und vom Rudolfplatz den Heimweg mit feuchten Augen zu Fuß fortsetze. Heute Morgen hab ich es bereits gewusst: Dieser Tag konnte nur beschissen werden. Aber derart beschissen?

Ich verstehe die Welt nicht mehr.

Handspiel

Es ist 12.30 Uhr, als ich das erste Mal erwache. Alle Viere habe ich von mir gestreckt, wie eine kürzlich geschossene Jagdtrophäe, die noch darauf wartet, ausgeweidet und präpariert zu werden. Meine erste Amtshandlung des noch jungen Tages ist der Blick aufs Handy. Sophie hat mir noch immer nicht geschrieben. Auch nicht Lena. Geht ja prima weiter, ist das ein Scheiß. Ich bin alleine und fühle mich isoliert, dazu verflucht, den Rest meines Lebens in einer grotesken Parallelwelt mit unheimlichen *Anett Louisan*-Klonen zu wandeln. Alkohol und Zigaretten sind meine Weggefährten. Eine Träne entfleucht wie so häufig dieser Tage meinen Augen. Dann schlafe ich mit Kopfschmerzen, trockenem Mund und purer Verzweiflung wieder ein.

Es ist 14.47 Uhr, als mich das Klingeln meines Handys endgültig aus meinem traumlosen Ausnüchterungsschlaf weckt.
»Sophie«, denke ich. Doch es ist Ben und ich gehe nicht dran. Stöhnend drehe ich mich auf die Seite und will den aus tageszeitlicher Sicht eingesetzten Mittagsschlaf fortsetzen, als es dank Ben erneut klingelt. Fluchend gehe ich nun dran.
»Ja?«, quäle ich mich dazu, meiner ausgedörrten Kehle einen hörbaren Laut zu entlocken.
»Mikka! Junge, alles fit? Wie war es gestern noch?«
»Scheiße.«
»Scheiße? Haste nichts mehr klar gemacht?« Ich überlege kurz und streiche mir mit der Hand durchs Gesicht.
»Doch.«
»Guter Mann. Sehr geil, und? Jetzt geht's dir besser, richtig?«
»Nein. Mir geht es überhaupt nicht besser.«
»Oh, war sie so schlecht im Bett?«
Ben lacht am Ende der anderen Leitung laut auf. Wie unsagbar primitiv er doch manche Male sein kann.
»Ben, ich will nicht darüber reden, okay? Nicht jetzt. Ich muss schlafen.«

»Na dann schlaf dich mal schnell aus. Ich hab heute Abend eine fette Privatparty am Start, da kommst du auf jeden Fall mit. So ne Juristinnen-WG-Party, wenn du verstehst, was ich meine. Tessa wird auch dabei sein, vielleicht kannste ja auch mal Lena fragen, ob sie Lust hat.«
»Lena hab ich gestern schon geschrieben. Die antwortet nicht. Und Sophie auch nicht. Es ist vorbei. Mit Beiden.«
»Du hast Sophie geschrieben? Nicht wirklich, oder?«
»Doch, aber nichts Weltbewegendes. Ist auch egal. Wann geht's denn los?«
»Lass uns gegen Acht bei mir zum Vortrinken treffen.«
»Was ist mit Malte? Und Johannes?«
»Nichts für ungut, aber die will ich nur ungern mitschleppen. Das wäre für die kleinen Jura-Mädchen ein zu großer Kulturschock.«
Da wird Ben sicherlich Recht haben. Außerdem finde ich es gut, mal wieder alleine was mit ihm zu unternehmen. Obwohl… Tessa ist ja dabei.
»Und Tessa kommt mit?«, frage ich sicherheitshalber noch einmal nach.
»Ja, Tessa kommt mit. Keine Sorge, werde dich nicht vernachlässigen. Ruf nochmal Lena an!«

Ich muss Ben versprechen, dass ich tatsächlich noch Lena anrufen werde. Wie verlangt, verspreche ich es ihm und sage für die Party zu. Unter der Dusche bin ich schon wieder den Tränen nahe, weil ich mir das gemeinsame Duschen mit Sophie in Erinnerung rufen muss. Wir waren selten gemeinsam duschen, weil es in nackter Zweisamkeit immer auf Sex hinauslief und der eigentliche Akt der Säuberung vernachlässigt wurde. Jetzt steht sie mit ihrem Dominic in der Duschkabine und lutscht seinen ekelhaften Schwanz, während die Duschbrause warmes Wasser auf ihre geschlossenen Augen tropfen lässt. Der Gedanke an das sexuelle Intermezzo in der Dusche betrübt mich zutiefst. Ich setze mich in die Trasse und lasse regungslos heißes Wasser auf meinen Körper niederprasseln. Wie ein querschnittsgelähmter Pflegefall sitze ich depressiv am Boden der Dusche und beobachte mit geöffnetem Mund wie der Wasserspiegel stetig ansteigt. Ich muss pinkeln und lasse es einfach geschehen. Das Wasser färbt sich gelblich. Als meine Haut in der zur temporär umfunktionierten Badewanne schrumpelig wird, stehe ich auf und stelle die Wassertemperatur auf kalt. Das tut ganz gut. Ich fühle mich nun etwas besser.

Nach dem Mittagessen, das aus Tiefkühlpizza, Wurstbrot und Kaffee bestand, setze ich mich mit meinem Handy auf die Couch im Wohnzimmer. Ich schreibe Michael, dass er ein Arschloch sei und ich ihn gestern Abend gebraucht hätte. Wäre er zu Hause, hätte ich es ihm ins Gesicht gesagt. Ist er aber nicht. Natürlich. Im digitalen Adressbuch habe ich Lenas Nummer aufgeschlagen. Ich tue mich schwer sie anzurufen, weil es mir peinlich ist. Peinlich, mich so lange nicht gemeldet zu haben, ihr aus dem Weg gegangen zu sein und ihr nun wieder hinterherzulaufen. Lena ist ein Plan B. Aber Mädchen wie Lena sind keine B-Pläne. Dazu sind sie zu perfekt. Wenn ich es mir aussuchen könnte, würde ich mich noch immer für Sophie entscheiden. Auch Zorn und Wut können daran nichts ändern. Ich weiß, dass ich die Option »Lena« trotzdem vollständig ausloten muss. Das ist rational kalkuliert. Sollte ich in ein paar Wochen doch noch über Sophie hinweg gekommen sein, kann ich mit Lena bestimmt sehr glücklich werden. Die Ziffern ihrer Handynummer stieren mich an und lachen mich aus. Sie wissen, dass ich hadere und mich nicht recht traue. Ich fühle mich wieder wie mit 15. Eine eingehende Nachricht von Ben befreit mich aus der misslichen Lage und peinlichen Situation, die zum Glück, außer Lenas Telefonnummer, niemand mitkriegt.

»Lena schon angerufen? Tessa hat sie auch schon gefragt, ist sich aber noch unschlüssig. Gib Gas, Alter! Bis später, freu mich!! PS: Musstest du nicht auch heute in die Uni?«

Oh. Es läuft mir kalt den Rücken hinunter und meine Herzfrequenz erhöht sich wie so oft in letzter Zeit bedrohlich. Der Herzschlag wummert bis in meinen Kopf, der noch immer an den Nebenwirkungen des Alkoholabbaus leidet. Ich schaue auf die Datumsanzeige meines Handys, während ich die Luft anhalte und sich meine Pupillen weiten. Heute war Gremberg. Philosophie. Hauptseminar. Ich habe die *Traditionen und Strömungen der Philosophie* verpasst.
»Fuck!«, platzt es aus mir heraus. »VERFICKTE SCHEISSE! SCHEISSE, SCHEISSE, SCHEISSE!«
Mein Handy landet mit der Wucht verzweifelter menschlicher Kräfte an der Wand und zerspringt in viele kleine Teile.
»FUUUUUCK!«

Ich trete gegen das Sofa, prelle mir dabei das Schienenbein und stoße den gläsernen Wohnzimmertisch um, der es meinem Handy gleichtut und ebenfalls zerbricht. Fluchend stampfe ich auf den Boden und schlage mit der Faust auf alles ein, was sich meinem häuslichen Amoklauf in den Weg stellt. Erst, als ich mir meine Faust an der Wohnzimmerwand blutig schlage und rote Spuren der Eskalation in die weiße Raufasertapete ziehen, sinke ich erschöpft zu Boden und halte mir die Hände vor das Gesicht. Ich kann doch nicht schon wieder zum Arzt gehen und bei Herrn Gremberg mit einem Attest vorstellig werden. Auf einen weiteren Dortmund-Sieg am Wochenende kann ich auch nicht mehr hoffen. Und selbst wenn sie die Bayern am letzten Spieltag schlagen sollten, ist es keine Garantie, dass mir der werte Professor mein Fehlen noch einmal entschuldigt. Alles nur wegen Sophie. Und Laber-Conny. Das war es nicht wert. Benommen mache ich im Internet die Telefonnummer meines neuen Lieblingsarztes Dr. Grosche ausfindig und wähle sie über das Festnetz-Telefon. Ein Handy habe ich seit vorhin nicht mehr. Frau Sumanis Stimme ertönt nach nur sechs Mal klingeln am anderen Ende der Leitung. Rauschend vom Band:

»Hallo. Sie sind verbunden mit dem automatischen Anrufbeantworter der Artzpraxis Dr. Grosche. Vom 19. Juni bis einschließlich 8. Juli bleibt die Praxis leider wegen Urlaubs geschlossen. Wir bedanken uns für ihr Verständnis. In Notfällen richten sie sich bitte an die Arztpraxis Wirtz und Lembach unter der Telefonnummer 0221…«
»FUUUUUCK! SCHEISS WICHSER!«
Ich habe genug gehört. Und kein Verständnis. Was fällt diesem alten Bock ein, einfach Urlaub zu nehmen, wenn seine Patienten ihn am dringendsten brauchen. Urlaub? Wenn er wollte, könnte er längst ein entspanntes Leben als Rentner führen. Die ganze Welt hat sich augenscheinlich gegen mich verschworen, weswegen das schnurlose Haustelefon ebenfalls an der Wand landet und widerstandslos zerschellt. Jetzt erst recht. Es ist alles egal. Erst unter einer erneut kalten Dusche reagiere ich mich ab und fasse etwas neuen Mut. Genug zumindest, um den bevorstehenden Abend zu meistern. Juristinnen-WG-Party. Ich hab absolut keine Lust, könnte den ganzen Tag nur kotzen, aber ich muss ja irgendwie nach vorne schauen.

Ich überlebe diesen vermeintlich schlimmsten Nachmittag meines noch jungen Lebens, ohne weitere Tränen zu vergießen und ohne Lena angerufen zu haben. Ohne Handy und Telefon war es mir trotz einer tatsächlichen Absicht einfach nicht möglich. Nun ist es früher Abend und ich sitze wenigstens in äußerlicher Topform auf Bens Wohnzimmercouch.
»Damit sehe ich aus wie *Don Johnson* als *Sonny Crocket* in *Miami Vice*«, beginne ich mich lachend zu beschweren, als mir Ben allen Ernstes sein altes *Nokia*-Handy zwecks improvisierter Mobilität in die Hand drückt.
»Ist doch nur übergangsweise. Außerdem mega retro. Siehst damit aus wie ein Hipster.«
»Naja«, sage ich. »Danke Mann.«
Als ich meine Simkarte in das steinzeitliche Plastikgehäuse geschoben habe, schreibe ich Lena doch noch eine Nachricht,

um dem Versprechen, das ich Ben gegeben habe, nachzukommen. Ganz kurz und unverbindlich. Lediglich, dass ich es cool fände, wenn sie auch auf die WG-Party kommen würde. Tessa sei ja schließlich auch da. Diese wird allerdings erst später hinzukommen. Vielleicht bringt sie Lena ja dann direkt mit. Ben und ich trinken alleine vor. Ich schütte ihm in der Folge mein Herz aus und rede mir meinen gesamten Kummer von der Seele. Er antwortet mit Bier, verweist immer wieder auf Zeit, Lena und andere Mädchen. Wenn er aufsteht, um neues Bier zu holen, klopft er mir beim Vorbeigehen männlich auf die Schulter, ohne etwas zu sagen. Es tut gut zu wissen, dass man doch nicht ganz alleine und isoliert dasteht.

»Mikka«, sagt dann Ben schließlich. »Du musst dein Schicksal annehmen. Sophie ist weg und das ist auch gut so. Das wolltest du den Großteil oder vielleicht auch die gesamte Spanne jener Zeit, die ihr miteinander liiert ward, so. Auch wenn es jetzt wehtut, tob dich aus, verschließe dich nicht dem Leben! Es wird täglich besser. Du wirst schon sehen.«
»Das ist die Lösung?«, frage ich ironisch. »So einfach ist das?«
»So einfach ist das«, antwortet Ben.
»Ganz ehrlich, Sophie hat gestern Schluss gemacht und ich soll…«
»Gestern?«, fragt mich Ben.
»Ja, gestern.«
»Sophie hat vor fünf Wochen oder so Schluss gemacht, falls du es noch nicht wusstest. Gestern hat sie dir mitgeteilt, dass sie was mit diesem anderen Kerl hat.«
»Dominic.«
»Ja, Dominic. Ist ja auch egal, wie er heißt. Jedenfalls ist die Trennung nicht so frisch, wie du glaubst. Klar, sie ist voll die Fotze, hat mit dir gespielt und sicherlich auch Hoffnungen gemacht, aber letztlich hat sie bereits vor fünf Wochen mit dir Schluss gemacht. Fünf Wochen, Alter! In denen du ihr hinterher liefst, anstatt dich mit *den* Dingen zu befassen, die du

dir so lange gewünscht hast.«
»Spielst du damit auf Lena an?«
»Nicht nur auf Lena. Mir fallen spontan drei Mädchen ein, mit denen du Sophie betrogen hast. Und wir Idioten helfen dir noch bei dem sinnlosen Unterfangen, Sophie zurückzugewinnen. Ich verstehe dich ja einerseits, deswegen haben wir dich auch unterstützt. Die Motive waren mir nur immer unklar. Nur, weil auf einmal dein Ehrgeiz entfacht ist und du Bock auf Beständigkeit hast? Dass ich nicht lache. Ihr habt doch im Grunde schon viel früher miteinander Schluss gemacht und verarscht euch die ganze Zeit gegenseitig, bis Sophie dann vor fünf Wochen den Schlussstrich offiziell gemacht hat.«
Ich sage nichts, schaue auf den Boden, nippe an meinem Bier und schäme mich.
»Was ich sagen will: hör auf zu jammern, krieg dein Leben wieder auf die Reihe. Räum deine Wohnung auf und rede mit deinem Prof.! Und bestenfalls mit Lena. Das lässt sich sicherlich alles irgendwie regeln.«

Und dann erzählt mir Ben eine Geschichte, die ich bereits kenne, jedoch längst vergessen habe. Von der Trennung zu seiner Ex-Freundin Julia. Zwei Jahre lang waren sie zusammen. Sie waren beide treu, verliebt und stets glücklich. Zumindest äußerlich. Sie haben sich Versprechen über eine gemeinsame Zukunft gegeben und sich Namen für möglichen Nachwuchs ausgedacht. Neidisch war ich damals auf ihn. Neidisch, weil er glücklich war und es trotzdem schaffte, immer Zeit für mich und seine Freunde zu haben. Julia war zudem richtig heiß. Eine hundertprozentige Traumfrau. Und eines Tages, nach zwei Jahren harmonischer Beziehung, vom einen auf den anderen Tag, machte sie ohne Vorzeichen einfach Schluss. Nach zwei Jahren, per E-Mail. Und wurde für ihn bis zum heutigen Tage persönlich nicht mehr erreichbar. Er weiß bis heute nicht, warum sie Schluss gemacht hat. Dass es eine harte Zeit für ihn war, wusste ich. Das wussten wir alle. Dass er sich regelmäßig in den Schlaf weinte, hingegen nicht. Auch nicht, dass er wegen des nicht vorhersehbaren Verlustes in therapeutischer Behandlung war. Unsere Medizin gegen Liebeskummer war von der Jugend an immer der Alkohol. Wir zogen in der Folge viel mit Ben um die Häuser. Das war unsere Therapie. Gejammert hat er vor uns nie. Er versuchte von Beginn an, die Trennung so erwachsen wie nur irgend möglich zu nehmen, was jedoch bei der Absurdität einer derartigen Trennung für einen noch unausgereiften Geist nicht möglich sein kann. Daher die zusätzliche, eigentliche Therapie in ärztlicher Variante. Und trotzdem hat er nie gejammert. Im Vergleich zu seiner Geschichte ist meine keine einzige Träne wert. Er hat Recht, ich muss aufhören zu heulen und mein Leben wieder in die richtigen Bahnen lenken. Das tue ich jetzt auch und besiegle den Entschluss damit, Ben und mir ein neues Bier zu öffnen. Ich bin längst wieder im Alkoholmodus des vergangenen Abends. Und nach ein paar weiteren Bieren stehen wir in der Landsbergstraße der Kölner Südstadt. Vor der Türe der Juristinnen-Party. Ich schaue nach vorne.

Ben stellt mich den Gastgeberinnen vor. Katrin und Isabelle. Sie sind niedlich, studieren beide Jura im ersten Semester, sind freundlich und bieten mir Bier an, das ich dankend annehme, obwohl ich noch eine halbvolle Flasche vom Wegbier in der Hand halte. Katrin ist die Hübschere der Beiden. Sie hat lokkiges, brünettes Haar und einen sportlichen Körper, dem sie mit dunkler, körperbetonter Kleidung schmeichelt. Isabelle ist strohblond und etwas untersetzt. Sie trägt beigefarbene Chucks auf deren Kuppe mit Kugelschreiber Sternchen gemalt sind. Ob sie wirklich Jura studiert? Eher Soziale Arbeit. »Erstsemesterin«, denke ich und stoße mit dem angebrochenen Bier lächelnd an.

Aus den PC-Boxen schallen aktuelle Charts. Ich höre *Taylor Swift*. Das Publikum ist gut gekleidet und mehrheitlich attraktiv. Die Jungen tragen gut gestylte Mittelscheitel, karierte Hemden und überwiegend farbige Jeans. Selten Sneakers. Selten Shorts. Die Mädchen sind bis auf die Gastgeberin Isabelle ausnahmslos schlank, tragen dicke Perlenketten und trinken weißen Wein oder Sekt mit Aperòl. Vikram ist auch hier. Er trägt eine weiße Krawatte zu seinem engen, schwarzen Hemd. Ich begrüße ihn auf der Türschwelle zur Küche mit Handschlag.

»Wie ist es gelaufen? Haben die Losen ihren Zweck elfüllt?«, fragt er mich augenzwinkernd in seinem unlängst antrainierten Slang.

»Nee«, winke ich ab. »War trotzdem eine geile Nummer. Das Bier hast du dir redlich verdient. Tausend Dank dafür.«

»Jaja, Weiber«, sagt er und schüttelt solidarisch den Kopf.

In der Küche gibt es unter anderem Baguette und Würstchen. Als ich in ein Glas mit Brotstangen greife, spricht mich Isabelle an.

»Und du studierst auf Lehramt?«, fragt sie mich.

»Hm«, nicke ich kurz, weil ich den Mund bereits voll mit getrocknetem Brot habe.

»Gymnasium?«

»Jaja.«

»Ach cool, studiert ne Freundin von mir auch. Aber in Münster. Was für Fächer hast du?«

Und so beginnt er, der erste Smalltalk des Abends, dem noch viele Weitere folgen sollen. Das ist dann immer der Nachteil, wenn man als Außenstehender zu einer Party mitgenommen wird. Aber mir ist es lieber so, als würde man sich gar nicht für mich interessieren. Und Konversationen, wie jene aus der vergangenen Nacht, muss ich hier auch nicht befürchten. Nein, die bisschen fremde Aufmerksamkeit tut mir gut. Mir reicht es schon, dass sich weder Sophie noch Lena für mich oder meine versendeten Nachrichten interessieren.

Ich unterhalte mich gerade mit Ben und Vikram über die sportliche Zukunft des 1. FC Kölns, als Tessa zur Party hinzustößt. Alleine und ohne Lena. Ich sehe sie seit jenem

Abend in Cocktail-Bar und Disco zum ersten Mal. Damals war ich noch mit Sophie zusammen und strotzte nur so vor Selbstbewusstsein. Es kommt mir vor, als sei es Jahre her. Tessa sieht gut aus, trägt Schuhe von *New Balance* und verwaschene Jeans. Wie Lena. Das mag ich. Sie küsst Ben und sieht dabei glücklich aus. Er ebenso, was mich nach unserem abendlichen Gespräch sehr für ihn freut.
»Hi Mikka«, begrüßt sie auch mich.
»Na du«, grüße ich zurück und stelle extra mein Bier zur Seite, um sie in den Arm nehmen zu können.
Ich muss an Bens Erzählungen denken und sie mir beim Koitus in der Umkleidekabine vorstellen. Ich würde sie gerne danach fragen, traue mich aber nicht.
»Bist du alleine?«, frage ich stattdessen.
»Mikka hat Lena nämlich geschrieben, ob sie auch kommen wolle«, ergänzt Ben und grinst Tessa dabei an.
Sie versteht sofort worum es geht und grinst zurück.
»Ach, die muss für Klausuren lernen. Die Arme muss in diesem Semester vier Stück schreiben. Das ist echt nicht fair. Ich soll ihr aber Bescheid geben, wenn es gut ist, dann kommt sie unter Umständen noch auf'n Sprung vorbei.«
»Also ich finde es gut«, sage ich überzeugt und schreibe dies Lena sofort per Kurzmitteilung.
»Das ist ja ein fettes Handy«, mischt sich Vikram ein und hält sich einen imaginären Hinkelstein ans Ohr. »Hast du das Erbe deines Großvaters angetreten?«
Alle lachen. Ich nicht, denn ich bin retro und hip.

Der Abend ist weit fortgeschritten, die Wohnung inzwischen ziemlich verraucht. Durch den regen Besuch, ist die Temperatur um einige Grad weiter angestiegen. Die geöffneten Fenster sind mit der Masse Menschen überfordert und können den Räumlichkeiten nur unzureichend Frischluft nachliefern, die unmittelbar nach Eintritt in die Wohnung, Geruch und Temperatur der Party annimmt. Als ich mich rau-

chend auf die Couch in eines der Mädchen-Zimmer niederlasse, schleicht auch Tessa in den Raum und setzt sich zu mir. »Prost, Mikka«, sagt sie und hält mir ihre kleine, braune Kölsch-Flasche hin, die ich mit meiner Flasche klirrend anstoße.
»Prost, Tessa.«
»Sag mal, was ist denn jetzt eigentlich mit dir und Lena?«, fragt sie und nimmt mir wie selbstverständlich meine Zigarette aus den Fingern, um auch mal ziehen zu können. Ich lasse sie gewähren.
»Weiß nicht. Ich dachte, dass könntest du mir sagen. Sie antwortet ja nicht auf meine Nachrichten.«
»Naja, es hat ja schon ziemlich geknistert bei euch beiden. Und dann wirst du krank und meldest dich plötzlich wochenlang nicht und gehst ihr stattdessen symptomatisch aus dem Weg. Da würde ich mich jetzt aber auch rar machen.«
Und ich würde Tessa gerne widersprechen, kann ich aber nicht, weswegen ich ihr die Zigarette wieder wegnehme, um zu rauchen statt zu reden.
»Und dann warst du total komisch zu ihr, als ihr euch am Bahnhof getroffen habt.«
»Hat sie das gesagt?«, frage ich. Tessa nickt.
»Ja, weil ich mich da mit meiner Ex-Freundin getroffen habe.«
»Hm, hatte Ben schon erzählt. Sie hat Schluss gemacht, ja?«
»Ja, sie hat Schluss gemacht.«
»Und wann?«
»Ach… ist schon länger her.«
»Das tut mir Leid.«
»Nein, das ist schon gut so.«
»Und du wolltest da mit deiner Ex wandern gehen?«
»Nee«, sage ich kopfschüttelnd und muss ein wenig lachen. »Vergiss das mit dem Wandern.« Kurzes, betretenes Schweigen mischt sich in unsere Unterredung, ehe mir Tessa wieder meine Zigarette klaut. Im Hintergrund läuft *Tocotronic* mit *Die Grenzen des guten Geschmacks*. Geil.
»Ich sag dir was, Mikka. Lena hat das nicht nötig. Entweder du

willst was von ihr und zeigst ihr das auch oder aber du lässt es ein für alle Mal bleiben.«
Da ich ihr wieder nichts entgegne, setzt sie fort:
»Du hast es ihr anfangs ziemlich angetan. Inzwischen hat sie aber echt die Schnauze voll von deiner Art. Ich musste sie förmlich dazu foltern, dir bei Facebook zu schreiben. Ben war das total wichtig, keine Ahnung, warum.«
Ich muss grinsen und hole mir meine Zigarette wieder, die nun heiß geraucht ist.
»Tesschen«, sage ich väterlich und schaue ihr tief in die Augen. »Wenn Lena heute kommt, werde ich alle Ungereimtheiten aus der Welt schaffen, das verspreche ich dir.«
Ich weiß selbst nicht, wie ich das meine und ergänze, während ich Tessa den letzten Zug anbiete, dass Ben sie sehr gern habe. Sie solle ihn nicht verletzen.
»Ich hab ihn auch sehr gern«, sagt sie, nickt und lächelt verliebt ins Leere.

Ich rede mit vielen Menschen, die ich nicht kenne und im nüchternen Zustand womöglich nicht mögen würde. Die meisten sind Dortmund- oder FC-Fans und noch betrunkener als ich. Der Alkohol weicht das Fanbewusstsein auf und verbindet uns heute zu den besten Freunden. Morgen werden wir auf der Straße aneinander vorbeilaufen und so tun, als würden wir uns nicht kennen. Auf dem Weg zur Toilette empfange ich eine Nachricht. Es ist Michael, der meint, dass ich ihm einen neuen Wohnzimmertisch und ein Telefon schulde. Und das ich ein »blöder egoistischer Wichser« sei. Er hätte sich schon noch bei mir gemeldet. Und dann fällt mir plötzlich ein betrunkenes Mädchen in die Arme. Ich fange sie auf und halte sie, damit sie nicht umkippt und sich ihre Knie auf dem PVC-Boden aufschrammt.
»Wooow«, sage ich und richte sie auf.
Peinlich berührt steht sie auf einem Bein und zieht sich ihren einen hochhackigen Schuh wieder richtig an. Dann schaut sie

mich musternd an und kämmt sich ihre roten Haare aus dem Gesicht. Wäre ich gedanklich und emotional nicht noch immer an meine Ex-Freundin gebunden, wäre dies ein fabelhafter Zeitpunkt, sich neu zu verlieben.

»Oh Gott«, sagt sie und hängt noch ein einfaches »Dankeschön« dran. Sie ist ein hübsches Mädchen. Eines, das ziemlich betrunken ist und meinem Mund bedrohlich nahe kommt. Obwohl ich selber sehr viel getrunken habe, kann ich ihre Fahne deutlich riechen.
»Kann ich irgendwas für dich tun?«, frage ich besorgt.
»Du kannst mir was zu trinken holen. Das wäre p-h-ä-n-o-m-e-n-a-l.«
Ich tue ihr den Gefallen, obwohl ich mir nicht sicher bin, ob dies eine gute Idee ist und ich noch immer auf Toilette muss. Als ich mit zwei Gläsern Wodka-O wiederkomme, lehnt sie mir zugerichtet mit verschränkten Armen an der Wand. Und lächelt gefährlich mit total verrückten Augen. Irgendwie spüre ich, dass sie heute nicht nur trinken will. Die soll mich bloß in Ruhe lassen, darauf hab ich heute gar keine Lust. Ich drücke ihr die beiden Gläser in die Hand und verschwinde schnell auf Toilette. Als ich verrichteter Dinge wieder den Flur betrete, fängt sie mich mit unseren beiden Gläsern Wodka-O ab. Das Ihre ist schon fast leer. Alter Schwede. Na gut, dann verweile ich und starte eben noch einen weiteren Smalltalk. Wir reden übers Studium, obwohl sie selber gar nicht studiert, sondern im Versicherungswesen tätig ist.
»Küsst du mich jetzt endlich?«, fragt sie plötzlich ungeduldig inmitten unseres belanglosen Gesprächs.
Routiniert links und rechts schauend, stelle ich fest, dass Ben und Tessa nicht in Sichtweite sind. Aber selbst wenn, ich bin weder ihnen noch Lena in irgendeiner Weise Rechenschaft schuldig. Lena kommt ja nicht. Lena meldet sich ja nicht. Aber wie dem auch sei, ich hab sowieso keine Lust und werde ihre Frage verneinen müssen. Mein Wodka-Glas ist nur noch zu einem Viertel gefüllt, als mich die rothaarige Versicherungskauffrau ohne eine Antwort abzuwarten, küsst.

Verdammt noch eins. Der Kuss ist nicht schön und erfüllt meine Mundhöhle mit einem merkwürdig salzigen Geschmack.
»Hast du von den Würstchen gegessen?«, frage ich leicht angewidert und ziehe meinen Kopf schmatzend weg.
»Ja. Und Chips«, sagt sie, und »Ist doch lecker.«
Dann beginnt sie mich aufs Neue zu küssen. Ich lasse es über mich ergehen. Es ist ekelig, obwohl sie ein hübsches Mädchen ist. Verlieben tue ich mich heute aber bestimmt nicht mehr. Sie ist total verrückt und betrunken, aber hübscher als Laber-Conny. Vielleicht verlasse ich die dämonischen Parallelwelten so langsam wieder.

Als ihr das Küssen zu langweilig und die Toilette freigegeben wird, schiebt sie mich in das Badezimmer hinein und schließt die Türe hinter uns ab. Kurze Zeit später sitze ich auf dem Deckel der Toilette und sie mir, breitbeinig zugewendet, auf dem Schoß. Das Küssen ist nun wilder geworden. Sie atmet hörbar laut und pustet mir beizeiten salzige Würstchenluft in den Rachen. Meine Hände umfassen ihre Brüste, die ihren landen in meinem Schritt, der zu meiner Verwunderung trotz des Alkohols aufs Äußerste gehärtet ist. Mein letzter Sex ist auch zu lange her. Vielleicht laufe ich *deswegen* schon wieder auf Autopilot. Ich will das doch eigentlich gar nicht.
»Soll ich dir einen runterholen?«, überrascht sie mich, ohne ihre Lippen vollständig von den Meinen zu lösen und öffnet die Knopfleiste meiner Hose. »Ich hab meine Tage, du kannst mich nicht ficken.«

Ich find das extrem ekelig, wenn Frauen so reden. Verstehen kann ich sie jedoch. Wenn Sophie ihre Tage hatte, gab es auch keinen Sex. Meistens habe ich dann so lange herumgenervt, bis sie mir einen geblasen hat. Auf Blasen hat das verrückte Mädchen auf meinem Schoß wohl keine Lust. Verträgt sich bestimmt nicht mit Wurst und Chips. Die Türklinke des Bads geht runter. Einmal. Zweimal. Man will auf Toilette, doch diese ist bis auf weiteres besetzt. Ich kenne nicht einmal den Namen dieses wilden rothaarigen und total durchgeknallten Mädchens, doch mein Penis ist inzwischen fest von ihrer Hand umschlossen. Sie massiert ihn unermüdlich, küsst mich derweil unanständig mit viel zu viel Zunge. An der Türe klopft es und man beschwert sich, dass andere auch mal müssten.

»Geich fertig«, sage ich leise mit zittriger Stimme in das Gesicht meiner Beglückerin und den Wartenden vor der Türe, woraufhin mir zügig abgerolltes Klopapier in den Schoß gelegt wird. Leise zuckend komme ich. Schnell. Sauber. Obligatorisch. Wir müssen das Badezimmer räumen.

»Hat's dir gefallen?«, will sie im Anschluss wissen und grinst dabei komisch.

»Joa«, antworte ich irritiert. »Ähm…was ist…«

»Keine Sorge, mir hat's gefallen.«

Ich entsorge ungläubig Klopapier und Ejakulat in der Toilette. Als das Versicherungs-Mädchen die Badezimmertüre öffnet, bin ich noch damit beschäftigt, mir die Hose zuzumachen.

»Ey«, beschwer ich mich, ehe ich in das fassungslose Gesicht von Tessa blicke.

Neben ihr steht Vikram. Und neben ihm eine bezaubernde Lena. Ach bitte.

»Du bist ja *so* ein Arschloch, Mikka«, sagt Tessa. »Das zum Thema *Ungereimtheiten aus der Welt schaffen*, ja?«

Lena schüttelt in Zeitlupe den Kopf und beißt ihre Lippen zusammen. Sie hat sich schön gemacht. Der gegenwärtigen Stimmung nach zu urteilen, nur für mich. Sie sieht toll aus. Vikram kichert leise in sich hinein und schaut verstohlen zu Boden.

»Sorry«, stammle ich zu Lena gerichtet und schließe meine Hose. »Ich wusste nicht, dass du kommst.«

Was habe ich da gerade Dämliches gesagt? Lena dreht sich enttäuscht um und geht.

»Fick dich, Mikka!« und »Lena, warte!«, sagt Tessa, ehe sie ihrer enteilten Mitbewohnerin hinterher läuft.

Draußen im Gang steht Ben und beobachtet die Szene aus

sicherer Entfernung. Er pustet seine Backen auf und zieht mit großen Augen die Schultern nach oben.

»Du hast eine Freundin?«, fragt mich jene Dame lallend von der Seite, die heute ihre Tage hat. »Nein, ich...«

»Arschloch!«

Und dann kommt ihre Hand zum zweiten Mal innerhalb kürzester Zeit zum Einsatz. Diesmal landet sie aber klatschend in meinem Gesicht. Was war *das* denn jetzt? Beleidigt verschwindet sie wieder torkelnd auf der Party, vorbei an kichernden oder kopfschüttelnden Partygästen, die das Schauspiel auch mit angesehen haben. Die Party ist hier für mich nun sowieso beendet. Isabelle macht mich vorsichtshalber trotzdem noch einmal darauf aufmerksam und schiebt mich zur Türe hinaus. Ben versucht vergebens, die Gastgeberinnen zu beschwichtigen, kommt dann aber direkt hinter mir her, raus auf die Straße und drückt mir ein Bier in die Hand. Als ob ich das nun bräuchte.

»Was ist hier los, Ben? Sind hier jetzt alle total bescheuert? Das mit Lena...«

»Passiert. Komm schon. Ist egal.«

»Das war ein anderes Mädchen«, erklär ich mich wie ein kleiner Junge, der sich ein Lob seines Vaters erheischen will. »Ich habe deinen Rat befolgt, mich dem Leben nicht verschlossen. Ich konnte doch nicht wissen, dass Lena doch noch kommt... Mann, ich wollte das nicht.«

»Ich weiß«, sagt Ben beruhigend und klopft mir auf die Schulter. »Du hast alles richtig gemacht, ist nur eben blöd gelaufen.«

Sein Handy klingelt.

»Tessa«, sagt er und schaut mich an. »Soll ich drangehen oder ziehen wir einfach zu zweit noch weiter?«

Ich bin gerührt von seiner Opferbereitschaft und umarme ihn. »Nein, geh zu Tessa. Ich komm klar... und nehme mein verficktes Schicksal an. Allerdings sind es nicht andere Frauen, die ich in den Fokus rücken muss. Sag Tessa bitte nur, dass es mir Leid tut und ich mich von nun an sämtlichen Frauen fernhalten werde.«

Fairplay

»Herr Laurens.«

Ich verspüre diesmal keine Furcht, als mich Professor Dr. Gremberg teilnahmslos in sein Büro für die studentischen Sprechstunden zitiert. Warum sollte ich mich auch fürchten? Ich bin ein Mann, der nichts mehr zu verlieren hat. Den Verlust meines Hauptseminars *Traditionen und Strömungen der Philosophie* habe ich längst akzeptiert. Im kommenden Semester werde ich eine neue Chance bekommen. Draußen regnet es wenig sommerliche Bindfäden und vergangenen Samstag verlor der BVB 0:1 gegen meinen FC Bayern. In einem Spiel, in dem es am letzten Spieltag um praktisch nichts mehr ging, weil Bayern die Meisterschaft im Vorfeld längst besiegelte. Alles Tatsachen, die für einen suboptimalen Sprechstundenbesuch sprechen. Doch des Professors Launen sind mir nun gleichgültig. Kurz überlegte ich, die ärztliche Attestierung des Dr. Woiters in Anspruch zu nehmen. Lena hatte ihn mir ihrerseits ja einst empfohlen. Ich glaube jedoch, dass zwei Atteste unterschiedlicher Ärzte innerhalb nur kurzer Zeit Misstrauen erwecken. Außerdem will ich nicht schon wieder stinkend durch das Leben wandeln, nur um einen Arzt und einen verhassten Uni-Professor hinters Licht zu führen. Entweder Herr Gremberg drückt ein Auge zu oder er lässt mich im nächsten Semester erneut zu sich kommen. Ich bin es Leid zu lügen, Leid zu simulieren.

Sophie ist laut ihres aktuellen Facebook-Status' vergeben. Sie ist glücklich in einer festen Beziehung mit *Dominic Schmitz*. Das hat sie ihrem Profil als Lebensereignis hinzugefügt. Der blöde Penner sieht nicht unbedingt schlecht aus, wofür ich ihn doppelt hasse. Vermutlich kündigte mir Sophie unsere virtuelle Freundschaft aus genau diesem Grunde nicht auf. Es war von ihr ganz klar einkalkuliert, dass diese neue Information über das Internet an mich gelangt. Anstatt ihr aber zu schreiben, dass sie eine verhurte Fotze sei, habe ich das Unerwartete

getan und mich zähneknirschend per Kurznachricht bei ihr und Dome Pajak entschuldigt. Und ihr alles Glück der Welt gewünscht, was ich mit der Hand auf dem Herzen ja nun gar nicht tue. Mit wäre es egal, wenn sie unter ein Auto käme, so sehr hasse ich sie inzwischen. Aber ich bin kein Teenager mehr, sondern erwachsen und vernünftig. Es ist Usus, sich nach einer Trennung nur das Allerbeste zu wünschen. So befehlen es die gesellschaftlichen Umgangsformen. Beziehungen zerbrechen. Wie der Tod, so gehört auch das Ende einer jeden partnerschaftlichen Beziehung zum Leben irgendwie dazu. Sophie schrieb mir zügig zurück, bedankte sich und findet es schade, dass es nach drei Jahren auf diesem Wege enden musste. Dann schickte sie noch eine weitere Nachricht und fragte, wie es mir ginge. Mir geht es den Umständen entsprechend. Ich bin stabil, habe ihr aber nicht mehr geantwortet.
»Herr Laurens«, wiederholt Herr Gremberg meinen Namen, während er sich auf seinen großen Chefsessel niedersetzt und mir den Platz gegenüber seines kastanienbraunen Schreibtisches mit geöffneter Handfläche anbietet. »Ich nehme an, dass sie sich erneut für ihr Fehlen in meinem Hauptseminar vergangener Woche entschuldigen möchten?«
Er macht große Augen, die mir verdeutlichen sollen, dass er eine baldige Antwort auf seine Frage erwartet. Sein Hemd ist standesgemäß bis zum Brusthaar aufgeknöpft. An die Rückenlehne seines Stuhls angelehnt, geht er sich mit der Zunge über seine alten Zähne.
»Das ist richtig, Herr Gremberg. Entschuldigung.«
Stille erfüllt den Raum. Seine Zunge zirkelt nun schnell über seine Zähne hin und her. Dann richtet er sich auf und stützt sich mit den Ellbogen auf seinen Schreibtisch.
»Und?«
»Was und?«, frage ich.
»Nun, warum waren sie vergangene Woche nicht in meinem Seminar. Ihre Entschuldigung in Gottes Ohren. Ich kann sie aber ohne Nennung von triftigen Gründen oder ärztlichem

Gutachten kaum annehmen. Das müssten sie doch wissen. Haben sie ein ärztliches Attest dabei?«
Ich schüttle mit dem Kopf und beiße mir auf die Unterlippe. »Nein, habe ich nicht.«
»Wieso nicht?«, will er nun etwas strenger gewordenen Tonfalls wissen.
»Weil ich nicht krank war. Zumindest nicht körperlich. Ich…« lehne mich ebenfalls zurück und packe selbstsicher aus. »Ich habe in der vergangenen Zeit außerplanmäßige Probleme… und Umstellungen in meinem Leben erleiden müssen. Seit ein paar Monaten geht es drunter und drüber. Meine Freundin hat sich von mir getrennt und ich bin nicht wirklich darauf klar gekommen. Seitdem geht alles irgendwie den Bach runter und… na ja, es tut mir Leid. Aber jetzt geht es mir besser. Mit dem Fehlen, das wird nicht mehr vorkommen.«
»Das glaub ich Ihnen gerne. Wir haben ja auch nur noch eine Sitzung bis zu den Semesterferien. Wussten sie das, Herr Laurens?«
»Ja«, sage ich nach einem Augenblick des Nachdenkens beschämt.
»Herr Laurens. Glauben sie, dass sie der einzige Mensch sind, der über eine partnerschaftliche Trennung hinwegkommen muss? Würden alle meine Studentinnen und Studenten so handeln wie sie, wären meine Vorlesungen und Seminare vermutlich leer. Projizierten wir ihr Handlungsschema beispielsweise ins öffentliche Leben… die ganze Welt würde aus den Fugen geraten.« Der Professor schüttelt mit verschränkten Armen verständnislos seinen Kopf.
»Das weiß ich und es tut mir ja auch Leid.«
»Das sagten sie bereits.«
Ich nicke ruhig und stehe auf. Die schwule Miniatur-Emma schaut mir auf den Po, während ich im Begriff bin, das Büro zu verlassen. Keine Ahnung, was ich erwartete. Wäre vielleicht auch des Guten zu viel gewesen, aus dieser Situation noch mal glimpflich hinauszukommen. Trotzdem war es richtig, die

Karten in bedingungsloser Ehrlichkeit offen auf den Tisch zu legen, denn ich bin nun mit mir selbst im Reinen und fühle mich auch dementsprechend.
»Halt! Wo möchten sie hin, Herr Laurens?«
»Na raus. Ich nehme an, dass wir uns im kommenden Semester wiedersehen werden.«
»Na das hoffe ich doch sehr. Zuvor aber habe ich noch eine Bitte an sie.«
»Ja?«
»Ich möchte sie bitten, in der kommenden Woche einen - sagen wir - fünfzehnminütigen Vortrag zu halten. Zum Thema *Die Erlangung der Glückseligkeit*. Ein kleiner philosophischer Exkurs, im besten Falle angelehnt an *Alfarabi*. Das passt ganz gut zu der Sitzung der vergangenen Woche, in der sie uns mit ihrer Abwesenheit straften.«
Ratlos und nunmehr unsicher stehe ich im Türrahmen, mit den Händen in der Hosentasche.
»Ich verstehe nicht.«
»Doch, sie verstehen sehr wohl. Sind sie glücklich, Herr Laurens?«
»Nein«, sage ich überzeugt, ohne lange überlegen zu müssen.
»Sehen Sie. Das Thema ist ihnen aus gegebenem Anlass maßgeblich zugeschneidert. Lassen sie ruhig Elemente ihrer Lebenswelt mit einfließen und entführen Sie uns auf der theoretisch unterfütterten Grundlage renommierter Philosophen in ihre eigenen Bestrebungen nach dem Glück!«
»Und dann muss ich im nächsten Semester nicht wiederkommen?«
»Sie *dürfen* im nächsten Semester sehr gerne wiederkommen. Ich biete nicht ausschließlich Hauptseminare an, Herr Laurens. Und ich erwarte neben der Hausarbeit, die sie ohnehin noch bei mir ableisten müssen, einen fachgerechten fünfzehnminütigen Vortrag, ja?«
Ich bin etwas baff und bemerke, dass mir der Mund offen steht.
»Okay… aber… ich meine, warum geben Sie mir diese

Möglichkeit?«
»Weil mir ihre Aufrichtigkeit, die nicht immer vorhanden war, imponiert. Auch wenn sie in offensichtlicher Resignation begründet liegt.«
»Herr Gremberg, ich…«
»Wissen Sie, mir ist es so entschieden lieber, als wenn sich meine Studenten mittels dubioser Ärzte krankschreiben lassen. So wie sie noch vor kurzem, nicht?«
»Sie wussten das?«
»Nein… ich weiß es jetzt.«
Er beginnt selbstsicher zu grinsen.
»Ich habe noch nie einen Studenten erlebt, der sich für ein entschuldigtes Fehlen so viel Mühe gab. Das verdient auf eine amüsante Art und Weise meinen Respekt. Trotzdem müssen sie noch lernen, ihren Ehrgeiz richtig einzusetzen. Wenn ich da nur an ihren Geruch denke. Herr Laurens, sie amüsieren mich wirklich und… sie überraschen mich. Tun sie das jetzt bitte auch in der kommenden Woche.«
Als erster Mensch verlasse ich lächelnd und ungläubig den Kopf schüttelnd das Büro jenes Professors, den ich einschließlich sämtlicher anderer Studenten die vergangenen Jahre über falsch eingeschätzt haben muss. Der unverbesserliche Drill-Sergeant der Philosophischen Fakultät ist in Wirklichkeit ein freundlicher Lehrender, der lediglich um die rege Teilnahme an seinen universitären Veranstaltungen bemüht ist. Ein Dortmund-Fan, der auch an Tagen nach Niederlagen ein freundliches Gemüt wahren, und fiesem Dauerregen in der grauen Kölner Bucht mit sommerlicher Laune trotzen kann. Ein fünfzehnminütiger Vortrag ist machbar, weswegen ich nicht direkt nach Hause, sondern zuvor der Fakultäts-Bibliothek einen Besuch abstatte, um die theoretische Basis meines Vortrags auch fernab der Informationen des Seminar-Readers qualitativ unterfüttern zu können. Ich habe keine Ahnung, was von mir erwartet wird, geschweige wer *Alfarabi* ist, doch eines ist gewiss: Ich werde Herrn Gremberg nächste Woche überraschen.

Zurück in Köln-Deutz, kaufe ich neue Tiefkühlpizza und Pralinen. Die billigsten und kalorienreichsten Schokoladen-Zucker-Bomben, die der örtliche Supermarkt zu bieten hat. Dazu eine Flasche Rotwein, portugiesisch, Jahrgang 2012. Die Resultate meines häuslichen Wutanfalls aus jüngster Vergangenheit habe ich weitestgehend berichtigt und beseitigt. Ein neues Telefon steht bereits an seinem für ihn angedachten Platz. Es ist viel besser als das Vorherige, besitzt sogar einen integrierten Anrufbeantworter, den diese WG nicht braucht. Einen neuen Wohnzimmertisch habe ich noch nicht gekauft, dafür den hölzernen Rahmen des zerstörten Glastisches säuberlich an die alte Stelle geschoben und den Boden von großen und kleinen Scherben gesäubert. Die weiße Raufasertapete weist zudem keine roten Blutspuren mehr auf. Sie ließ sich mit nur einem Pinselstrich unkompliziert überstreichen. Ich habe nicht viel Blut verloren.

Ohne persönliche Erlaubnis gehe ich in Michaels Zimmer - er ist ja eh nicht da - und bin entsetzt, wie leer und unbewohnt es hier aussieht. Erschütternd zu erfahren, wie weit fortgeschritten schon Anjas Gift in Michaels Leben vorgedrungen ist. Früher hingen hier noch Band-Poster an der Wand, wegen denen ich mich in regelmäßigen Abständen über ihn lustig machte. *Kettcar* machen halt auch Mädchenmusik. Heute schmückt nur noch ein einziges Bild die drei Quadratmeter große Fläche. Der Kölner Dom in schwarz-weiß. Auf Fotoleinwand. Total schön. Genau wie sein gemachtes Bett, in dem er das letzte Mal vor Wochen geschlafen haben muss. Obendrauf eine dunkelblaue Überdecke, die mit sorgfältiger Akkuratesse aufgelegt wurde, um sie an jedem Ende bündig abschließen zu lassen. Wie im Hotel. Was fehlt, ist nur der Willkommens-Keks auf dem Kopfkissen. Daneben, auf dem Nachttisch und ebenso selten benutzt, ein Wecker im 80-er-Jahre-Look, den Michael von Anja zu seinem 24. Geburtstag geschenkt bekam. Auf dem Ziffernblatt ein Foto. Sie küssen sich und sehen aus, wie ein unter Drogeneinfluss vermähltes Ehepaar in Las Vegas. In Wirklichkeit wurde das Foto aber während des Kölner Karnevals geschossen. An und für sich ein kreatives und zeitloses Präsent, wäre da nicht der fade Beigeschmack dieses weiblichen Unmenschens. Als wolle ihm Anja durch den Wecker symbolisch mitteilen, dass seine Zeit als Junggeselle in Freiheit zu Ende, seine Zeit in Mündigkeit, abgelaufen sei. Ich schiebe einige Stifte und beschmiertes Blankopapier auf seinem Schreibtisch zur Seite und stelle die Flasche Wein und Pralinen an ihren Platz. Dazu lege ich eine Postkarte, auf deren schwarzen Vorderseite in weißen Lettern »Ein fettes Sorry« steht. Ich hab sie irgendwann mal in den vergangenen Jahren bei einer feucht-fröhlichen Kneipentour auf dem Weg zur Toilette entdeckt und sofort eingesteckt. Eigentlich war sie für jenen Fall gedacht, wenn mich Sophie mit einem anderen Mädchen erwischen sollte. Wie bescheuert zu glauben, eine Werbepostkarte mit frechem Aufdruck könne einen solch fatalen Fehler mir nichts dir nichts wieder gut machen. Sophie wird niemals erfahren, dass ich sie betrogen habe. Michael bekommt die Karte. Auf ihrer Rückseite steht:

»Hey Dicker! War nicht fair, was ich alles gesagt und ziemlich dämlich, was ich alles kaputt gemacht habe. Der neue Tisch steht noch aus, besorge ich aber noch! Lass dir bis dahin den Wein schmecken, ist ein feiner Tropfen. Machste dir mit deiner Freundin mal einen schönen Abend, ja? Apropos: Sorry auch an Anja. Die Pralinen sind für sie! Lg, Mikka.«

Dann tue ich etwas, was ich seit Monaten nicht mehr getan habe. Ich ziehe mir meine Sportsachen und Laufschuhe an. Sie passen noch. Bevor ich mich an die Bücher setze, um in kommender Woche einen guten Vortrag vor dem Plenum meines Hauptseminars halten zu können, will ich meinem Körper den längst überfälligen sportlichen Ausgleich gönnen. Ich muss außerdem dringend wieder in Form kommen. Mein letzter ernstzunehmender Lauf vollzog sich im Suff und endete bekanntlich in der Magenentleerung vor Sophies Haustüre. Aber da will ich gar nicht mehr dran denken, will nicht mehr zurückblicken. Bevor ich das Haus Richtung Poller Wiesen verlasse, nehme ich noch mal mein neues altes Mobiltelefon in die Hand. Gegen eine geringe Aufwandsentschädigung im Wert von zehn Euro ist das »Sonny Crocket-Gedächtnis-Handy« nun dauerhaft in meinen Besitz übergegangen. Ben bestand darauf, dass die Zahlung in Bier erfolgen müsse. Ich freue mich schon jetzt auf den Zahltag. Und weil ich mich gerade ganz gut fühle, wähle ich zuvor noch Lenas Nummer aus meinem grobpixeligen Telefonbuch aus, um ihr eine Kurzmitteilung zu schreiben:

»Hi Lena! Ich weiß, dass ich ein Arschloch bin und ich weiß, dass du nichts mehr mit mir zu tun haben willst. Das verstehe ich. Würde auch nichts mehr mit mir zu tun haben wollen. Ich möchte dir nur sagen, dass es mir Leid tut. War einfach eine blöde Zeit. Entschuldigung für alles. Lieben Gruß, Mikka.«

Ich weiß tatsächlich, dass sie mit mir nichts mehr zu tun haben will. Ben ließ da was in die Richtung durchblicken. Sie habe sich in mir getäuscht, ich habe meine Chance vertan und ihr spätestens seit dem Lapsus auf der Juristinnen-Party nichts mehr zu bieten. Wir werden niemals miteinander wandern gehen. Das alles geht in Ordnung. Im Gegensatz zu Sophie, kann ich Lena nicht böse sein. Mein Ansehen bei Tessa ist in den vergangenen Tagen auch nicht gestiegen, aber immerhin auch nicht weiter gesunken. Ich bin mir sicher, dass sie mich bald wieder leiden werden kann. Als bester Freund ihres neuen Freundes wird sie da auch gar nicht drum herum kommen können. Ich stecke mir die Kopfhörer ins Ohr und drücke die Play-Taste auf dem Mp3-Player. Mit den großartigen *Emil Bulls* im Ohr und vielen guten Vorsätzen im Kopf, geht es im Vollsprint durch den dichten Regen rheinaufwärts auf die Poller Wiesen.

SC Fortuna Köln - Union Blau-Weiß Biesfeld

»Prost, ihr Säcke!«, schallt es aus Johannes' Kehle heraus, während er uns mit seiner erhobenen Flasche Bier dazu auffordert, es ihm gleich zu tun.

»Prost, du Sack!«

Wir tun es. Malte, Ben und ich. Alles ist wie immer, und doch ist alles anders. Wir sitzen wegen Johannes' Absicht, bei diesem letzten Saisonspiel irgendwie in konkreteren Kontakt mit seiner Nummer Neun zu treten, ganz weit vorne auf der Tribüne. Und einiges Andere ist heute auch anders. Beim ersten Saisonspiel der Fortuna-Damen im Spätsommer des vergangenen Jahres war ich in einer festen Beziehung und über diese Situation alles andere als begeistert. Heute, ein dreiviertel Jahr später, beim letzten Spieltag der laufenden Saison, kommt es mir vor, als sei ich der Einzige, der in keiner festen Beziehung mehr lebt und über diesen Zustand untröstlich bin. So sehr ich auch versuche, Sophie zu vergessen und über die Trennung hinweg zu kommen, so tagtäglich überkommt mich die Erkenntnis, dass das alles leichter gesagt ist als getan. Die praktische Umsetzung der längst verinnerlichten Theorie ist weitaus schwierigerer Natur. Neben Ben, musste ich mir auch Malte ins Gewissen rufen, um an ihm als Modell zu lernen. Wir alle sehen in ihm den unsensiblen, einfach gestrickten Proleten, der für eine Flasche Bier mehr tun würde als für jede Frau der Welt. Die Trennung von seiner Freundin zu Beginn unseres Studiums gerät dabei schnell in Vergessenheit. Melanie ließ alle zwei Wochen ihre roten Locken über den Rasen des Kölner Südstadions wehen. Damals trank Malte noch nicht so viel. Dass sich sein Konsum erhöhte, als sie mit diesem KFZ-Mechaniker durchbrannte und sich viel zu schnell von diesem schwängern ließ, ist da nur allzu verständlich und belustigte uns, weil ein betrunkener Malte - wenn er nicht gerade peinlich ist - auf das Äußerste lustig sein kann. Und das war nun mal gut für die Gruppendynamik. Wie Ben, so hat auch er niemals gejammert. Und wenn doch, dann war es eben lustig. Sowieso: der Einzige, der jammerte, war zu jeder Zeit ausnahmslos nur ich.

»Sagt mal, wo kommen die Gegner nochmal her?«, fragt Malte in die Runde, während das Spiel noch nicht angepfiffen ist und sich viele rote und blaue Fußballerinnen auf dem Rasen hüpfend und dehnend aufwärmen.

»Aus Biesfeld«, antwortet Johannes, wie aus der Pistole geschossen.

»Ja, weiß ich doch. Nein. Ich mein, wo liegt dieses Biesfeld? Hab ich nie gehört.«

»Keine Ahnung, irgendwo im Münsterland?«, gibt Ben fragend zu bedenken.

»Quatsch«, sage ich. »Das ist ein kleines Dörfchen im Bergischen Land. Hier, hinter Bergisch Gladbach, wo *Heidi Klum* ursprünglich herkommt.«

»Im Bergischen Land?«, hakt Ben nach.

»Ja, Kölner Umland. Engelbert von Berg. Irgendwo in der Walachei.«

»In Rumänien?«, fragt Malte irritiert und beugt sich vor.

»Genau Malte. In Rumänien.«

Die blau gekleideten Gäste aus Rumänien haben Anstoß und zelebrieren ein ansehnliches Kurzpassspiel, das in flüssigen Ballstafetten über durchschnittlich drei bis vier Stationen geht. Ich finde, dass das im Frauenfußball eine gute Quote ist und klatsche anerkennend, was mir aber nur verständnislose Blicke meiner Sitznachbarn einbringt.

»Was denn, was denn?«, rechtfertige ich mich. »Das ist schöner Fußball. Außerdem muss ich jede Sekunde auskosten, in denen der Ball rollt und die Sommerpause noch bevorsteht.«

»Ja, blöde Sommerpause. So was sollten die abschaffen«, meint Ben.

Wir stimmen ihm im Kollektiv zu und besiegeln den kurzen Meinungsaustausch durch erneutes Anstoßen unserer Biere. Bis auf Johannes. Er applaudiert derweil begeistert seiner Nummer Neun zu, die eine bergisch-rumänische Ballstafette

bei der fünften Station grätschend unterbricht und einen längeren Ballbesitz für die Fortuna einläutet. Stolz schaut er uns an, um sicher zu gehen, dass wir ihren Einsatz auch nicht verpasst haben. Wir alle haben ihn gesehen und nicken kurz ab.
»Jaja, Johannes' Nummer Neun«, sagt Malte. »Hast du nicht mal Lust, in die Pötte zu kommen? Sie mal anzusprechen?«
»Bevor sie lesbisch wird und sich in *Olivia Kahn* verliebt«, ergänze ich und zeige auf meine Lieblingsspielerin im Kölner Tor, die gerade den Biesfelder Ballbesitz mit einem weit abgefeuerten Pressschlag auf die rechte Außenbahn in die gegnerische Hälfte beendet.
»Mann, die Frau hat echt Power.«
»Die ist aber nicht lesbisch«, klärt mich Malte auf. »Hab gesehen, wie die vor dem Spiel mit ihrem Freund geknutscht hat. Glaub, den hatte sie auch damals schon, als Melanie noch spielte. Der ist eine ähnliche Kante wie sie.«
»Haha, das muss er auch sein. Wüsste gerne, wer da bei denen zu Hause die Hosen anhat.«
»Ich werde sie heute nach dem Spiel ansprechen«, behauptet Johannes sicher und überzeugt.
»*Olivia Kahn*?«, schmunzelt Ben.
»Nein«, berichtigt Johannes und schüttelt genervt seinen Kopf. »Die Neun.«
»Sehr gut«, sage ich. »Wenn man überlegt, wie lange ihr euch schon von Tribüne zu Platz und umgekehrt immer anlächelt, ist das auch so langsam überfällig.«

Es ist eine drahtige Blondine im blauen Dress der Biesfelderinnen, die sich elegant im Dribbling am Sechzehner durchsetzt und den Ball mit der Picke nach innen stochert, wo er von der großgewachsenen Stoßstürmerin ihrer Mannschaft lässig mit der rechten Innenseite in die Maschen getreten wird. 0:1. Unsere Fortuna liegt hinten. Bescheidener Jubel am Rand des Platzes und im Gästebereich.
»Scheiße!«, schreit *Olivia Kahn* gewohnt zornig und schießt

den Ball aus Wut erneut in die Maschen.
Wir können uns das Lachen nicht verkneifen. Ist das Schauspiel der Kölner Torfrau bei Gegentoren doch vertraut amüsant.
»Naja, es geht ja eh um nichts mehr«, erklärt uns Johannes, was wir alle längst wissen.
Aufstieg und Relegation waren schon vor dem Spiel rechnerisch nicht mehr möglich. Es wird gerade die zweite Runde Flaschenbier geöffnet, als gar Unerwartetes passiert. Ungläubig beobachte ich am Stadioneingang eine uns vertraute, aber lange nicht mehr gesehene Person. Meinen Mitbewohner Michael. Er hat tatsächlich sein Wort gehalten. Die zuerst eintretende Freude wird durch plötzliches Entsetzen abgelöst, denn er hat in Person von Anja eine weitere Zuschauerin im Schlepptau.
»Michael kommt«, sage ich leise und zeige in seine Richtung.
»Was denn? Mit Anja?«, fragt Ben ungläubig.
»Das ist verboten«, echauffiert sich Malte. »Frauenfußball ist Männersache.«
Händchenhaltend schauen sie sich beide im Publikum um und winken uns schließlich zu, als sie uns auf den ungewohnten Plätzen entdecken. Niemand winkt ihnen zurück. Außer mir. Weil das vernünftig ist und man das so macht. Gute Miene zum bösen Spiel oder so. Obwohl ich durch meinen auf Anja stark ausgeprägten Hass sicherlich den besten Grund habe, mich über ihre Anwesenheit aufs Tiefste zu ärgern, verspüre ich lediglich Genugtuung, denn nun können endlich auch Johannes, Malte und Ben sehen, dass mit Michael augenscheinlich was nicht stimmen kann.
»Hey Ihrs«, sagt Michael mit seinem klirrenden Rucksack auf dem Rücken und winkt in die Runde, eine Reihe unter uns stehend.
Er hat vorgesorgt, weiß um die Verletzung unserer heiligen Regel und hat zur Besänftigung unserer Gemüter Bier mitgebracht.
»Hallo Jungs«, sagt auch Anja und lässt sich mit übereinander

geschlagenen Beinen schräg auf die Sitzschale nieder, während sie ihren Schlüsselbund klimpernd in den Händen hält. Sie macht einen strengen steifen Eindruck und wirkt fast so, als habe sie soeben ihren fußballbegeisterten Sohn bei seinen Freunden im Stadion abgesetzt. Sie trägt ein buntes Sommerröckchen, was ihrem optischen Vorbild der Frühlingsblume im Herbst nicht gerecht wird. Dazu eine blaue Jeansjacke, auf deren Brust eine rote Aids-Schleife angeheftet ist. Michael bemerkt unsere negative Überraschung an der ausbleibenden Begrüßung. Zudem stehen unsere Münder vereinzelt offen. Niemand traut sich als Erster etwas zu sagen und jeder schaut im Wechsel abwartend zu ihm und dann zu dem gerade dahin plätschernden Geschehen auf dem Spielfeld.
»Ja, schon klar«, erfasst Michael das Wort. »Direkt vorneweg: eigentlich dürfte ich gar nicht hier sein. Anjas Opa wird nämlich 75 und hat zum Familienessen eingeladen. Das letzte Spiel der Saison wollte ich aber auf keinen Fall verpassen. Gut, bis auf die erste halbe Stunde. Außerdem hab ich ja versprochen zu kommen.« Er schaut mich an und nickt seinen eigenen Worten zustimmend zu.
»Er hat mich auf Knien angebettelt, vor dem Essen noch im Südstadion vorbeizufahren«, ergänzt Anja mit den Augen rollend und klimpert noch immer mit ihrem Schlüssel auf dem Schoß.
Als sich auch jetzt niemand traut etwas zu sagen, bin ausgerechnet ich derjenige, der nach einem Bier greift und es Michael wohlwollend hinhalte. Er schaut mich dankend an, dann zu Anja.
»Schatz, eins darf ich doch, oder?«
Gott, ist das peinlich. Es muss an unserer Schadenfreude, der Absurdität dieser Situation liegen, dass wir alle gleichzeitig beginnen zu lachen. Ausgenommen Anja und Michael. Vermutlich haben wir alle das Bild des kleinen Jungen im Kopf, der am Rockzipfel seiner Mutter klebt und gerne etwas von den verbotenen Süßigkeiten seiner Freunde

aus dem Spielkreis abbekommen will. Als sich zu meiner Überraschung dann auch Anja dem Lachen anschließt und Michael mittels zuckender Schultern und nickenden Kopfes ihr »Okay« gibt, stoßen wir alle miteinander an und vergessen ausnahmsweise die frauenausschließende Regel unseres rituellen Frauenfußball-Sonntags.
»Prost, ihr Säcke!«, stimmt Michael schnell und dankend an. Man kann es ihm anmerken. Es hat ihm gefehlt.
»Prost, du Sack!«, schallt es so laut zurück, dass einige der Zuschauer zu uns rüberschauen und sich Anja verständnislos die Hände vors Gesicht legt. Ein bisschen meines alten Freundes scheint doch noch in der von Anja kontrollierten menschlichen Hülle Michaels zu wohnen.

In der Halbzeit, in der die Fortuna noch immer mit 0:1 hinten liegt, bedankt sich Michael für die Flasche Rotwein und das neue Telefon bei mir.
»Und danke auch für die leckeren Pralinen«, sagt Anja im Umdrehen zu mir. »Die waren ja soooo verdammt lecker. Hab gestern Abend die ganze Packung auf einmal leer gemacht.«
»Kein Problem, ist doch gern geschehen«, antworte ich ihr und lache mir in Gewissheit über die verspeisten 100.000-Kalorienbomben heimlich ins Fäustchen.
Das nennt man wohl vorgespielte Nächstenliebe. Ich kann nichts dagegen tun, ich mag sie einfach nicht.
»Wart ihr gestern zu Hause?«, will ich wissen. »Hab ich gar nicht mitgekriegt.«
»Nur ganz kurz am späten Nachmittag. Du warst nicht da.«
»Ach ja, da war ich in der Uni«, fällt mir wieder ein.
Ich war die komplette, vergangene Woche in der Uni. Ich habe jede Veranstaltung - auch die langweiligen und völlig sinnfreien - besucht, als hätte ich etwas wieder gut zu machen. Und in den Abendstunden saß ich an *Alfarabi*, der mir noch leichte Sorgen bereitet. So engagiert war ich jedenfalls zuletzt in meinen Abi-Zeiten. Ein strukturierter Alltag lenkt ab und

bringt mich auf andere Gedanken. Lena habe ich nicht mehr gesehen, auf meine unlängst geschriebene Textnachricht hat sie auch diesmal nicht geantwortet. Sophie fehlt mir noch immer so sehr, dass ich inzwischen Facebook aus Gründen des Selbstschutzes meide. Sie schrieb mir eine Nachricht, sie mache sich Sorgen, weil ich nichts mehr von mir hören lasse, ob es mir gut ginge und so weiter. Sie strebt wahrscheinlich das Ziel einer guten Freundschaft an. Wie auch immer sie sich das vorstellt, nach allem was da nun vorgefallen ist. Ich habe auch diesmal nicht geantwortet. Ich glaube, mein Herz kann sich nur durch eine stabile gepflegte Funkstille zu ihr wieder regenerieren.

»Hm, Mikka. War jedenfalls ein feiner Zug von dir. Und sorry, dass ich mich die letzten Wochen so rar gemacht habe. Ist echt doof und wirklich kaum zu verstehen mit Sophie. Wäre gerne häufiger für dich da gewesen, aber weißt du, so ein Medizin-Studium ist schon ein anderes Kaliber als dein Lehramt.«

»Wooow«, fängt Malte an, zu intervenieren.

Ben kichert und Johannes schaut aufs leere Spielfeld.

»Nein, so mein ich das nicht«, will Michael schnell richtig stellen, ehe er schon wieder den Stempel des Buhmanns auf die Stirn bekommt. »Ich hab nur derzeit unfassbar viel zu tun und weiß gar nicht, wie ich das alles schaffen soll.«

Ich verkneife es mir, ihm zu empfehlen, zur Lösung des Problems weniger Zeit mit Anja zu verbringen, ist *sie* es doch immerhin, der wir in gewisser Hinsicht Michaels Anwesenheit am heutigen Spieltag verdanken.

»Wie geht's dir denn?«, fragt diese dann obligatorisch, um mir ein gewisses Mitgefühl und Interesse an meinem gegenwärtigen Gemütszustand zu vermitteln.

Ich kauf es ihr nicht ab.

»Ja«, zucke ich aber trotzdem mit den Schultern. »Muss, ne?«

Zur zweiten Halbzeit hat die Fortuna eine Auswechslung vorgenommen. Johannes Nummer Neun bekommt offensive

Unterstützung durch zwei schlanke, braune Beine. Die neue Spielerin trägt die Nummer Dreizehn auf dem Rücken und hat schulterlanges, schwarzes Haar. Eine hübsche Stürmerin mit breitem Becken, die auch heute wie so oft die Rolle des Jokers einnimmt. In der ersten Halbzeit saß sie noch etwas breitbeinig auf der Bank. Wir haben sie schon das ein oder andere Mal spielen sehen und waren eigentlich immer überzeugt von ihrer Spielweise. Vielleicht raucht sie und hat konditionelle Schwierigkeiten, so dass ihre Luft nie vollständig für 90 Minuten ausreicht. Wenn sie spielt, wird es jedenfalls nicht selten schnell brandgefährlich im gegnerischen Strafraum. Und es dauert auch heute nicht lange, da leitet sie einen ersten tollen Angriff ein, setzt sich am linken Flügel durch und flankt dann halbhoch in die Mitte, wo die Nummer Neun wartet. Eine Direktannahme wäre hier wohl die bessere Option gewesen. Sie nimmt den Ball aber erst an, und ehe sie abschließen kann, klärt die Biesfelder Abwehr sicher und kompromisslos.
»Weiter! Komm, komm, komm«, applaudiert Johannes und steht, um seinen Anfeuerungen Nachdruck zu verleihen, von seinem Platz auf. Seine Lieblingsspielerin schaut kurz zu uns auf die Tribüne.
»Sie hat zu uns gesehen«, schreit Malte und zeigt mit seinem Finger auf sie.
Johannes lächelt, wohl wissend, dass er nach dem Spiel zum ersten Mal mit ihr reden wird. Sofern er sich endlich traut, das Gespräch zu suchen. Die Tür sollte hierfür nun geöffnet sein.
»Ach, Mikka?«, fragt Michael.
»Jo?«
»Da gibt es noch etwas, über das ich mit dir reden müsste. Also wir, Anja und ich.«
Gespannt schaue ich ihm ins Gesicht und ahne, was er mir nun sagen wird. Auch Anja hat sich zu uns umgedreht und leistet Michael seelischen Beistand. Lange habe ich diesen Tag erwartet. Und gefürchtet. So wie damals, als mein Großvater verstarb. Wochenlang lag er ausgestreckt im

Krankenbett, mit Schläuchen und Apparaten verbunden, die seine Lebensfunktionen aufrechterhalten sollten. Ohne Bewusstsein, in unserer Gewissheit, dass er dieses Bett nicht mehr lebend verlassen wird. Man erwartete diesen Tag, es war unabänderlich. Alles nur eine quälende Frage der Zeit.

»Eigentlich wollte ich das mit dir mal bei einer Tasse Kaffee oder so besprechen, also in Ruhe, aber…«

»Ja komm, schieß los!«, unterbreche ich ihn.

»Okay… Anja ist in ihrer Firma intern versetzt worden. Also innerhalb ihrer Firma.«

»Ich weiß, was *intern* bedeutet.«

»Okay klar, jedenfalls verdient Anja nun ein Vielfaches mehr. So viel, dass wir uns nun eine größere - und ja - gemeinsame Wohnung leisten können.« Ich nehme einen tiefen Schluck aus meiner Flasche und stoße daraufhin auf. Anja verzieht das Gesicht vor so viel primitiver Männlichkeit.

»Fällt mir echt nicht leicht, das kannste mir glauben. Und keine Sorge, ich werde nicht gleich morgen ausziehen. Zunächst einmal müssen wir eine adäquate Wohnung finden.«

»Adäquat?«

»Ja, also angemessen. Für uns. Wegen des Budgets und dem Zusammenwohnen und so.«

»Ich weiß was *adäquat* bedeutet, Michael. Deine Gegenwärtige ist es wohl nicht mehr.«

»Irgendwie nicht.«

»Ja«, sage ich trotzig. »Dann mach das doch! Mach auch noch mit mir Schluss! Zieh aus!«

»Ey komm, jetzt sei mir nicht böse. Ich bin ja eh kaum noch in Deutz.« Ich schnalze mit der Zunge und schaue in den Hals meiner Flasche.

»Nee, ist in Ordnung. Ergibt ja auch irgendwie Sinn, wenn man die Sache mal objektiv betrachtet. Ist jedenfalls schade. War eine gute Zeit.«

»Stimmt, war eine gute Zeit.«

Wir stoßen an und schauen uns gegenseitig etwas wehmütig an. Alles unter den Argusaugen von Anja. Sie hat Taktgefühl und sagt nichts, genießt still und leise ihren finalen Triumph. Aber nun, wieso auch nicht. Ist es doch die logische Konsequenz der vor längerem eingetretenen und stetig voranschreitenden Entwicklung. Ben, Malte und Johannes üben sich ebenso in Stillschweigen. Wir erweisen Michael die letzte Ehre. Oder mir, das weiß ich nicht so genau. Der kurze Moment der Ruhe und des Wehmuts wird von einem Traumtor der Fortuna rüde unterbrochen. Es schreien hunderte von Menschen gleichzeitig auf, in explosiver Ekstase, als sei gerade ein Komet neben das Spielfeld eingeschlagen. Eine erneut hohe Hereingabe der neu eingewechselten Offensivspielerin mit der Nummer Dreizehn, wird diesmal von Johannes' Nummer Neun direkt verwertet. Per Fallrückzieher. Perfekt getroffen, schlägt die Kugel unter die Querlatte unhaltbar zum 1:1 ein.
»Toooooor!«
»Habt ihr das gesehen?«, schreit Johannes auf und hebt die Arme in die Luft. »Wahnsinn!«
»HAHAAAAA!«
»Unglaublich!«
»KRAAAASS!«
Bis auf Anja, stehen wir alle und halten uns ungläubig die Hände hinter den Kopf, während wir vergeblich auf die Wiederholung des Tores warten, uns stattdessen abwechselnd die Kehle aus dem Leib schreien oder nur sprachlos und unbeholfen den Kopf schütteln. Die Spielerinnen begraben die Torschützin unter einem Berg jubelnder Frauenkörper. *Olivia Kahn* kommt über den ganzen Platz gespurtet, um dem Freudenberg das muskelbepackte Sahnehäubchen aufzusetzen. Spätestens jetzt wird die Nummer Neun keine Luft mehr bekommen. Selbst einige der Biesfelderinnen klatschen anerkennend, während sie gen Mittelkreis schleichen. Das hab ich auch noch nicht gesehen.
»Alter«, beginnt Ben zu lachen. »Per Fallrückzieher. Beim

Frauenfußball.«
»Tor des Jahres«, sage ich. »Mindestens!«
Nun klatscht auch Anja zaghaft in ihre Händchen. Mehr aus der Dynamik der Gruppe heraus als aus wirklicher Begeisterung. Sie schaut etwas hilflos drein, überrascht über den kollektiv emotionalen Ausbruch, den nun ganz offensichtlich nicht nur Männerfußball hervorbringen kann. Erschöpft vom Jubel, lassen wir uns auf die roten Sitzschalen nieder und verfolgen, noch immer etwas vom Unglauben benommen, den Wiederanpfiff des Spiels. Köln hat nun Oberwasser. Durch den Schub des weiblichen Jahrhundert-Tores werden die angeknockten Biesfelderinnen in der eigenen Hälfte eingekesselt. Vergessen ist der bevorstehende Auszug Michaels, alles konzentriert sich gespannt auf die Kölner Drangphase. Die Taktung der ankommenden Pässe überholt die meines Herzschlages. Wieder ist es die Nummer Neun, die den Ball, eng am Fuß führend, in den Strafraum trägt, dann den Doppelpass mit einer kleinen Dicken startet. Der Ball rollt durch die Gasse, die Dreizehn wieder am Ball, gestrecktes Bein von hinten, die Kölner Spielerin fällt zu Boden - Schreie auf und neben dem Platz. Der Schiedsrichter pfeift ohne Umschweife und zeigt auf den Strafpunkt. Großes Kino in der Regionalliga West des Damenfußballs.
»Lass die Neun schießen!«, brüllt Johannes auf den Platz hinunter.
Doch es ist die Nummer Sechs, die sich den Ball krallt und ihn sanft auf den Elfmeter-Punkt legt. Ihr blondes Haupthaar wird von einem Haarband ihrem Gesicht ferngehalten. Sie hat Ähnlichkeit mit *Simon Kjaer*, ehemals VFL Wolfsburg oder aber auch *Fernando Torres*, als er sein spanisches Haar noch lang trug. Gespannt beobachten wir, wie sie in sicherer Entfernung zum Ball steht, sich die Hände in die Hüfte stützt und auf die Ballfreigabe des Schiedsrichters wartet. Dann ertönt der Pfiff, sie läuft an und schießt und »Toooor« brüllen erneut alle Kölner im Einklang. Wir ballen unsere Fäuste und

freuen uns, als wären wir soeben Weltmeisterinnen geworden. Bei all der überschäumenden Freude, muss ich mir selbst ins Gedächtnis rufen, dass es in diesem letzten Saisonspiel der Regionalliga um rein gar nichts mehr geht. Es bleibt bei dem 2:1 für die Kölnerinnen. Die Gäste aus Biesfeld können ihre wenigen Chancen zum Ausgleich in der Folge nicht mehr nutzen. Ich freue mich über den krönenden Abschluss, den wir alle, inklusive der unsicher klatschenden Anja, live miterleben durften. Als Letztere unmittelbar nach dem Schlusspfiff mit dem Schlüsselbund zu rasseln beginnt, muss irgendein Reiz in Michaels Großhirn aktiviert worden sein. Brav verabschiedet er sich ohne große Umschweife bei allen, mich umarmt er sogar und gibt mir zum Abschluss den schon viel zu häufig gehörten Tipp, den Kopf nicht hängen zu lassen. Es werde schon alles wieder. Da bin ich mir sicher.

»Macht's gut, Jungs!«, sagt auch Anja, sichtlich erlöst und froh darüber, dass sie nun endlich zu ihrem Großvater fahren darf. »Und danke noch mal für die Pralinen, Mikka.«

Ich nicke ihr nur lächelnd zu, ehe ich mich einer aktuell viel wichtigeren Person zuwende.

»Also los«, sage ich zu Johannes. »Schnapp sie dir, Tiger!«

Johannes erhebt sich von seinem Platz, durch die Euphorie des Spiels noch gedopt, und lässt sich von Malte, Ben und mir auf die Schulter klopfen. Er scheint sich tatsächlich endlich zu trauen.

»Alles Gute, Jogi«, sagt Ben. »Und nicht vergessen: durch die Nase atmen! Du hast eine Fahne.»

Die Spielerinnen lassen sich auf dem Platz noch vereinzelt feiern. Familie, Fans und Freunde haben das Spielfeld betreten, um ihrem Anhang zu dem tollen Spiel zu gratulieren. Besonders Johannes' Zielobjekt ist in diverse Gratulationen und Smalltalks verwickelt. Die Damen von der Union Blau-Weiß Biesfeld verschwinden hingegen allesamt schnurstracks in der Kabine. Auch heute sehen wir keinen Trikottausch.

Irgendwie ist das beim Frauenfußball noch nicht angekommen. Schade eigentlich. Johannes steuert bereits die Seitenlinie des Feldes an. Seine Herzdame ist in fast greifbarer Nähe. Arm in Arm mit einem anderen Mädchen, schlendert sie barfuß mit herunterhängenden Schienbeinschonern über den Platz. So nah ist ihr Johannes bisher noch nicht gekommen. Wie ein kleiner verschüchterter Schuljunge steht er mit den Händen in den Hosentaschen am Seitenrand und traut sich nicht, den Rasen zu betreten. Der Anblick ist so herrlich, dass wir uns auf der Tribüne das Lachen nicht mehr verkneifen können. Ben verschluckt sich an seinem Bier und Malte hat bereits feuchte Augen.

»Warte, warte, warte!«, ermahne ich und fordere Konzentration ein. »Gleich ist es soweit.« Die Spielerin hat sich Johannes auf höchstens vier Meter genähert. Er nimmt seine rechte Hand aus der Tasche und will sie gerade zum Gruß hochheben, als sich die Lippen der zwei Arm in Arm gehenden Frauen leidenschaftlich berühren. Zu lange für einen nur freundschaftlichen Kuss. Arm in Arm, ihre Köpfe eng zueinander gewendet und den verdutzt dreinschauenden Johannes gar nicht beachtend, gehen sie so nah an ihm vorbei, dass er ihren Schweiß und sie seine Fahne trotz Nasenatmens riechen können müsste. So eine fiese Fotze. Da hat sie Johannes nur als Spielball abseits des Platzes benutzt. Alles Belustigende dieser Szene verfliegt innerhalb von Sekunden. Fassungslos und todernst blicken wir zu Johannes hinunter, der seinem Schwarm traurig hinterher schaut und uns dann einen Gesichtsausdruck schenkt, der jedem gestandenen Mann und Freund das Herz brechen würde. Irgendetwas ist gerade in ihm gestorben. Man kann es deutlich beobachten. Malte wischt sich noch einzelne Tränen des Lachens aus den Augen, als Ben trocken das Wort ergreift:

»Jetzt wissen wir auch endlich, was unter einer falschen Neun zu verstehen ist.«

Laola

Das Zittern meiner Hände wird auf das Papier mit den Notizen und Gedankenstützen umgeleitet, welches ich unsicher vor mir halte. Hoffentlich bemerkt das niemand. 54 Augen sind gespannt auf mich gerichtet, ohne zu wissen, was sie in den folgenden 15 Minuten erwartet. Laut Seminar-Reader steht ein Referat für heute nämlich gar nicht an. Dr. Gremberg hat seitlich neben mir, angelehnt an der Fensterbank, Platz gefunden und umschließt seine Hände wie zum Gebet. Obwohl ich bis gerade eben noch sichtlich entspannt war, und vermute, dass die inhaltliche Qualität meines Vortrages ohnehin wenig Relevanz besitzt, fühle ich mich in meine Schulzeit zurückversetzt. Dadurch, dass sich die Studierenden der pseudo-elitären Universität zu Köln einen Großteil ihres Hochschulwissens eigenständig durch Referate erarbeiten müssen, stehe ich zum gefühlt hundertsten Mal vor dem Plenum, um mein akademisches Halbwissen vorzuführen. Aber heute hier vorne, komme ich mir vor, wie im Mathematikunterricht von Frau Paschke in der 7 A. Sie bat mich eines Tages an die Tafel zu kommen, obwohl ich so tat, als sei ich gerade in höchster Konzentration mit der Rechenaufgabe in meinem Matheheft beschäftigt. Ich radierte aus, wo es gar nichts zu radieren gab und grübelte in vorbildlicher Denker-Mimik verbissen vor mich hin.

»Mikka«, sagte sie, meinem Ablenkungsmanöver zum Trotz, und ließ mich innerlich in Tränen ausbrechen. In der großen Pause zuvor, riss ich mir nach einer spaßigen Rangelei mit Ben und dem dümmlichen Björn aus der Parallelklasse meine Billig-Jeans großzügig am Gesäß auf. Eigentlich war ich froh, dass der Unterricht anfing und ich endlich sitzen durfte. Als ich dann ängstlich vor der Tafel stehend, meiner Klasse gezwungenermaßen den Rücken zuwandte und zusammenhangslos Zahlen und Variablen an die Tafel kritzelte, fing das unweigerliche Gekicher an. Frau Paschke bat die Klasse mehrmals freundlich um Ruhe, sah sie doch aus ihrer seitlichen Perspektive nicht, dass mein rotfarbiger Schlüpfer für Jedermann hinter mir sichtbar wurde. Das mathematische Verständnis war mir im Schuljahr zuvor schon abhanden gekommen, daher musste sie mir, unter Mithilfe meiner schadenfrohen Klassenkameraden, die ersten Lösungsschritte diktieren. Als sie nach zehn Minuten endlich einsah, dass das wenig Sinn machte und ich nur den Unterrichtsbetrieb aufhielt, durfte ich mich mit einem schwitzenden Gesicht, das inzwischen die Farbe meiner Unterhose angenommen hatte, wieder setzen. Der Spießrutenlauf mit der kaputten Hose war da natürlich noch nicht zu Ende, aber weder die nächste Pause noch der Nach-Hause-Weg konnten die zelebrierte Demütigung an der Tafel toppen. Meine Hose ist am heutigen Tage unbeschädigt. Dem Plenum wird ohnehin nur meine Vorderansicht präsentiert und mathematische Gleichungen gilt es ebenfalls nicht zu lösen, obwohl es der Mathematik am heutigen Tage durchaus gleichkommt: Berichte ich doch etwas über *Alfarabi*, das Glück und mich.

»Hallo erstmal«, beginne ich nervös meinen Vortrag in unbewusst lang gezogenen Vokalen, wie es seinerzeit *Rüdiger Hofmann* tat, und bin erstaunt, dass es tatsächlich Leute gibt, die noch immer darüber lachen können. Ein Grund mehr, dass ich mich zurückversetzt fühle in die 7 A. Das ist ganz schlechter Humor der 90-er.

»Angelehnt an die vergangene Sitzung, in der ich leider nicht zugegen war…«, ich lächle gequält und schaue mit zuckenden Schultern durch die Reihen meiner partiell amüsierten Zuhörer, »werde ich einen kurzen Vortrag über die Erlangung des Glücks halten. Es wird dabei nur einleitend auf die Biografie *Alfarabis* eingegangen. Die Definition des Glück-Begriffes soll nachfolgend genauso im Vordergrund stehen, wie seine unterschiedlichen Ausprägungen, möglichen Behinderungen sowie Lösungskonzepte, um ausbleibendes Glück letztlich doch erreichen zu können.«

»Das werden sie in 15 Minuten aber nicht schaffen«,

unterbricht mich Herr Dr. Gremberg unfreundlich von der Seite, ehe ich überhaupt richtig angefangen habe, was mir einen für meine Zuhörer nicht sichtbaren Schrecken einjagt. Überrascht, überrumpelt und dementsprechend sprachlos schaue ich ihn an, als er mit der Zunge zu schnalzen beginnt und süffisant weiterspricht.
»Herr Laurens, wenn ihre Zuhörer in den kommenden Stunden noch nichts vorhaben sollten, dürfen sie gerne gemäß ihrer Vorbereitung fortfahren. Da ich diese Begebenheit jedoch nur allzu unrealistisch einschätze, möchte ich sie dann doch bitten, sich in prägnanter Kürze auf die Ausführung des eigentlichen Arbeitsauftrages zu konzentrieren.«
Mir wird warm. Stirn und Jochbein beginnen zu schwitzen. Ich könnte noch immer alles stehen und liegen lassen, den Seminarraum einfach verlassen. Herr Dr. Gremberg scheint mich bloßstellen zu wollen. War seine Freundlichkeit aus der vergangenen Sprechstunde letztlich nur Fassade? Wollte er mich einfach nur in eine Falle locken? Oh Gott, wie gerne wäre ich jetzt wieder in der 7 A.
»Ein kurzer Abriss. Ein kleiner Exkurs, Herr Laurens. Denken sie an ihren persönlichen Lebensweltbezug! An die Projektion hinaus aus der reinen Theorie, die wir in den vergangenen Monaten ja bereits eindringlich kennengelernt haben.«
»Ach so«, sage ich irritiert und sehne mich nach einem Feueralarm.
Einem Bombenalarm oder Fliegeralarm, ganz egal.
»Das kriege ich hin«, ergänze ich pro forma.
Ohne jeden Plan.
Herr Gremberg hält mir arrogant seine geöffnete Handfläche entgegen, mit denen er mir anzeigt, dass ich meinen Vortrag nun weiter ausführen beziehungsweise beginnen darf. Ich lege meine Notizen beiseite, beiße mir auf die Lippen und überlege, mit welchen improvisierten Worten ich nun bestenfalls anfange. Einige meiner Kommilitoninnen und Kommilitonen kichern, schauen inzwischen sehr interessiert drein. Manche

setzen sich in eine aufrechte Position, stützen ihre Ellbögen auf dem Tisch ab und falten ihre Hände vor dem Kinn zusammen. Wenn ich eben noch nicht genug Aufmerksamkeit bekam, dann habe ich sie nun ausnahmslos.

»Also gut«, beginne ich. »Dann schenken wir uns die biografischen Eckdaten *Alfarabis*. Dennoch möchte ich kurz darauf verweisen, dass er vermutlich in der Zeit zwischen 870 und 950 nach Christus lebte und ganze drei Werke verfasste, in denen er explizit das Glück und die Glückseligkeit thematisierte. Letztere, die Glückseligkeit, wird nun in meinem Vortrag weniger Relevanz besitzen, da sie in der islamischen Philosophie soviel wie die Verklärung und Vollendung im Reich Gottes sowie die ewige Anschauung Gottes bedeutet. Ähm, es soll demnach nun lediglich… um das irdische Glück gehen. Wegen des Lebensweltbezugs. Dieses habe ich nämlich in den vergangenen Monaten verloren. Und zwar durch einen banalen Vorfall…, dadurch, dass…«

Ich gerate ins Stocken und bemerke erst jetzt, wie peinlich diese Situation durch Herrn Grembergs Arbeitsauftrag eigentlich ist. Ich hätte den Raum mit wehenden Fahnen verlassen sollen, als ich noch die Möglichkeit dazu hatte. Nun ist es endgültig zu spät.

»…dass, meine Freundin mit mir Schluss gemacht hat.«

»Oooooh«, tröstet mich eine Männerstimme aus den hinteren Reihen, worüber manche gehässig lachen, was ich vermutlich auch täte, wenn ich nicht gerade hier vorne stehen würde. »Arschloch«, denke ich und würde ihm am liebsten gleich an Ort und Stelle eine reinhauen. Stattdessen greife ich sein ironisch gemeintes Mitleid in einem Anflug spontaner Genialität für mich gewinnbringend auf.

»Guter Einwand«, sage ich in der Tonlage eines Herrn Grembergs. »Die Behinderung des Glücks ist in meinem Falle auf interpersoneller Ebene erfolgt. Konkretisiert dargestellt in Form der Zurückweisung und diese gilt nach *Freud* immerhin als potentiell schmerzhafteste Leidquelle überhaupt.

Ergo: Mitleid ist tatsächlich angebracht.«
Während ich das sage, muss ich sichtbar schmunzeln, was mir die Sympathien meiner Zuhörer einbringt. Ein bisschen mache ich mich gerade über mich selber lustig. Ich gewinne an Sicherheit und fahre gleich fort:
»Ich habe die Entscheidung meiner Ex-Freundin zu keiner Zeit kommen sehen und dachte immer, dass, wenn wir uns einmal trennen sollten, ich derjenige sein werde, der den Schlussstrich zieht. Und ich war oft nah dran, diesen Schritt zu gehen. Warum ich das war? Weil ich es vermutlich vermisste, glücklich zu sein. Ich strebte nach Glück alleinig im Sinne des Lustprinzips und suchte Glücksmomente, wie die Liebe oder Momente nährender Interaktion im Allgemeinen, ohne mich dabei einmal umzudrehen, zu sehen, dass ich eigentlich alles hatte, was mich glücklich machte. Und als ich dies dann endlich realisierte, war es zu spät. Im Umkehrschluss bedeutet das: vielleicht *war* ich die ganze Zeit glücklich. Die Empfindung des Glücks wird nämlich nicht durch den Organismus, sondern durch die Empfindung ihres Gegenteils definiert. Ohne Leid… ist Glück für den Menschen nicht wahrnehmbar. Ich musste also erst leiden, um zu erkennen, dass ich das Glück bereits die ganze Zeit besaß.«
Ich muss kurz innehalten, weil ich einen trockenen Hals habe und fürchte, jeden Moment loshusten zu müssen. Überrascht über meinen Redefluss ganz ohne Notizen, greife ich nach meiner Plastikflasche Wasser und genehmige mir einen tiefen Schluck. Im Raum ist es mucksmäuschenstill. Das Knistern der Plastikflasche ist alles, was zu hören ist. Nachdem ich die Flasche zurückgestellt habe, wische ich mir frischen Schweiß von der Stirn.
»Also gut«, fahre ich fort. »Nehmen wir nun mal an, dass der Verlust meines Glücks auf interpersoneller Ebene erfolgte. *Freud* besagt, dass es hierfür drei Lösungskonzepte gibt. Und meiner Einer hat alle drei Konzepte in der Praxis unbewusst angewandt. Der erste Lösungsweg ist die so genannte

Mächtige Ablenkung und soll die Geringschätzung des Elends bewirken. Durch die Ablenkung erfolgt eine Verschiebung der Fokussierung der Aufmerksamkeit. Wenn ich also ausgehend von meiner Position heraus, ein anderes Mädchen oder aber ein anderes Thema beginne zu idealisieren, soll mich dies zur Geringschätzung des erfahrenen Leids befähigen. Eine zweite Möglichkeit der Leidabwehr ist die *Ersatzbefriedigung*, die eine Art der Triebbefriedigung darstellt.«

Ich vernehme hier und da ein leises Kichern. Und dann ein Schnipsen. Oh Gott, das ist eine Zwischenfrage. Eines der kleinen Strebermädchen aus der ersten Reihe hebt ungeduldig ihren Arm. Sie hat dunkelblonde Locken und volle Lippen. Ihre blauen Augen erinnern mich an Sophie. Aber das wäre dann auch alles. Sie ist hässlich.

»Ja bitte«, sage ich, obwohl ich überhaupt keine Lust auf Zwischenfragen habe.

»Ähm, und wie hast du jetzt die Lösungskonzepte konkret befolgt?«

Sie grinst mich blöde an, andere kichern wieder. Ich schein hier echt am Pranger zu stehen. Sie wollen alles wissen. Also gut, dann sollen sie es auch erfahren.

»Nun, ich habe es mit Fußball probiert.«

Ein lautes Lachen erfüllt den Raum, was mich aber nur kurz verunsichert, ehe ich weitermache.

»Im Ernst. Und mit Alkohol, anderen Mädchen und letztendlich mit der Ausarbeitung dieses Vortrags.«

»Und was war am hilfreichsten?«, will das neugierige Streber-Mädchen wissen.

»Keine Ahnung«, sage ich. »Vermutlich Letzteres, die Auseinandersetzung mit der Philosophie, die Beschäftigung mit meinem Studium im engeren Sinne. Aber das hat zugegebener Maßen wenig Spaß gemacht. Außerdem war es die für mich letzte Möglichkeit. Am meisten zurückgegriffen habe ich in den vergangenen Wochen auf den dritten und gängigsten Lösungsweg: Die *Intoxikation*.«

Es kehrt wieder etwas Ruhe ein. Das Plenum besinnt sich nun wieder darauf, mich in Ruhe weitersprechen zu lassen.

»Die *Intoxikation* ist quasi die Vergiftung des eigenen Körpers mit psychotrophen Substanzen, wie Alkohol oder Opiaten. Hinsichtlich meiner Situation sprechen wir aber ausschließlich von Alkohol. Durch den Alkohol soll das Individuum unempfindlich für den real vorliegenden psychischen Schmerz werden. Leider aber nur so lange, wie die Wirkungsdauer der jeweiligen Substanz anhält. Und beim Alkohol war das dann meistens nur für… einen Abend oder so.«

»Hat das Ihnen denn geholfen?«, möchte Herr Dr. Gremberg leise von der Seite wissen.

»Hm«, überlege ich laut und zucke mit den Schultern. »Das kann ich jetzt so gar nicht beantworten. Es soll zwar die gefährlichste, aber gleichzeitig auch effektivste Vorgehensweise sein. Ich glaube, dass in unserer Kultur der Alkohol einfach dazu gehört. So sehr, dass er nicht nur zur Leidabwehr konsumiert wird, sondern zu vielen anderen Anlässen auch. Es gibt bekanntlich immer einen Grund zu trinken, so dass sich die unterschiedlichen Motive zum Konsum schnell ineinander vermischen. Ich weiß natürlich, dass die Zufuhr von körperfremden Glücksmolekülen als defizitär zu bewerten ist, da sie die Anwendung von angemessenen Lösungsstrategien behindert und so das Leid nicht zu heilen- sondern lediglich zu unterdrücken sucht. Trotzdem würde ich wohl immer wieder auf die eine oder andere Flasche, ähm… das ein oder andere Glas, zurückgreifen. Mit dem Wissen, dass mir damit allein nicht geholfen ist.«

»Und was machst du jetzt?«, ruft eine andere Mädchenstimme von irgendwoher rein.

»Wie? Was mach ich jetzt?«

»Wie willst du zu deinem Glück gelangen?«

»Das ist eine gute Frage, die ich aber leider nicht beantworten kann. In *Alfarabis* Verständnis hängt das irdische Glück mit einem politischen System zusammen. Das Staatsoberhaupt er-

zieht seine Untertanen praktisch zum Glück. Und wenn das politisch herrschende System nicht als Weg zur Erlangung des Glücks ausreichend ist, solle der Mensch emigrieren und woanders seinen Weg fortsetzen. Ich möchte nun nicht so weit gehen und unserer Bundesregierung die Schuld für meine Misere in die Schuhe schieben, aber über einen Tapetenwechsel in beispielsweise einer anderen Stadt, habe ich zwischenzeitlich sehr wohl nachgedacht. Das kommt aber nicht in Frage.«
Ich schüttle den Kopf und winke ab. Ich fange gerade wieder an zu lügen.
»Und die Ex-Freundin?«, fragt mich erneut das Streber-Mädchen. »Ist da Hopfen und Malz verloren?«
»Ja, das ist es«, antworte ich schnell. »Ich habe bereits alles versucht. Aber was ich auch versucht und unternommen habe - es war zu spät. Die Sache ist durch. Sie ist bereits in einer neuen Beziehung… und Facebook sagt, sie ist glücklich. Nach *Freud* ist das auch logisch: denn was Glück im strengsten Sinne heißt, entspringt der eher plötzlichen Befriedigung hoch aufgestauter Bedürfnisse und ist nur als episodisches Phänomen möglich.«
Ich rede noch einige Zeit ohne Unterbrechung weiter. Es ist mir unangenehm vor im Grunde fremden Menschen mein Herz zu öffnen und mir völlig frei alles von der Seele zu reden. Durch den Deckmantel der geforderten philosophischen Theorie geht mir das allerdings erstaunlich leicht über die Lippen.
»Gut Herr Lauren«, unterbricht Herr Dr. Gremberg meinen offenen Monolog, bei dem sich jeder Psychiater die Hände reiben würde. »Kommen wir nun zu ihrem Fazit.«

Ich schaue überrascht auf die Uhr meines klobigen Handys und stelle fest, dass ich es geschafft haben dürfte. Seit nunmehr 25 Minuten stehe ich schon hier vorne und plaudere aus dem Nähkästchen. Und ich muss gute Dinge erzählt haben, ansonsten hätte mich Herr Gremberg schon früher diskret auf die Zeitüberschreitung hingewiesen.
»Ähm, ja«, sage ich. »Also mein Fazit. Keine Ahnung, ähm…

das Ende einer Beziehung gehört zum Leben dazu. Auch dann, wenn es plötzlich und ohne Vorwarnung passiert. Es klingt abgedroschen, ich weiß, aber… das Leben geht weiter. Und es geht tatsächlich weiter. Die Erlangung des Glücks kann wahrscheinlich auf tausenden Wegen erfolgen und durch genauso viele Gründe wieder abhanden kommen. Um es in den Worten *Marc Aurels* zu sagen: *Vergiss nicht, man braucht nur wenig, um ein glückliches Leben zu führen.* Das Glück im Leben hängt schlussendlich von den guten Gedanken ab, die man hat. Und abschließend… vielleicht noch ein kleiner Hinweis an jene Menschen, die ihr Glück ebenfalls noch suchen: *Alfarabi* gilt als Vater der Makam-Musiktheraphie. Mit Hilfe von Klängen seiner vierseitigen Oud konnte er angeblich leidende Seelen heilen. Nun ja, man sollte wissen, dass sich auch der klügste Kopf bekanntlich nicht selbst therapieren kann. Und mit Musik geht das erst recht nicht. In meinem Fall hatte ich zufällig keine Oud zur Hand, deswegen hab ich es mit *Radiohead* und *The Shins* probiert.«
Ich schüttle intensiv meinem Kopf.
»Das macht vieles nur noch schlimmer. In diesem Sinne, vielen Dank.«
Ich habe Angst, dass mir meine Hose hinunterrutscht, weil ich mich plötzlich 20 Kilogramm leichter fühle. Das hätte dann doch wieder was von jener Szene aus der 7 A. Aber nicht heute. Meine Kommilitoninnen und Kommilitonen klatschen enthusiastisch. Richtig, sie klatschen. Kein für Akademiker typisches, langweiliges Klopfen auf den Tisch. Nein, ein begeistertes Klatschen. Und auch Professor Dr. Gremberg klatscht anerkennend in seine Hände. So muss es sich als Dortmund-Spieler im Signal-Iduna-Park anfühlen, wenn man das Siegtor im Derby gegen Schalke schießt. Bäm! Ich habe es geschafft.
Als ich nach Ende des Seminars meine Sachen zusammenpacke und in Betracht ziehe, zu gehen, winkt mich Herr Gremberg zu sich nach vorne.
»Warten Sie noch einen Augenblick!«, murmelt er und sortiert

sorgfältig Unterlagen in seine Ledertasche.
Erst, als alle weiteren Studenten ihren Weg nach draußen gefunden haben und wir alleine im Seminarraum sind, schaut er, am Tisch sitzend, zu mir nach oben.
»Das war eine akzeptable Leistung, Herr Laurens. Sie haben natürlich auch unglaublich viel Quatsch erzählt, aber im Großen und Ganzen haben sie mich tatsächlich überrascht. Und ja, sie haben sich mit der Materie befasst. Das war mir am wichtigsten. Wenn sie sich an ihre Hausarbeit setzen, klammern sie die persönliche Ebene aber wieder aus, nicht? Wissen sie schon ein Thema?«
»Nö«, sage ich. »Ich bin mir aber sicher, dass mir da noch was einfallen wird.«
»Das glaube ich gern. Kommen sie diesbezüglich alsbald in die nächste Sprechstunde, ja?«
»Mach ich. Danke.«

Ich schwebe förmlich aus dem Seminarraum durch die Gänge der Universität. Dopamin, Serotomin und Endorphine feiern eine wilde Party in meinem Körper. Schade eigentlich, dass ich diesen durchaus mit Glück erfüllten Moment mit niemandem teilen kann. Wäre ich noch mit Sophie zusammen, so hätte ich sie nun am Handy und würde ihr freudestrahlend von meinem Erfolg berichten. Sie wäre dann stolz auf mich, würde sich für mich freuen und mir vorschlagen, zur Feier des Tages abends auswärts essen zu gehen. Stattdessen mache ich mir halt einen schönen Abend alleine. Vielleicht gehe ich auch mit Malte einen trinken oder frage Johannes, ob er Lust auf Kino hat. Ben fährt heute mit Tessa zu seinen Eltern. Ich bin der Meinung, dass das viel zu schnell geht. Letztendlich ist es aber doch eine schöne Sache und ich freue mich für ihn, dass er nach dem nicht ernst genommenen Verkupplungsversuch auf Lenas Party, seine neue große Liebe gefunden hat.

Ich schlendere weiter durch die Gänge, lasse die Cafeteria

links liegen und hole mir stattdessen einen wässrigen Kaffee am Automaten. Dann nehme ich einen übel schmeckenden Schluck und erblicke Lena, die einmal mehr am Kopierer steht und universitären Arbeiten nachgeht. Seit meinem peinlichen Fauxpas mit der irren Versicherungskauffrau habe ich sie nicht mehr gesehen und nichts von ihr gehört. Sie trägt ihre langen blonden Haare heute offen. Dazu trägt sie ein dunkelblaues T-Shirt mit karierter Brusttasche sowie eine schwarze Karottenhose. Sie sieht toll aus. Und ich bin guter Dinge, weswegen ich mich dazu entscheide mein heutiges Glück erneut herauszufordern. Ich muss Lena noch etwas sagen. Mit kleinen Schritten gehe ich auf sie zu und erkenne von nahem, dass sie die Sprechakttheorie nach *Searle* kopiert. Sie tut mir Leid.

»Hey Lena«, sage ich leise und demütig.

»Oh«, antwortet sie mir, dreht sich nur kurz um, ehe sie wieder sofort ihrer Arbeit nachgeht.

»Oh« ist auch alles, was ich sagen kann.

Ich hätte mir vorher einen Plan überlegen sollen. Schweigend stehe ich hinter ihr und schaue dabei zu, wie sie die Sprechakttheorie Seite für Seite auf das Kopiererfeld legt.

»Pass auf… Lena, ich weiß, dass ich ein blödes Arschloch bin und ich weiß auch, dass ich es mir mit dir verscherzt habe. Letztlich habe ich dich gar nicht verdient. Du bist zu gut für mich.«

»Aha.«

»Ja… aha. Ich erwarte nicht, dass du mir noch mal eine Chance gibst. Ich würde sie mir auch nicht geben. Bloß… also wenn sich da irgendwann wieder ein Fenster für mich öffnen sollte, und wenn es auch nur ein winzig keiner Spalt ist… dann würde ich mich sehr freuen, wenn du noch mal mit mir einen Kaffee trinken gehen würdest. Nur einen Kaffee. Keine Cocktails, keinen *Jägermeister*. Bis dahin sollst du nur eines wissen: und zwar, dass es mir… ehrlich Leid tut. Sehr sogar. Es tut mir Leid, okay? Ciao.«

Dann drehe ich mich um, gehe und sehe schemenhaft in den Glastüren, die mich nach draußen führen, dass mir Lena nicht einmal hinterher schaut. Es war zu erwarten und dennoch fühle ich mich gut. Das war ein guter Abgang. Ein würdiger Abschluss. Es ist tatsächlich so, wie ich es ihr sagte. Es tut mir alles wahnsinnig Leid. Und es tat gut, ihr genau das noch einmal persönlich ins Gesicht gesagt zu haben. Ich weiß natürlich, dass sich bei einem Mädchen wie Lena, kein Fenster der Welt mehr öffnen wird. Soviel ist klar.

Abpfiff

Die Sommerpause führt dazu, dass sich fußballbegeisterte Menschen mit Dingen beschäftigen, die in Zeiten der passiven Teilhabe am Sport undenkbar erscheinen. Sie lesen Bücher von *Thomas Mann*, schreiben fabelhafte Hausarbeiten über die Glücksphilosophie von *Aristippos von Kyrene*, helfen beim Auszug von Michael und beim Einzug von Johannes. Sie sonnen sich tagsüber im Stadtgarten und trinken abends überteuerte *Mai Tais* im Friesenviertel. Oder sie arbeiten. Für einen Catering-Service, der auf Events häufig C- und selten B-Promis bedient. Innerhalb nur einer Woche kam ich in den Genuss *Tim Toupet, Axel Schulz, Paul Janke* und *Julia Leischik* zu bedienen. *Paul Janke* mag keinen Sekt und trinkt lieber Orangensaft. Dementsprechend verärgert war er auch, als ich ihm erst beim dritten Anlauf ein Glas *Hohes C* ohne Schaumwein brachte. Dass er durch eine kleine Probe meines Speichels noch immer keinen puren Orangensaft zu sich nahm, entzog sich dabei seiner Kenntnis. Traurig, aber wenn nichts Großes mehr passiert, war genau das das Highlight meines diesjährigen Sommers.

Johannes ist ein würdiger und wahrlich guter Mitbewohner. Jemand, der die Wohnung nutzt und schätzt und keine ätzende Freundin hat. Wenn auch in unterschiedlicher Intensität, so sind wir doch Leidensgenossen. Und geteiltes Leid ist bekanntlich halbes Leid. Er verteufelt die Nummer Neun der SC Fortuna und weiß nicht, ob er in der neuen Saison noch weiter mit uns auf der Tribüne des Südstadions sitzen wird. Wir unternehmen derweil viel zusammen. Unser WG-Leben floriert förmlich. Wir haben immer genügend Waschmittel im Bad und immer genügend Bier im Kühlschrank. Michael fehlt mir nur dann und wann. Mehr fehlt mir da Sophie. Es ist unsagbar schwierig, in Zeiten sozialer Netzwerke, über seine verflossene Freundin hinwegzukommen. Dank Facebook weiß ich jetzt, dass Sophies neuer Freund Dominic einen widerlich perfekten Waschbrettbauch hat. So ein blöder, selbstdarstellerischer Hurensohn. Die beiden frisch Verliebten waren für ein Wochenende an der holländischen Nordseeküste und sehen auf jedem Foto verliebter und glücklicher aus. Kuss-Fotos sind auch dabei. Sophie ist so verfickt mitteilungsbedürftig. Es hat schon was von masochistischen Zügen, dass ich mir die Bilder dennoch immer und immer wieder anschauen muss. Und Sophie unterstützt mich in meinem Hang zum selbstverletzenden Verhalten, indem sie mir sporadisch aber kontinuierlich Nachrichten schreibt. Und ich ertappe mich dabei, wie ich mich darüber freue. Sie schreibt dann, dass sie an mich denken müsse. Unsere gemeinsame Zeit ja doch irgendwie sehr schön war. Ob ich eine neue Freundin hätte, wollte sie außerdem wissen. Und ob ich ihr fremdgegangen sei. Ich verstehe nicht, warum sie das tut. Mir noch immer zu schreiben. Mich nicht in Ruhe zu lassen. Es freut mich auf eine unheimliche Art und es nervt mich zugleich. Ich antworte nur bedingt, mache mich so rar wie irgend möglich und tue geheimnisvoll. Wie soll ich so Sophie vergessen können? Wenn ich es an manchen Tagen tatsächlich schaffe, keinen Gedanken an sie zu verlieren, dann holen sie mich in meinen Träumen wieder ein. Dabei weiß ich nicht einmal, ob es wirklich Sophie ist, die mir fehlt, oder lediglich die unbeschwerte und sorgenfreie Zeit, die ich mit ihr hatte. Vielleicht ist es einfach nur die Freundin an sich, die mir fehlt und nicht Sophie in Person.

Neulich hatte ich nach einer kurzen Durststrecke wieder Sex mit einem Mädchen, das ich im nächtlichen Treiben kennenlernte und ohne großen Aufwand mit nach Hause nehmen durfte. Ramona. BWL-Studentin, viertes Semester. Optisch kein Durchstarter, aber durch ihre blonden Haare und schlanke Figur im Besitz einer Wildcard. Der Sex war jedoch *so* dermaßen schlecht, dass ich mich inzwischen ganz gut mit dem Internet arrangieren kann, um mich beizeiten hormonell zu

erleichtern. Frauen sind nur Schall und Rauch.
»Einmal Cookies und… einmal Heidelbeere, bitte. In der Waffel.«
Ich kaufe mir ein Eis am Heumarkt und setze mich tatsächlich alleine mit Decke auf die dortige Wiese. Früher wirkten allein dasitzende Leute auf mich immer ein wenig traurig. Heute, im Hier und Jetzt, fühle ich mich durch den vollzogenen Perspektivwechsel ziemlich erwachsen und abgeklärt. Englisch- und spanischsprachige Touristen passieren mein auditives Umfeld. Als das recht mundende Eis gegessen ist und ich Hände und Bauch von Waffelkrümeln befreie, stöpsle ich mir Kopfhörer ins Ohr und schalte *Around the World* von den *Trashmonkeys* auf meinem nagelneuen Smartphone ein. Ich bin nicht mehr retro. Was vergangen ist, ist vergangen. Man muss nach vorne schauen, offen für was Neues sein. Ich lehne mich zurück und lasse mir die spätsommerliche Sonne auf die entblößte weiße Brust scheinen. Der Wind weht leicht, die Temperatur-Anzeige am Kölner Neumarkt zeigte heute Mittag 24 Grad an. Im Großen und Ganzen bin ich zufrieden und ruhe an Tagen wie diesen in mir selbst. Ganz ohne eine Frau an meiner Seite. Ganz ohne das große Glück. Meine Finger trommeln dumpf im Takt der Musik auf meinen sonnengewärmten Bauch. Ein akustisches Signal unterbricht kurzzeitig die musikalisch alternativen Klänge, die Ohr und Körper durchdringen. Weil ich eine Nachricht bekommen habe.
»Geil«, sage ich laut und voller Ironie zu mir selbst. Die Nachricht kommt von Sophie:

*»Hallo Mikka. Wie geht es dir?? Ich muss schon wieder an unsere gemeinsame Zeit denken… Ich hoffe, du bist glücklich. Bitte vergiss mich nicht. *Deine Kleine*«*

Also nein. Das muss einfach ein Ende haben. Sophie scheint ganz gehörig einen an der Klatsche zu haben. Genau das Gegenteil versuche ich doch seit geraumer Zeit: sie zu ver-

gessen. Diese ständigen Nachrichten. Vergangene Woche hat sie mich auch bei Facebook angestupst. So ein kleiner virtueller Gruß, der ohne Worte erfolgt. Als wolle sie mich emotional zermürben. Als würden die glücklichen Liebesfotos mit Dominic dazu nicht ausreichen. Was will dieses kleine dumme Mädchen von mir? Sie soll mich einfach nur in Ruhe lassen, anstatt sich in regelmäßigen Abständen zu melden, um mich vielleicht doch noch auf eine subtile Art warmzuhalten. Und wie ich so darüber nachdenke, fasse ich schließlich einen Entschluss. Einen Entschluss, den ich schon längst hätte fassen sollen. Drum logge ich mich bei Facebook ein, nur um in der Folge meinen Account zu löschen. Ist gar nicht so einfach, dafür auf die richtige Seite geleitet zu werden. Doch nach circa 15 Minuten habe ich es geschafft.
»Mein Konto löschen«, lese ich auf einem blauen Button.
Jawohl. Ein Klick und ich bin virtuell desozialisiert. Das richtige Leben ist hier draußen. Dann schaue ich mir noch einmal Sophies Nachricht an. Lese ihre Worte ein zweites Mal, ein drittes Mal und überlege währenddessen, was ich ihr zurückschreiben könnte. Schließlich antworte ich ihr:

»Alles super. Ich bin glücklich und vergeben. Hör bitte endlich auf, mir zu schreiben!«

Als ich ihre Nummer lösche, mich zurücklehne und nunmehr ungestört den *Trashmonkeys* lauschen kann, fühle ich mich frei und lache leise in mich hinein. Endlich ist das Spiel vorbei.

Gott, fühlt sich das gut an.

Rückspiel

»Hi Mikka.

Ich wollte dich erst anrufen, habe mich aber nicht richtig getraut, weil ich nicht weiß, ob du überhaupt noch was mit mir zu tun haben willst… Mir geht es im Moment nicht gut… im Grunde ist alles total scheiße!

Ich habe soeben meine Ausbildung abgebrochen. Irgendwie war das von Anfang an nicht das Richtige für mich. Es ist echt nicht schön, den ganzen Tag und wirklich jeden Tag im Büro zu sitzen. Mein Chef ist außerdem ein totales Arschloch, hat mich letztens als kleines Dummchen bezeichnet, weil ich aus Versehen Akten falsch einsortiert hab… und mit Dominic konnte ich auch nicht mehr zusammenarbeiten. Ich habe letzte Woche mit ihm Schluss gemacht. Er hat mich betrogen. Aber das war eh nicht das Wahre…. Das war alles ein so großer Fehler!!!

Warum ich dir das alles erzähle? Weil du mir fehlst und ich dich von Anfang an nicht vergessen konnte. Darum habe ich mich auch ständig bei dir gemeldet. Ich hab versucht, dich zu vergessen. Wirklich. Aber es ist so, dass ich ständig an dich denken musste. Und das tue ich jetzt noch immer. Nachts träume ich von dir und morgens denke ich schon wieder an dich. Ich vermisse dich so sehr! Ich vermisse dich, deine Art, deinen Humor, wie du mich immer in den Arm genommen und umher geschwungen hast… Ich weiß nicht, wie es mit deiner neuen Freundin läuft, ob du glücklich bist... Wenn das so ist, dann hab ich Pech gehabt, hab es ja auch nicht anders verdient, richtig? Ich muss echt dumm sein. Du hast dich so angestrengt… Das war so toll! Das habe ich dann wohl gründlich vermasselt, richtig? Und jetzt bin ich diejenige, die dich um eine weitere Chance bittet.

Ach scheiße! Es tut mir alles so Leid, Mikka. Du musst auf diese E-Mail nicht antworten, wenn du nicht willst. Aber wenn du auch so denkst wie ich, und ich weiß, das hast du mal… dann bedeutet das doch was, oder? Mikka, komm zurück!!! Ich liebe dich.

Deine Kleine
Sophie«

Ich schließe meine E-Mail-App, schiebe das Handy zurück in die Hosentasche und schaue aus dem Fenster der Straßenbahn. Dicke Regentropfen tanzen über die Scheibe und überholen sich, durch den Fahrtwind begünstigt, gegenseitig. Erst unter den Dächern des Heumarktes ändern sie die Richtung, werden langsamer, kommen schließlich zur Ruhe und bleiben an einer Stelle kleben. Mein Herz rast mir bis zum Hals, mir wird warm und ich weiß nicht, wie mir geschieht.

Es läuft im Moment alles so gut. Ich zeige regelmäßiges Engagement in der Uni. Habe zwei Seminare beim Gremberg belegt, zu denen ich echt gerne gehe. Die neue Fußball-Saison läuft auch wieder auf Hochtouren. Bayern und Dortmund wechseln sich wöchentlich mit der Tabellenführung ab und sorgen in der Championsleague für Furore. Selbst der FC punktet wacker und konstant. Die Fortuna steht zwar nur im Tabellen-Mittelfeld, dafür schauen wir den Fußballdamen aber wieder in vollständiger Runde beim Spielen zu. Unabhängig vom Wetter. Johannes hat den Korb seines lesbischen Schwarms überwunden und ist nur froh, dass sie keinen anderen Kerl vögelt. Michael schafft es paradoxer Weise immer häufiger, sich aus der häuslichen Sklaverei von Anja zu befreien. Vielleicht liegt es aber auch an seinem schlechten Gewissen mir gegenüber, weil er die dreimonatige Kündigungsfrist in eine dreiwöchige Frist hinunterhandelte, ehe er mit Anja hinab in die Hölle gestiegen ist. Ben gehört genau wie Malte und ich zum Standardinventar des nach Bier riechenden Fanblocks und ist lediglich noch dicker geworden, seit er mit Tessa zusammen ist. Liebe geht halt durch den Magen. Tessa ist außerdem längst wieder gut auf mich zu sprechen. Vermutlich auch deswegen, weil ich frauentechnisch zur Ruhe gekommen bin und nur noch Augen für Lena habe. Richtig. Bei Lenas Fenster öffnete sich - allen Erwartungen zum Trotz - ein kleiner Spalt, der dazu führte, dass wir uns nach zwei gemeinsamen Mittagessen in der Uni-Mensa und einigen zaghaften Telefonaten, heute außerhalb der Uni treffen. Dort, wo wir bereits unseren ersten gemeinsamen Kaffee tranken: In der *Wohngemeinschaft.* Die Linie 1 ist soeben am Rudolfplatz angekommen. An der nächsten Station muss ich aussteigen.

Meine Gedanken kreisen, mein Körper schwitzt. Draußen ist es kalt und ausgerechnet jetzt, wo ich mein Leben ganz gut im Griff habe, will mich Sophie zurück. Gerade heute. Hätte ich doch bloß nicht meine Mails gecheckt. Geht es ihr tatsächlich so schlecht ohne mich oder spielt sie wieder nur mit meinem Herzen? Beschäftigte Menschen steigen aus der Bahn, öffnen ihren Regenschirm oder ziehen sich ihre Kapuzen über. Andere kommen hinein und handeln entgegengesetzt. Der Boden der Bahn ist durch das schmuddelige Herbstwetter schmutzig und nass. Als ich aufstehe und mich vor die Türe stelle, streiche ich mit meinem rechten Fuß über den verschmierten Boden. Ich lasse mein Bein kreisen, schreibe ein schlecht lesbares »Fuck you Tyche« in das Schmutzwasser, verwische es dann aber wieder.

»Nächster Halt: Moltkestraße«, informiert mich die lieblose Damenstimme der KVB-Ansage in ihrer blechernen Klangfarbe.
Gleich muss ich raus. Ich bin ohnehin etwas spät dran, Lena wird sicherlich schon auf mich warten. Vielleicht trägt sie wieder ihren süßen grün geringelten Pullover von einst. Sitzt dann mit hibbelnden Beinen am Tisch und erwartet mich nervös. Vielleicht werden wir später wieder lustig klingende Cocktails trinken und uns danach unter der dicken Linde am Rhein romantisch küssen. Das Wetter dazu hätten wir, auch wenn die Temperatur nun eine Andere ist. Gott, was hat mich der damalige Abend geflasht. Und dann laufen wir durch den Regen zum Heumarkt und warten auf Lenas Bahn. Vielleicht wird sie mich noch einmal bitten, mit einzusteigen. Und dies-

mal folge ich ihrer Einladung und schenke mir den kalten Heimweg über die Deutzer Brücke. Eine zweite Chance, die ich natürlich, ohne nur *einmal* darüber nachzudenken, dieses Mal ergreifen werde.

Es regnet noch immer in Strömen. Bindfäden an der Moltkestraße. Die Türen der Bahn öffnen sich nur kurz, denn es steigt weder jemand ein noch jemand aus. Dann schließen sie und die Regentropfen beginnen schon bald aufs Neue ihren Wettlauf an der Scheibe. Der Fahrtwind treibt sie an. Einer schneller als der andere. Jeder für sich und ohne Rücksicht auf den anderen. Die Schnellsten verschwinden am äußeren Rand, ehe wieder neue hinzukommen und das Spiel von vorne beginnt.

Danksagung

Zuvorderst danke ich allen Probelesern und Mutmachern, ohne die dieses - nennen wir es einfach mal - »Werk« nicht zustande gekommen wäre. Namentlich seien hier an erster Stelle Alina (Stichwort: political correctness), Maike (die beste kleinste Schwester der Welt), Frauke (Geliebte Schwester und Lektorat »Städteregion Aachen«), Pascal (Lieblings-Fotograf und Supporter Nummer Eins), Markus (Außenstelle Hagen), Malte (Partykönig und unfreiwilliger Namensgeber), Jil (schöne Open-Air-Lesungen mit Sektchen), Arndt (Frontcover-Topmodel), Felix und Dennis (Stichwort: Pädagogische Themenabende) und Leonie (Teilzeit-Agentin) zu erwähnen, die mit Lob nicht geizten und Kritik konstruktiv einsetzten. Das hat den Autor ganz entscheidend gepusht und motiviert. Immer wieder. Und wieder aufs Neue. Nur so konnten die kreativen Stillstände und Resignationen im Laufe der Jahre aufgehoben werden. Tausend Dank dafür.

Ein ganz besonderer Dank geht nochmal separat an Pascal Nordmann (www.pascal-nordmann.de) für die großartige Umsetzung des Frontcovers sowie die allumfassende Unterstützung bei der Verwirklichung dieses Projektes. Ganz großes Kino. Ohne dich wäre ich nie zum finalen Abschluss gekommen. Tausend Dank dafür.

Ich danke des Weiteren meiner großartigen Familie, meiner ältesten Schwester Silke, allen Freunden, Weggefährten und Bekannten, die mich unterstützten, inspirierten und teilweise ohne ihr Wissen Modell standen. Im Besonderen danke ich Michael, Klaus, Johannes, Krishantan, Tessa, Gregor, Isabelle, Lara, Katharina, Wolfgang und Jessica.

Danke vor allem auch liebe Leserin, danke lieber Leser.
Tausend Dank fürs Lesen.

»Prost, ihr Säcke!«

FSC
www.fsc.org
MIX
Papier aus verantwortungsvollen Quellen
Paper from responsible sources
FSC® C141904

Druck:
Customized Business Services GmbH
im Auftrag der
KNV Zeitfracht GmbH
Ein Unternehmen der Zeitfracht - Gruppe
Ferdinand-Jühlke-Str. 7
99095 Erfurt